华中科技大学研究生教材立项项目

语义类型学导论
第二版

张 莉 编

汕头大学出版社

图书在版编目（CIP）数据

语义类型学导论：第二版 / 张莉编． -- 汕头：汕头大学出版社，2023.3
　　ISBN 978-7-5658-4970-1

Ⅰ．①语… Ⅱ．①张… Ⅲ．①语义学 Ⅳ．① H030

中国国家版本馆 CIP 数据核字 (2023) 第 047850 号

语义类型学导论第二版
YUYI LEIXINGXUE DAOLUN DI'ERBAN

编　者：	张　莉
责任编辑：	宋倩倩
责任技编：	黄东生
封面设计：	黑眼圈工作室
出版发行：	汕头大学出版社
	广东省汕头市大学路 243 号汕头大学校园内　邮政编码：515063
电　话：	0754-82904613
印　刷：	廊坊市海涛印刷有限公司
开　本：	710mm×1000mm　1/16
印　张：	17.75
字　数：	297 千字
版　次：	2023 年 3 月第 1 版
印　次：	2023 年 3 月第 1 次印刷
定　价：	70.00 元

ISBN 978-7-5658-4970-1

版权所有，翻版必究
如发现印装质量问题，请与承印厂联系退换

编者的话

近年来，在语义学领域出现了很多新的研究视角，语义类型学就是其中最具影响的研究方法之一。国外有不少相关成果，而这些成果在国内不易看到。许多从事语言研究的老师和学生迫切希望了解国外语义类型学发展的最新状况，希望能够有合适的教材和参考书。本书就是为满足这种需要而编写的。本书对于语言学的本科生、研究生乃至语言学教师都有一定的参考价值。

《语义类型学导论》在 2016 年出版之后，颇受广大研究者的好评，成为研究者快速了解国外语义类型学研究的窗口。2021 年，国家社会科学基金项目课题指南就有"词汇类型学研究"和"词汇类型学视域下的汉语词汇历史演变研究"两个单项，这表明语义类型研究在国内受到越来越多的关注。国外最近 6 年也有不少的研究方法、语料库、文章和专著不断涌现，为了让研究者能够持续追踪国外语义类型学的研究前沿，《语义类型学导论第二版》在 2016 版的基础上修订增补，总体思路与 2016 版大致相同，但是对多数章节进行了不同程度的修订。如 3.2 研究方法扩充了国际上最新的几种语义类型学研究方法。4.5 和 4.6 对于语义联系和语义转移进行了最新梳理。4.8 增加了区域类型学这一章节。5.8.3 增加了国外对于"森林"和"土壤/土地"的语义类型学研究。5.8.11 新增了对动物声音动词的研究。第 7 章和第 8 章增补了很多新内容，包括 2022 年《语言类型学》期刊最新一期有关语义类型的内容。总之，《语义类型学导论第二版》增补了国外近 6 年的绝大部分研究，可以大大拓宽国内研究者的视野，对国内语义类型学研究有所帮助。

本书提供了一些海外语义类型学的资料、信息及研究思路，希望给国内的语言研究者提供一些参考。在国内有丰富的语言学资料的基础上，我们借助国外相关理论、结合汉语与其他多种语言的深入研究，我国语言学一定能够在语义学领域取得新的进展。

由于编者水平有限，对于最新术语和理论的研究还不够深刻，书中难免会出现一些错误，希望广大读者批评指正。

张　莉

于华中科技大学外国语学院

目 录

第1章 什么是语义类型学? ··· 001
  1.1 什么是语言类型学? ··· 001
  1.2 什么是语义类型学? ··· 003
  1.3 不同视角的语义学研究回顾 ································· 009

第2章 语义类型学的研究目标 ····································· 018
  2.1 语言类型学的研究目标 ····································· 018
  2.2 语义类型学的研究目标 ····································· 019

第3章 语义类型学的研究方法和研究意义 ························· 021
  3.1 语言采样 ··· 021
  3.2 研究方法 ··· 026
  3.3 研究意义 ··· 036

第4章 语义类型学的研究内容 ····································· 038
  4.1 范畴、范畴化的定义 ······································· 039
  4.2 词汇化 ··· 041
  4.3 怎样选定语义范畴 ··· 043
  4.4 语义范畴的切分和范畴的边界 ······························· 051
  4.5 语义联系和语义理据 ······································· 070

4.6　语义转移 ··· 079
　4.7　语义共性 ··· 084
　4.8　区域类型学 ··· 087
　4.9　跨语言词汇语义相互作用的模式 ································· 090

第 5 章　具体的范畴词研究 ··· 092
　5.1　亲属词 ··· 092
　5.2　颜色词 ··· 099
　5.3　身体词 ··· 100
　5.4　数字 ··· 131
　5.5　通感 ··· 133
　5.6　时间 ··· 138
　5.7　空间 ··· 141
　5.8　植物 ··· 145
　5.9　动物 ··· 148
　5.10　自然界 ··· 149
　5.11　动词类 ··· 150

第 6 章　语义类型学的派系简介 ····································· 185
　6.1　列宁格勒类型学流派 ··· 185
　6.2　科隆 UNITYP 流派 ··· 185
　6.3　布拉格类型流派 ··· 186
　6.4　Greenberg 学派 ··· 187

第 7 章　已经完成及正在进行的语义类型学项目 ········· 189
　7.1　俄罗斯 ··· 189
　7.2　法国 ··· 196
　7.3　德国 ··· 197

7.4 瑞典 ··· 201
7.5 荷兰 ··· 202

第8章 语义类型学书籍、刊物和网站介绍 ··························· 204
8.1 书籍 ··· 207
8.2 期刊 ··· 225
8.3 与语义类型学相关的网站 ····································· 227

第9章 语义类型学研究中的问题 ······································ 233
9.1 跨语言比较标准的质疑 ··· 233
9.2 数据的改进 ·· 234

参考资料 ··· 236

第 1 章 什么是语义类型学?

1.1 什么是语言类型学[1]？

语言类型学是研究系统性的跨语言结构规律或模式（the study of patterns that occur systematically across language）（Croft, 2008: 1）。

传统语言类型学就是语言学家对所有语言按不同结构类型进行分类，将语言分成四种类型：黏着语（agglutinative language）、孤立语（isolating language）、屈折语（inflected language）和综合语（incorporating language）。黏着语如土耳其语，词根和词缀都有很大的独立性，所有的语法关系都是在词根上；孤立语如汉语，绝大多数词只有词根，词只表示意义，词的位置表示语法功能；屈折语如印欧语系的各语言，词的实际意义部分与语法意义部分几乎不能分开，紧密地结合在一起；综合语如印第安语，构成句子的所有要素紧密地结合为一体，给人的感觉是全句是一个词。19世纪和20世纪初的语言类型学主要是进行形态上的类型分类。Greenberg（1960）在研究初始也是力图从形态类型的角度对语言进行分类，他根据形态指数的形式化对语言进行了结构类型的分类，提出了10个类型的形态指数：①综合（synthesis）；②黏着（agglutination）；③复合（compounding）；④派生（derivation）；⑤全屈折（gross inflection）；⑥前缀化（prefixing）；⑦后缀化（suffixing）；⑧孤立（isolation）；⑨纯屈折（pure inflection）；⑩一致（concord）。第一类数据用来判断综合的程度，综合指数的分析公式是：M/W（M代表语素的数目，W代表词的数目）。理论上指

---

[1] 克里斯特尔（2000: 371）给"类型语言学"（typological linguistics）的定义是："语言学的一个分支，研究语言之间的结构相似性，不管其历史如何，总的目的是建立各种语言的合适的分类法或类型学。"

数的最低界限是 1.00，因为每个词至少包含一个词素。分析语的综合指数低，综合语较高，多式综合语最高。第二类数据是关于联系方式的，一端是黏着语，另一端是各种成分的融合。黏着指数是指黏着结构的数目与词素接缝的数目之比。黏着指数用 A/J 表示，A 代表黏着结构的数目，J（juncture）代表词素接缝的数目。黏着指数高的是黏着语，低的是融合语。第三类数据包括三种指数：① R/W 表示词根合成指数，R（root）代表词根的数目，W 代表词的数目；② D（derivational）/W 表示派生指数，是派生词素的数目与词的数目之比；③ I（inflectional）/W 表示词形变化指数，是词形变化词素的数目与词的数目之比。第四类指数包括前缀指数 P（prefix）/W（前缀的数目与词的数目之比）和后缀指数 S（suffix）/W（后缀的数目与词的数目之比）。第五类数据表明各种语言建立词与词之间的联系所使用的方法，共有三种方法：词形变化（无一致关系），表示意义的语序和一致关系。

表 1-1　8 种语言的形态类型指数情况

	梵文	盎格鲁—撒克逊语	波斯语	英语	雅库特语	斯瓦希里语	越南语	爱斯基摩语
综合	2.59	2.12	1.52	1.68	2.17	2.55	1.06	3.72
黏着	0.09	0.11	0.34	0.30	0.51	0.67	—	0.30
词根合成	1.13	1.00	1.03	1.00	1.02	1.00	1.07	1.00
派生	0.62	0.20	0.10	0.15	0.35	0.07	0.00	1.25
全屈折	0.84	0.90	0.39	0.53	0.82	0.80	0.00	1.75
前缀	0.16	0.06	0.01	0.04	0.00	1.16	0.00	0.00
后缀	1.18	1.03	0.49	0.64	1.15	0.41	0.00	2.72
孤立	0.16	0.15	0.52	0.75	0.29	0.40	1.00	0.02
纯粹词形变化	0.46	0.47	0.29	0.14	0.59	0.19	0.00	0.46
一致关系	0.38	0.38	0.19	0.11	0.12	0.41	0.00	0.38

现代语言类型学不仅仅是对语言进行分类，更重要的是希望从跨语言的比较中发现语言共性（linguistic universals）。

人类学相对论者对语言的看法是世界上的语言可以任意地变化，Joos（1957：96）有个著名的说法："语言之间的差异毫无限制而且变化方式无法预料。"这是结构主义时代语言学家们的普遍观点。而语言类型学家认为语言变异是有范围的，不可能无限地变异，这些语言变异的范围也是语言共性。语言类型学传统中对共性最主要的关注点是跨语言的有效性，以及限制可能的语言变异的共性。

刘丹青（2014）认为语言类型学既是语言学的一个分支，又是语言学的一个流派。说它是分支，是因为语言类型学的研究对象是跨语言的人类语言研究，寻求或验证语言共性；说它是流派，是从理论和方法上说，语言类型学是区别于"形式"和"功能"两大流派的"第三条道路"。

语言类型学的共性是跨语言的归纳性概括，反映了类型学的经验主义的语言研究路子。语言类型学是跨语言的对语言共性和多样性进行语言形式和功能上的描述和解释。语言类型学基本特征是：①跨语言的（cross-linguistic），这种观察必须基于大范围的样本之上。选定的语言不仅仅是样本大，同时也应该是有地域上的代表性，所选的语言不能全部来自一个亲属语。②描述性的（descriptive），语言学家首先要描述语言事实。描述基于分析概念，没有任何描述是独立于理论的。③解释性的（explanative），结构主义重在描写，类型学除重在描写，还重在解释，是对观察的结果进行概括总结。类型学家试图解释他们观察到的规律，但是解释需要理论，并非所有的理论都是兼容的。也可以这样说，类型学家只是数据的传送者，最终理论学家来进行解释。然而事实上，在现实社会中这种分工不一定那样明确。因此，类型学家自己开始解释，试图比较中立地解释。

因此，通常来说语言类型学有三种不同的含义：①"分类"的含义，是传统类型学最初使用的方法。②"概括"的含义，是寻找跨语言比较中呈现出的语言共性。③"解释"的含义，是与结构主义和生成语法理论相比的一种语言研究方法。这三种含义正好对应经验科学分析的三个阶段：对现象的观察和分类，对观察进行概括总结，对概括进行解释。

1.2 什么是语义类型学？

本书的"语义类型学"大部分内容侧重的是"词义类型学"（lexical-semantic typology），也会涉及"词汇—语法"相互作用的语义部分。Evans（2010: 504）认为词义类型学（lexical-semantic typology）是语义类型学的一个分支，而语义类型学研究的范围更广泛，除研究词义外，还研究句法、形态、语音的意义，是"语言如何通过符号表达意义的系统的跨语言研究"（systematic cross-linguistic study of how languages express meaning by way of signs）。Lehrer（1992: 249）认为词义类型学就是研究各种语言里如何将语义材料转化成词语的特别方式（characteristic ways in which language…packages semantic material into words），词义类型学成为语义类型学的一个分支。词汇类型研究既有共时维度，也有历时维度。语义变化、语法化和词汇化过程就是历时过程的研究。历史词汇类型学研究的另一个有趣的方面是在接触导致的词汇化和词汇变化中寻找跨语言的复现模式，例如词汇不同部分之间的可借性差异和新词整合的适应过程，或者词汇文化适应的模式。词汇类型学研究也可以更局部化，例如局限于特定的词汇领域、特定的派生过程、特定的多义模式。

语义类型学首先是跨语言的语义学研究；其次是从概念入手，描述各种语言在表达同一概念时用的是什么样的语言形式，比较各种语言对于语义材料的切分方式的异与同，以及归纳限制可能语言变异的共性，同时对通过跨语言研究归纳总结得出的不断复现的模式比如一词多义（polysemy）、异类多义词（heterosemy）及语义变化（semantic change）模式进行解释。

1.2.1 跨语言的比较标准

任何语言类型学的研究都建立在对不同语言比较的基础之上，要比较就必须有可比的标准。如何建立有效的跨语言语义的比较标准？很多人质疑跨语言比较的可能性，因为词汇一直被认为是开放的、异质的、不可比的。传统的结构主义语义学认为符号的意义在于它在系统中的位置，而不同的语言有不同的系统，因此意义是不可比的。结构主义的观点认为一个给定的词的意义永远不能与另外一种语言翻译后的意义一致，因此两种语言的词义是没有办法进行比较的。他们认为语法是整齐的、有规律的。按照这种想法，词义的类型总结肯定不如语法领域的令人满意。

历史比较法也是进行跨语言的研究，致力于印欧语的亲属关系，甚至拟构原始印欧语。与其相比，类型学比较的标准不受语言之间是否是亲属语限制。因为历史比较法在确定两个词或两个语法结构同出一源时要求它们必须在音义两方面都有其共同的渊源或联系，缺一不可，否则它们同出一源就是偶然而非同源，而类型学的比较是对任何地区的语言、对任何语言的任何历史界面的状态之间都可以进行比较。

语义类型学研究者认为只要建立有效的标准，意义是可以比较的。

Greenberg 在他的多篇文章中提出了如何进行跨语言比较的标准——语义比

较。Greenberg（1957: 73）在《语言类型的本质和使用》（*The Nature and Uses of Linguistic Typologies*）一文中就阐述了语义类型比较的标准。"在语义类型中，我们考虑的是一定的意义范畴，研究的是通过什么样的语言来表达这些意义的不同的方法……比较概念可能证明是有价值的。因此，我们可以发现一种语言中的动物学词语比另一种有更详尽和更专业的词汇。另一个探寻的区域是比较隐喻。例如，我们可以使用一套标准的方位词来比较哪些语言使用的是源于身体词来表达方位的概念。一个比较的标准，或系统的量化是有可能的。"Greenberg（1966: 74）进一步强调比较的标准是语义的或者功能的。"我们的一个假定就是所有语言都有比如主谓结构、相区别的词类、属格结构等现象。我完全意识到在不同结构的语言中确认此类现象基本上要依靠语义标准。"

Haspelmath（2007: 126）认为进行跨语言的研究并不需要跨语言之间严格的语言意义的一致性（identity），所需要的只是一些意义的层面，在这个层面上意义是可比的。"语义共性的问题是最难回答的，不排除我们最终发现跨语言的意义是不可比的，然后使这个领域的跨语言比较不可能。但是经验告诉我们这不太可能，因为经验表明人们稍做努力就能互相理解跨语言的边界。翻译是可能的，虽然不总是易懂的。注意到为了类型比较的目的，我们不需要严格意义上的语言意义的同一性。我们需要的是在某些意义的层面可以比较。"

语言类型学的研究必须以确定参项（parameter）为起点，要求类型比较的参项有可比性，换言之，所选择的参项必须适用于各类语言的类型学范畴。这样的比较之所以可能，是因为人的言语活动的物理、生理、心理基础的相同而导致人类语言有许多共性。

只要简单概念具有可翻译性，比较就是可能的。类型学研究者一致认为语言的比较是就语义范畴（semantic category）进行比较。比较的标准必须从语言结构的外部入手，即从意义或功能出发来预先定义一个范畴，这个标准被称为第三方标准（tertium comparationis）。因此语义类型学研究大多从一个普遍的概念（语义范畴）入手，分析人类的各种语言是如何词化（lexicalize）同一个概念及用什么样的语言形式来词化，从中可以看到人类表达同一概念时语言组织形式的相同和不同，以及对于不同的制约。语义类型学还可通过表达同一概念的不同语言形式的历时轨迹发现词汇演变的理据。

Song（2011：99）的《牛津语言类型学手册》的第五章 Stassen 讨论了跨语言可比性的方法论问题，认为"基于功能和形式的混合的比较是保证跨语言可比性的最好策略"（mixed functional-formal domain definitions constitute the best strategy for ensuring cross-linguistic comparability）。

其实从概念的角度来研究语义由来已久，很多哲学家和语言学家都试图对概念进行分类：

1）Roget 经过 50 年的努力，于 1852 年编纂出版了词汇分类的著作《英语词语宝库，服务于写作和概念表达的英语词语分类、配置词典》（*The Thesaurus of English Words and Phrases, Classified and Arranged so as to Facilitate the Expression of Ideas and Assist in Literary Composition*），简称《罗杰类典》（*Roget's Thesaurus*）。这是第一部按意义相同，对众多的同义词进行分类编排的词典，其目的是便于人们写作时按概念检索相关联的词语。他把词按所表达的概念的类别划分为不同层次的类，最大的类有 6 个，即抽象关系、空间、物质、智能、意志、感情，每个概念域又细分成不同层次的次类语义范畴（semantic categories），共有 1000 多个，构成一种层级关系。这种分类方法实质上已包含概念场的观念。

2）美国芝加哥大学的印欧语言学家 Buck（1949）编纂出版的《主要印欧语言同义词精选词典》（*A Dictionary of Selected Synonyms in the Principal Indo-European Languages*）属于历史同义词词典的一种，在这种词典里大量的印欧词语按照概念而不是字母顺序分门别类，也就是按照语义进行排列，同类的列在一块。Buck 选了 1500 个概念，从 31 种语言（希腊语、现代希腊语、拉丁语、意大利语、法语、西班牙语、罗马尼亚语、爱尔兰语、现代爱尔兰语、威尔士语、法国布里多尼语、哥特语、古挪威语、丹麦语、瑞典语、古英语、中古英语、现代英语、荷兰语、古高地德语、中古高地德语、现代德语、立陶宛语、列托语、古教堂斯拉夫语、塞黑—克罗地亚语、波西米亚语或捷克语、波兰语、俄语、梵语、阿维斯陀语）中寻找它们对应的词汇。概念列表分成了 22 章，如："物质世界"（physical world）；"人类：性别，年纪，家庭关系"（mankind）；"动物"（animals）；"人体部位/机能和健康状况"（body）；"饮食，烹饪和炊具"（food and drink）；"衣"（clothing）；"住"（dwelling）；"农业"（agriculture）；"艺术和手工艺"（miscellaneous arts and crafts）；"运动"（motion）；"财产"（possession）；"空间关系"（spatial relationship）；"时间"

(time);"心智"(mind);"战争"(war);"法律"(law);"宗教和迷信"(religion and superstition)等。正文从该书 12 页开始,每一个概念后跟着一系列的同义词,然后 Buck 用一至两段来说明概念的词源、语义联系。在前言中 Buck 解释了语义变化的主要类型。对他来说,语义变化是有规律的,而不是例外的。通过同义词的研究,探寻同义词的词源来源和语义变化,人们发现了特定概念的不同来源和概念演变的踪迹。

3)传统的语义场研究也是从概念入手,但只研究词与词之间的相互关系,认为语义场内部各项之间相互依存、相互决定各自的价值,并不关心同一个概念的不同语言形式的命名理据。

1.2.2 称名角度还是符意角度(onomasiology or semasiology)

语义研究到底是从称名学角度还是从符意学角度出发?语义类型学更偏向哪个角度?称名学(onomasiology)和符意学(semasiology)[1] 的区分是欧洲结构语义研究的一个传统,对二者的研究是欧洲语义学研究的两大方向。符意学把出发点放在作为形式的词语上,描绘该词语可能包含的含义,是从语言形式到意义的路子。Ullman 认为"如果把意义理解为名称和意思的相互关系,那么就可以说,语义变化是在意思具有新的名称或名称具有新的意思的情况下发生的"。Baldinger(1980:278)指出:"符意学……只关注孤立的词语及其意义的呈现方式,而称名学则研究一个特定概念的不同指称,换而言之,研究构成一个整体的表达形式多样性。""称名学"这个术语源于希腊语 ŏνομᾰ(名字),最早是由 Zauner(1903)在研究罗曼语的身体词时提出的,用一个概念或指称物指定一个名称。称名学是通过语言手段或词汇表达事物的名称和命名之意,把出发点放在概念上,探究这个概念是如何被不同的语言形式编码的及概念能够被命名出来的不同的方式,是从意义到语言形式的研究路子。就词汇研究而言,称名学的研究范围是语义场、语义框架、概念如何变了语义形式。称名学的研究视角也对方言地图产生了重要影响,Gillieron(1902—1920)《法兰西语言地图》、Jaberg & Jud(1928—1940)《意大利和瑞士南部的语言和实物地图》、

---

[1] 根据克里斯特尔(2000: 248):Onomasiology 翻译为"名称汇编学",意思是"语义学有时用来指研究如何用语言形式表示一组有关联的概念,例如在语词汇编中将词项按概念编排的各种方式"。Semasiology 翻译为"符号学",等同于 semiotics,研究"词语和其所指或描写的外界事物之间的关系"。现据吴福祥(2017),semasiology 译为"符意学"。

Wrede（1927—1956）《德意志语言地图》，都显示了表达某一给定概念的词语在地图中的覆盖区域。

Grondelaers & Geeraerts（2003）在《认知称名学的语用模式》（"Towards a Pragmatic Model of Cognitive Onomasiology"）中，用如下的表格细分了称名学和符意学之间的区别。

表1-2　称名学和符意学研究的不同（Grondelaers & Geeraerts, 2003: 71）

	称名学	符意学
探究质的结构：语义成分与语义关系	意义及其之间的语义联系（隐喻、转喻等） 历史语文语义学	名称之间的语义关系（场、分类、词汇关系等） （新）结构主义语义学
探究使用及其数量的影响：凸显与模糊	意义内部和多义词项内部的典型性效应 认知语义学	范畴之间的凸显性效应、语用命名学 认知语义学

Geeraerts（2006）发现了称名学的两种不同概念：结构主义的和语用的。结构主义概念关注的是语义关系，就像词汇场理论中的语义关系，或者像上下义、反义、同义词等现象，而语用角度研究的是为给定的指称或概念给出名称时所做的特定选择。从结构主义的角度来看，构词、造词、借用或民间词源等现象都属于称名学变化的范畴，因为它们与新词汇项的合并有关。与此相反，语用的观点关注的是称名学的变化在社会上是如何发生的。

Blank（2003: 39）在《词和概念：历时认知称名学》（"Words and Concepts in Time: Towards Diachronic Cognitive Onomasiology"）一文中也区分了符意学和称名学。符意学研究的是词汇创新机制的类型，如隐喻、借喻、构词类型等；称名学研究的是一个给定的概念如何命名的不同的词汇路径。称名学的研究包括两个方面：①一个概念的多个表达构成场（multiplicity of expressions which form a whole），研究场的结构。②一个概念的命名。各个语言在对同一个概念命名时是否有同一个机制、同一条路径。称名学关注其研究对象表达意义的方式。

Grzega & Schöner（2007）出版了《英语和普通历史词典学》（*English and General Historical Lexicology*）一书，该书是"称名学"网上专题著作合集（Onomasiology Online Monograph），包括7章：第1章是定义、历史和工具的介绍；第2章是称名学的基本概念；第3章是触发词汇变化的力量；第4章是命名的过程；第5章是总结；

词汇变化的综合模式；第 6 章是历史的称名学语法和历史的称名学语用；第 7 章是应用的历史称名学。详细内容可看他们的网站 http://www.onomasiology.de。

国内对称名学的研究不多，只有一些对于俄语"称名学"内容的介绍，如孟令霞（2009）的《与"称名"研究相关的几个问题》，对称名内涵、称名机制、称名层级性和称名方式等问题进行分析与探讨。刘阳（2010）的《俄汉语称名学研究综观》，讨论了称名学的内涵和起源，指出称名学属于从意义到形式的研究路径，在俄、汉语方面都有大量的称名学研究实践，但汉语至今未提出"称名学"这个术语。刘戈、董卫（1994）在《关于俄语称名及语义衍生问题》一文中指出称名在俄语中更详细的两层含义："一是指称名，行为的过程；二是名称，称名行为的产物。"称名研究主要考察：称名来源；称名单位的外部形式及其延伸；称名的内部形式（理据性和非理据性）；称名的语义类别（直接称名，间接称名）；称名行为的等同性。王灵玲（2013）在《称名视域中的俄汉语词素义对比研究》一文中指出称名学的研究对象是"语言单位构成的一般规律，构成语言单位过程中思维、语言和现实的相互关系，人的因素在选择命名基础特征时的作用，称名的行为、手段、方式、类型等语言技术问题以及称名在交际方面发挥功能的机制等。总之，称名学探讨语言中给客观事物命名的手段"。吴福祥（2017, 2019）在谈语义演变时总结了国外符意学和称名学的两种视角，并认为王力（1958, 1980）在讨论汉语"词汇的发展"时就已将其分为两种——"词是怎样变了意义的"（就是符意学视角）及"概念是怎样变了名称的"（就是称名学视角）。

总之，称名学是从概念入手，寻找编码概念的语言形式的规律和理据。语义类型学是从概念入手，进行跨语言的语义规律的研究。由此，可以看出二者的联系。

1.3　不同视角的语义学研究回顾

研究语义的角度可以有不同的切入点，语言学史上大致有 4 个研究词汇语义学的角度：①历史语文语义学；②结构主义语义学；③生成语义学；④认知语义学。

1.3.1　历史语文语义学（historical semantics）

大致从 1830 年到 1930 年，语义学关注的是意义的历史变化，即语义变化的识别、分类和解释。到了 19 世纪末，一些学者的论著中逐渐显出一种新的倾向，那就是试图把语音规律研究的方法和原则扩展到语义研究领域。青年语法学派的主要理论家 Paul（1888）在《语言史原理》（*Principles of the History of Language*）的第二版中增加了一章，专门论述语义演变的类型和规律。语义变化的类型成为历史语文语义学实证研究的主要成果。

研究语言演变的动因一直是历史语言学家探究的问题，这个大问题又可以分出若干个小问题来。首先是限制条件问题，即是什么决定了有些演变是可能的，而另一些却是少见或不可能的。历史语言学中的一个研究重心就是词义的演变。

历史语言学家 Trask（2000:269）发现语义上相关的词通常经历了平行的语义变化。语音上相似的词形，语义上也会变得相近起来，因此语音上的类似性也会促使词义变化。例如，触觉词发展出味觉义；味觉词发展出与情绪相关的词义；表义务性的词发展出表可能性和或然性的词义；表命题的述语词变为关联词；"看见"发展出"知道、明白"的词义；"听见"发展出"理解、服从"的词义；行为动词演变为心理动词；心理动词会演变为言语动词；"男人"一词会发展出"丈夫"的词义；"女人"一词会发展出"妻子"的词义；表示身体的词演变为表示人；"手指"演变为"手"；"知道"发展出"发现、品味"的词义；动物名词可以用在无生命的物体上；方位词发展出空间词等。可以说历史语义学在语义演变的研究中发现了很多规律，这与语义类型学后来的研究思路是不谋而合的。

1.3.1.1　历史语文语义学研究的三大特点

历史语文语义学研究的三大特点：①历史倾向。本来19世纪语言学的研究总貌就有历史倾向。②心理倾向。历史语文语义学将词义看成心理实体，认为词义的心理状态跟思维功能直接相连，即认知功能是经验的反映和重构。同时，历史语文语义学试图把意义变化解释成心理过程的结果。③释义学倾向。由于历史语文语义学的研究材料来自死语言的文本或活语言发展的前期，历史语文语义学研究的基本方法是描述阐释然后再分类解释。

1.3.1.2　历史语义学与语义类型学

语义类型学是进行跨语言间的语义比较，历史语言学也是进行语言间的比较，但历史语言学并不是任意的两种语言或多种语言的比较，而是指有亲属关系的语言之间的比较。

历史语义学与语义类型学的交叉之处在于语义类型学也要研究词义演变的规律，而且希望通过跨语言的研究来发现词义演变的方向性和轨迹。因此，语义类型学的研究经常采用历史语义学的研究成果也是很正常的。

1.3.2 结构主义语义学（structuralist semantics）

1930年后发展起来的结构主义语义学从索绪尔那里获得灵感，认为语义分析应当把意义之间的关系放置于更大的系统中加以观察，语言描写应当是共时的优先于历时的。因此，结构主义语义学主张系统的研究法，还主张意义之间都是相互依存的。姚小平（2011:319）认为结构主义语言研究的要点有三：第一，取一种整体、系统的视角，专注于共时状态的描写；第二，层层解析语音、语法、语义构造，直至不可再分的最小要素；第三，强调区别要素的特征，尤其是二元对立性。这些都影响了结构主义语义学的特点，其中最重要的两个概念是"语义场理论"和"语义成分分析理论"。

1.3.2.1 语义场理论（semantic field theory）

德国学者 Trier（1931）最先提出语义场理论，他被认为是语义场理论的创始人和主要代表人物。他把词汇看成一个由词组成的系统，而一组意义有关联的词共同构成一个集合，形成一个完整的词汇系统即词义场（lexical field）。场内组成成分的意义只有通过与之相邻诸词的关系和区别才能确定，因为词汇场里的词在语义上是相互联系的。我们不能孤立地研究单个词的语义变化，而应该把语言词汇看作一个完整的系统来研究。在这个系统中，某些词可以在一个共同概念支配下组成一个语义场。语义场理论实际上是从词语表达的概念入手研究语词的分类系统（taxonomy），认为总词汇场下面又分若干层级，上位词在较高的层级，下位词在较低的层级。这种理论明显源于索绪尔的系统、价值等观点。

语义场里的语义关系可以分为4种类型：①上下位关系（hyponymy），体现的是一种"类属关系"。例如"玫瑰"是"植物"的下位词（hyponym），"植物"是"玫瑰"的上位词（superordinate）。②同义关系（synonymy），如英语中的"mutton/sheep"（羊），当时英语从法语中借来的"mutton"是"sheep"的同义词，后来 mutton 专指羊肉，sheep 指活着的羊。③反义关系（antonymy）。④交叉（overlap）关系，即两个词的词义部分相交重合，这两个词构成相容关系。

结构主义强调一种语言内部的系统性和结构性，关注的是单一语言内部的结构系统和语言个性。结构主义语义学认为语义结构是自治的，这是与历史语义学根本对立的观点。历史语义学家认为语言不是自治的，它存在于人的认知之中。结构主义语义学还强调同质性和任意性。词汇场的某一词语被有特定位置的相邻词语所环绕，这个事实给出了该词语的概念特异性。就其相邻词语而言，这个特异性必须基于对词汇场的划分。把这个词语作为一块装饰片，放在更大的马赛克的确切位置，才能决定其价值。这个确切的位置决定了词语划分的是整体认知表征中的哪一具体部分，并对划分的这部分进行象征性表达。

语义场是由语义系统中一组有关联的义位组成的、具有一定共同语义特征的聚合体。所有词汇可以通过不同级别的语义根据一定的概念组成不同的语义场。当一个词项的意义发生改变，链条上其他词汇的意义也发生改变。语义场具有3个特点：①层次性。每个语言的词汇均由一系列层次分明的词场构成。每个词场内部由小的词场构成，然后可以跟其他词场构成范围更大的词场，每个语义场有上位词、下位词，还有类属关系。②系统性。在这个系统中，任何一个词项的意义都受其他词项的制约，各词项之间相互关联、相互依存。③马赛克结构。词汇的结构是类似于马赛克镶嵌地板那样的结构体。从概念角度研究问题，都是选定一定的概念范围，然后划定一个语义场。

1.3.2.2 语义成分分析（componential analysis）

语义成分分析是将一个词的意义分解为一组较为简单的语义要素。这种分析法的出发点是词的意义并不是不可再分的整体，对词的意义进行分析，可以得到相当于语音学中音素的"义素"（sememe）[1]，一个词可以用一系列的语义特征或成分表示。最早提出语义成分分析的是叶尔姆斯列夫（2006），他认为语义表达像语音层面一样也可以进行结构分析，"通过替换试验，内容平面跟表达平面一样，也能分析出作为构成成分的内容形素"，"数量无限的符号，它的内容平面可借助于有限数量的形素来解释和描写"。语义成分分析的主要目的是找到有限的语义基元来分析词义。

语义成分分析的特点：①对词进行逻辑分析。目的是将词分解为有限的清单的实体。②采用元语言符号表示语义成分。③用二元对立处理语言成分之间的关系。

---

[1] 义素（sememe）是意义的最小成分。

关于语义成分是否有普遍性，有两种观点：一种是萨丕尔—沃尔夫假说，认为每种语言都有自己独特的语言成分；另一种认为语义成分是人类感知的基本元素，而人类感知系统是一致的，因此语义成分存在普遍性。

　　语义成分分析是语义场理论的产物，这种理论可以清晰地展示某些语义的构成成分及语义场中各个词项之间的结构关系。不少学者对语义成分分析法产生兴趣并对其进一步探索，他们试图建立一种原始语义，用它们来描写语言词汇的整个所指的合成规则。结构主义认为意义不是心理现象而是语言现象，只有研究语言现象才能发现语义结构。通过语义成分分析法对基本词义进行分析，可以很好地分析并描述词义更小的单位语义成分，使我们更明晰地了解词语的概念意义，从而对事物本质特征的各方面有更好的把握。语义成分分析虽然有很多问题，但在分析词的确定含义时还是起了很重要的作用。

　　结构主义语义学认为历史语义学以历史为轴线，因此结构语义学家更强调共时至上的原则。他们认为在一定的时期，语言系统在整体上是不变的，这个稳定的系统正是共时语言学的研究对象。结构主义语义学强调研究语言的结构、研究语言内部各要素之间的结构关系，甚至会有些过分注重符号的系统关系而忽视符号本身意义的研究倾向。结构主义语义学否认了历史语义学的历时取向，同时也否定了其意义的心理观。

1.3.3　生成语义学（generativist semantics）

1.3.3.1　生成语义学的特点

　　生成语义学跟类型语义学一样也是探索语义的普遍现象，不同的是生成语义学只对少量语言做详尽的研究，用抽象的结构来表述语言共性，倾向于用天赋性来解释语言共性。Chomsky（1965: 27）认为语言共性有实体共性和形式共性之分。生成语义学坚持具有一个自治语言层次的语义结构，从根本上说也是结构主义的。Chomsky寻求的也是语言共性，不过是通过单个语言的深层结构的分析、演绎的方法。

1.3.3.2　生成语义学与语义类型学

　　Longobardi & Roberts（2010:2700）将共性分为归纳共性和演绎共性等。语义类型学中的共性属于实体共性、描述共性、特定共性、归纳共性；生成语言学的共性属于形式共性、阐释共性、整体共性、演绎共性。生成语言学认为语言共性可以从现有的单一的语言中推导出来，并且可以通过跨语言事实的验证进一步修正和完善，普遍语法存在于人的大脑中，人的语言机制由遗传决定，可以在适当的环境中生长；语义类型学家认为，发现共性的唯一方法是在跨语言事实中归纳，提倡"多边比较法"（multilateral comparison），通过观察世界所有语言的词汇及语法结构所表达的意义推测语言共性。

陆俭明（2003:514）将类型学的共性分为"弱式的共性观"和"强式的共性观"。前者是一种比较的、归纳的、功能的语言共性研究趋向。"比较"就是重视通过跨语言的比较研究来观察语言可能的共性特征；"归纳"就是通过具体的语言事实找出语言可能的共性特征；"功能"就是更强调通过语言的功能用法来解释语言可能的共性特征。后者是一种穷尽的、演绎的、形式的语言共性研究方法。"穷尽"就是重视通过在一种或几种语言的详尽考察中来提取语言可能的共性特征；"演绎"就是注重通过对语言规则的推演来找出语言可能的共性特征；"形式"就是更强调通过语言的结构形式规则来解释语言可能的共性特征。

Chomsky 认为语言共性的存在是因为语言结构都受一定的规则支配，这些规则是人类语言结构所共有的，是人类天赋语言能力的体现。当我们讨论共性时，一方面考虑是否有词汇组织（或编码）的共性，另一方面考虑在所有语言中是否有共同的语义基元。语义类型学家认为要开展对语言共性的研究，必须具备种类广泛的语言材料，一般致力于用比较具体而不用很抽象的分析来表述共性。该研究不采用演绎法而使用归纳法。

语义类型学与生成语义学的差异是语义类型学以跨语言比较作为出发点，生成语义学一次只研究一种语言。语义类型学的研究发现了大量限制共性，这样的共性是不可能从单一语言分析中推断出来的。

1.3.4 认知语义学（cognitive semantics）

1.3.4.1 认知语义学的概念

克里斯特尔（2000: 64）对"认知语义学"的解释如下：这一理论将意义等同于

概念化 [1]——属于心理经验一部分的各种结构和过程。主张意义包括百科知识，不承认语言世界和语言外世界有明确分界；凡是有关一个实体的任何知识都可能成为这个实体意义的一部分，词项因此通常是多义的，可分析为一系列相关含义构成的网络。这一理论的一个中心思想是概念内容的"识解（construed）"方式：一个词项的识解取决于多方面的因素，包括其所在的"认知域"（如空间、时间、颜色等）和视角与显著度的变化。

Bussmann（1996:197）给"认知语言学"的定义是：20世纪50年代末在美国发展起来的跨学科的研究流派，关注的是语言和知识习得与使用过程中的思维过程的调查。他们反对行为主义，只关注可观察到的行为和刺激—反应过程。研究的目的在于通过分析人类在思维、储存信息、理解和说话的过程中使用的认知策略，弄清楚认知和思维结构与组织。

徐志民（2008:15）认为"语言学的潮流像钟摆一样：结构语义学摆向跟历史语义学的心理倾向相反的一边，认为语义结构独立于人脑的认知技能"。结构语义学认为历史语义学过于纠缠历时的角度，而没有真正关心语言的共时角度。"现在钟摆又摆回来了，认知语义学又回过来强调心理倾向，把语义首先视为心理实体，要求对语义结构的研究应该符合普遍的认知过程。"由此看出认知语义学和传统的历史语文语义学都是关注"意义"的心理概念，都认为意义首先是心理实体。

认知语义学被认为是历史语义学所关注的基本问题和基本概念的回归。首先，二者都有心理学的倾向，都认为意义是心理实体，意义是心理概念。语言意义被界定为一种心理现象，同时意义变化是心理过程的结果。其次，词汇语义并非自治，两者同样根植于意义的百科主义概念。最后，二者都对意义的多义性和隐藏在其后的机制特别感兴趣。二者的切入点不同：从历时观点转为从共时观点研究语义学，由研究语义变化机制转为研究多义词汇概念的内部结构。

1.3.4.2 认知语义学与语义类型学

语义类型学和认知语义学是高度兼容的。认知语义学是一种研究语言的视角，

---

[1] 概念化："Conceptualization is the process of meaning construction to which language contributes. It does so by providing access to rich encyclopaedic knowledge and by prompting for complex processes of conceptual integration."（"概念化是促成语言实现意义建构的过程，通过提供通往百科知识的通道，和促使概念一体化的负责过程而实现。"）（Evans, 2007: 38）

假定语言功能的视角，目的是发现语言使用背后的认知原理和系统。认知语义学的目标是寻求不能脱离形体的概念知识的经验证据，探索概念系统、身体经验与语言结构之间的关系及语言、意义和认知之间的关系，即所谓的"关系问题"（the relationship question），发现人类认知或概念知识的实际内容，从而解释人类语言的共性、语言与认知之间的关系及人类认知的奥秘。类型学是寻找人类语言的共性和变异的限制。人类具有相同的构造和感知器官，面对相同的世界，通过相同的感知能力会获得相似的概念结构。一些认知语言的语料依赖类型学，比如 Talmy（2000a，2000b）就参考了很多语言，他在博士论文中详细比较了英语和北加利福尼亚的印第安语（Atsugewi）的语义概念；相应地，Talmy 的著作也受到了类型学家的重视，他的论文 1978a、1978b 就收录进了由 Greenberg 编纂的人类语言共性系列里。类型学的很多解释也是使用认知的理论来解释的。语言类型学研究与认知语言学研究是密不可分的，二者共同揭示人类语言的特点。

1.3.5 语义类型学

语义类型学就是从概念入手，进行跨语言的语义共性的探寻。Greenberg（1957）列举了6种语言类型学的研究：语音、形态、句法、规范形式、语义、象征单位[1]。

在类型学蓬勃兴起之初至今，其研究中心一直在语法范围。正如 Plank（2006：130）指出的："对于类型学在语音、语义和词汇构成方面的忽视是没有什么很好的理由。"自语言类型学创始以来，音、形态和句法领域的类型学研究已经取得了极大的进展，例如语法类型学（grammatical typology），句法类型学（syntactic typology），形态类型学（morphological typology），形态—句法类型学（morphosyntactic typology），语音类型学（phonetic typology），音系类型学（phonological typology）。但是过去几十年语义类型学的研究止步不前：很多类型学的书籍基本上没有涵盖语义类型学的研究，而大部分语义类型学的研究成果大多源于其他领域，例如跨语言的亲属词研究、颜色词研究都来自于人类学。很多类型学家会质疑跨语言词汇研究的可能性，因为词汇里充满了语言间的多样性和异质性。Bloomfield（1933：

---

[1] 象征指"一定的形式约定俗成地代表一定的意义"。像语素、词、词组都是人为划分出来的象征单位，词类、语法结构和语法关系则是高度抽象的象征单位。（袁毓林，2004：53）所谓"象征单位（symbolic unit）"，则是指音位结构（phonological structure）与语义结构（semantic structure）直接相连的结合体。（王寅，2006：11）

274）说过，"词汇是语法的附加物，是基本不规则体的清单"。Haspelmath（2003: 211）认为，语义类型学研究止步不前的原因是很多语言学家认为跟词汇相比，语法的学习更有意思、更有声望（more interesting and prestigious）。Lehrer（1992: 249）感叹"词汇类型"在两本最新的语言百科书（Crystal, 1987; Newmeyer, 1989）里都没有提到。Song（2007: 15）指出过去40年类型学的主要研究都在形态、句法等方面，现在应该扩大类型学的研究视野。

《语言类型学》在创刊10年后才于2007年发表了《走近词汇类型学》（"Approaching Lexical Typology"），这是第一篇详细介绍语义类型学研究的文章，作者是瑞典斯德哥尔摩大学的Koptjevskaja-Tamm（2007），该文详细介绍了词汇类型学的定义、研究内容和需要改进的问题。

Riemer（2010: 369）的《语义学》有一章是"语义类型学"（semantic typology），研究跨语言的意义变体的可能限制，寻求各种语域中（身体词、颜色词、空间词和运动词）语义共性和意义拓展的规律性。

即使在Song于2011年出版的《牛津语言类型学手册》里也只有一小节是有关"语义类型"（semantic typology）的。其他主要部分是：句法类型（syntactic typology）；形态类型（morphological typology）；句法形态类型（morphosyntactic typology）。

第 2 章　语义类型学的研究目标

2.1　语言类型学的研究目标

　　Song（2001: 3）指出："总的来说，语言类型学家的主要任务是确定和解释使人类语言之所以成为如此的那些属性"，而这些属性"在语言类型学中通常称作语言共性"。类型学的研究是由已知的人类语言的变异是受严格控制的这种想法驱动，目的在于揭示在巨大的复杂的语言多样性之后的系统性，也就是对跨语言在大量的语言观察和描写基础上进行的概括做出理论解释。金立鑫（2011: 25）认为语言类型学要解释的是："不同的语言类型之间都有哪些内在的一致性，这种一致性在哪些方面表现为一套规则系统，这种规则系统背后是什么样的制约规律在起作用，这种规律性的作用是否同样作用于世界上所有的语言……语言类型学也同样追求对人类的语言做出普遍的解释，并且是通过建立一套有层次的规则系统来解释的。"语言类型学的研究目标是追求隐藏在千姿百态的世界语言表面形式背后的普遍共性规律，通过这些普遍的共性规律来解释世界语言之所以有各种不同表现形式的原因和机制。类型学家在解释语言共性时，都力图从功能主义的角度出发，从交际过程和认知方面来解释语言的共性及语言类型的演变。

　　语言类型学的研究目标是寻求人类语言的共性和揭示语言变异的限制，同时解释不同的语言类型之间有什么样的内在一致性，这种一致性的背后是什么样的规律在起作用，这种规律性是否适用于所有的语言。语言类型学研究的终极目标是整合所有语言变异类型的研究：跨语言的、语言内部的和历时性的。

2.2 语义类型学的研究目标

2.2.1 揭示语义演变的单向性或方向性

语义类型学的研究目标是能够揭示语言的单向性,而语义发展的方向性是非常重要的,因为它给可能的语言演变加上了一个主要的限制。实际上,它砍掉了逻辑上可能的语言演变的一半,这样就极大地限制了语言演变类型的数目。

2.2.2 发现人类语义共性

在进行具体的语义类型学研究时,如果发现几种语言有语义上的相似性,那么可能有四种原因:第一是出于巧合;第二是两种语言实际上是亲属语;第三是借用,两种语言有地区上的联系,一种语言从另外一种语言那里借用;第四是语言共性。

寻求共性一般有两种方法:一种是演绎法,从个别的具体语言深入研究,探寻语言的共性,这种共性就是探寻人类语言深层的规则和规律;另一种是归纳法,从不同的语言中寻求一致性,这种归纳和概括只能建立在抽样的基础上。

结构主义时代主要是强调语言的"不同"而不是语言的"共性"。结构主义的方法本身就是为了解决语言的多样性中出现的问题,很少去关注共性。但是 1961 年在美国多布斯费里(Dobbs Ferry)召开了"语言共性"的会议[1]之后情况有所改变,语言学界开始更多地关注语言共性。该会议有多篇对以后语言共性研究产生深远影响的论文,如 Hockett 的《语言普遍性问题》,Hoenigswald 的《语言变化是否有共性》,Ferguson 的《鼻音的假设:音系普遍性的样本研究》,Saporta 的《音位分布和语言共性》,Greenberg 的《某些主要跟语序有关的语法共性》,Cowgill 的《寻求印欧历时形态学的共性》,Weinreich 的《语言语义结构的研究》,Ullmann 的《语义共性》,Jakobson 的《语言学的语言共性蕴含》,Casagrande 的《人类学视角的语言共性》,Osgood 的《语言共性和心理语言学》。

人类语言学家在词义类型学方面做出了很大贡献,他们试图找出词义的共性趋势

---

[1] 这个会议是由社会科学研究理事会的语言学和心理学委员会(Committee on Linguistics and Psychology of the Social Science Research Council)赞助的。

而不是绝对共性。最有名的研究当属 Berlin & Kay（1969）的颜色词研究；Greenberg（1978）主编的《人类语言的共性》卷三中有"词的结构"（word structure）；Brown（1984）的《语言和活着的生物》（*Language and Living Things*）研究的是跨语言的动植物命名的词义一致性。他们还从历时的角度来研究词义的共性。

Andersen（1978:337）认为："当代语言极少关注词义，更少关注词义共性。"最主要的原因是结构主义认为意义不能像句法和语音一样客观地研究。大多数研究就是集中在一种语言里对某一个语域结构进行分析或者比较两种或多种语言中同一语域的结构，目的是揭示范畴的差异。

Greenberg（1974）的观点是语言类型和共性并不冲突，至少没有清晰的界限。这是目前主流的声音。类型学家会认为变异是基本的、是常态的，但会有限制。这种变异性并不会削弱类型学家努力追求的语言普遍性的解释力，因为语言结构的动因是竞争性的，所以普遍性还是可以探寻到的。共性关注的是各种变异的限度，而类型研究更直接地关注变异的各种可能。

第 3 章 语义类型学的研究方法和研究意义

历史上语言研究的研究方法经历了三大阶段：规定性（prescriptive）阶段、描写性（descriptive）阶段和解释性（explanatory）阶段。18 世纪以前的研究方法基本是规定性的；18 世纪以后到 20 世纪 50 年代的研究方法，主要是描写性的，对语言的结构和用法进行精确的描述；20 世纪 60 年代以后的研究方法，以乔姆斯基为代表的语言学家转向了语言解释，他们认为仅仅描述是不够的，必须揭示语言的发展规律和本质，解释人类语言的普遍特征。

典型的类型学研究范式是：研究者设立具有普遍意义的参项，选取语料进行比较和归纳，提炼出各种语言在相关的参项上表现出来的共性和变异特征，总结出语言类型和共性，并寻求对相关共性和变异模式的解释。

语义类型学的研究既要对语言进行描写，也要对归纳总结的规律进行解释。语义类型学在广泛的语言基础上进行语义对比，因此对语言的取样数量有着较高的要求，如果只对一种语言进行研究或者样本不够大，那么就不能得出语义类型上的有效结论。

3.1 语言采样

类型学的语义比较只有基于高质量的语言描写材料，才能归纳出有科学依据的类别。

当今世界上大约有 6000 种语言，事实上语言学家不可能获得所有语言的记录，因此类型学家在进行跨语言的比较研究时只能使用这些语言的一个子集，即样本。

1）多样性样本（variety sample），是为了最大可能地捕捉所研究现象中所有的语言学多样性。广泛的语言数据对于确定语言共性是绝对必要的。从 Greenberg（1963）

的30种语言，到Keenan & Comrie（1977）的50多种语言，到Hawkins（1983）的200多种语言，Kay & Maffi（2005）所做的"颜色词"研究基于119种语言，俄罗斯Rakhilina & Maisak（2006）所做的"关于水的位移词"研究基于40种语言，瑞典Viberg（2001）所做的"感知动词"研究基于50种语言，再到Dryer（1992）的600多种语言和Dryer（1989）的900多种语言，研究者都意识到越大规模基础之上建立的语言共性，其可靠性就越大。全面捕捉语言多样性的最好办法是选择没有亲属关系、相互之间已经独立够久的语言。这种类型的样本是配额样本（quota sample）：按语言谱系分类，然后在每类中选取同样数目的语言，选取的样本还必须在地理分布上最大化。语种的抽样必须防止发生语系偏向（genetic bias）和地区偏向（areal bias），即必须防止抽样的语言来自同一语系或语族，也必须防止从同一地理区域选择大量而没有代表性的语言。因此，大规模的田野调查、进行语言描述、建立语言数据库是语言类型研究的首要方法，否则接下来的对比和分析无法进行。

共性的可信度受制于语种库的规模和质量。语种库除了在规模上庞大外，主要在谱系、地理、类型三方面平衡和代表所有的语言。Whaley（1997）认为要建立合理的语种库需要：①根据语系的频率。如果语种库占人类语言总数的10%，则每种语系都抽其语种数的10%。②只抽取谱系不同、地理上相隔遥远的语言。③分层分大洲统计。为了获取和测试分布，类型学发展了衡量语言之间相似性和差异性的类型变量（typological variables）。类型变量以形式上的精确性适用于跨语言的研究，对语言具体结构的分析做清楚的预测，并对相似性和差异性的本体进行明确的定义。

Bickel（2007）在谈到类型学方法论进展时认为在类型学采样中通常对已知谱系多样性的规模做穷尽性和平衡性的涵盖。类型学家的回答是，现在采用了蒙特卡罗（Monte-Carlo）方法和精确方法，首先对编码进行随意性基础上的可靠性测试。前面采用的方法不像古典方法从正态分布的群体（normally distributed population）中预先假定随机采样，因为古典方法不支持对人类所有语言潜在的群体进行统计推断。所有统计推断仅限于身边现有的样本，其中零假设测试（the null hypothesis of the test）就是在某些语料集里所观察到的偏差可以从相同语料集的差额总数（the margin totals）中预测——并不是所观察到的语料集可以毫无偏差地在一个总的群体里进行随机采样。

2）概率性样本（probability sample），已知某类语言比其他语言更能作为取样对象，就选取这样的语言。概率样本用于确定语法特征之间的显著相关性。此类型的样本可以避免源自同一语系或通过语言接触而在语言之间共享语法特征的情况。有关概率采样最重要的文章是 Maslova（2000）的文章，他指出语言类型是历史过程的产物，这个历史过程包含类型转换即马可夫过程（Markov process）。Maslova 通过历史过程的模式即语言的产生与消失的历史过程，分析语言特征的定量分布。他认为目前大多数类型学所依据的方法，即根据现存语言进行随机采样得出的结果比较好，因为这种方法可能比较接近多数类型变数的均衡状态（equilibrium state）。

3）诱发（elicitation）而来的语料。类型学家以前极度依赖二手的数据来源（如参考语法、字典等），而对词汇类型学研究来说第一手的数据来源至关重要。因为基于字典收集的数据优缺点显著：一方面，它的优点是确保了所有的数据都是用相同的方法收集的，使研究更多的语言成为可能。另一方面，它的缺点是并非所有的字典都是根据相同的标准设计的。例如，它们可能不会用相同的规则来区分一个词的不同意思；不同的词典编纂者选择了不同的细粒度。目前很多词汇类型研究的数据都是来自诱发而来的语料：非言语的刺激（non-verbal stimuli）（如图画、照片、录像、实物或玩具、色卡和能发出特别味道的实物）及调查问卷（包括简单的问卷和复杂的"基于框架"的问卷）。受试者被要求描述看到或听到的刺激，这种刺激经常在通过诱发的框架而控制的情境中产生。Bohnemeyer（2015: 20）认为诱发包括三个主要组成部分：刺激（stimulus），任务（task）和反应（response）。刺激可能是一个目标语的话语、一个接触语言的表达、一些事物的语言表示、一些事物的非语言表示，或上述任何两个或多个刺激的组合。所有可能的任务被定义为可能的刺激和可能的反应之间的映射。

任何类型学的研究都对语言的属性（如声音、意义或形态句法结构的属性）进行比较。语言的属性必须用非特定的语言（non-language-specific）方式来定义。在语音（phonetic）/音系（phonological）和语义类型中，这种定义的方式一般称为"非位网格"（etic grid）[1]。"网格"将语音（义）分解成相互独立的变量或维度。最

---

[1] 在词源学上，Etic 源于 Phonetic（语音的），Emic 源于 Phonemic（音位的）。后被美国人类学家 Kenneth Pike 使用后流行开来，对应于欧洲结构主义学者 Hjelmslevian 所使用的术语"基于实质的"（substance-based）和"基于结构的"（structure-based）。

著名的例子就是国际音标中的元音的非位网格包括前、开口、圆三个维度。在语义研究中一般利用调查问卷或非言语刺激集（stimulus set）来获取数据，其中的刺激项一般都是用"非位网格"来表示。在社会/行为科学的任何领域中，任何测试受试者对一组刺激项目的反应的研究——无论是观察性的（正如语义类型学中的大多数研究一样）还是实验性的（即涉及的假设检验）——刺激集的构成都需要系统的理论依据，在分析受试者的反应时必须考虑到这一点。因此，任何这样的语义类型学研究，只要设计合理，都必须基于一个非位网格或一个等价的变量集。有时非位网格中选取的维度会暴露出民族中心主义（ethnocentrism）的风险——将一种语言或文化的范畴强加于另一种语言或文化。以下三条准则可能有助于防范对于其他民族的偏见：①一般来说，语言属性的类型学分类是依据为类型学研究而定义的"比较的概念"（Haspelmath, 2010）来进行的，而不应该被理解为包含最适合描述语的属性。更具体地说，从对刺激集的反应中获得的给定语言的表达的语义扩展是表达的意义在刺激集下的非位网格上的投射。这些投射不应该与表达本身的语义扩展相混淆。②就刺激集引发的数据而言，还应对照其他更具生态有效性的方法获得的数据（例如语料库数据、自发观察的数据）来对这些数据进行检查。③为了防止种族中心主义，非位网格的构建本身必须基于对现有最广泛的跨语言和跨文化证据的调查。

4）平行语料库（parallel corpus），是由两种或两种以上语言中对齐的句子或其他文本语块组成的，具有最高的语义和语用相似性。比较平行翻译成不同语言的相同文本，逐渐成为类型学的研究方法之一。《语言类型与共性》期刊2007年出版了平行语料库的特刊，是平行语料库在类型学中使用的第一个系统反思（Cysouw & Wälchli, 2007）。尽管目前没有语料库能够取代传统的基于参考语法中语言描述的类型学数据类型，但语料库可以帮助完成多样化的任务，特别适合于研究语言的概率和梯度特性，以及发现和解释跨语言的概括。到目前为止，最"大规模并行"的语料库是《新约》翻译对齐的诗句（Mayer & Cysouw, 2014），它包含了1850多种语言的翻译。《世界人权宣言》的语料库中有372种不同语言或语言变体的版本。中型语料库有类型学的平行语料库（Parallel corpus for Typology, 简称ParTy），该语料库包含了大多数欧洲语言和世界上一些主要语言的电影字幕，如阿拉伯语、汉语、希伯来语、印地语、日语、韩语、泰语、土耳其语和越南语（Levshina, 2015）。区域类型学家特别感兴趣的是环波罗的海地区语言（爱沙尼亚语、芬兰语、拉脱维亚语、立陶宛语、波兰语和瑞典语)的平行文本集,这些文本与俄语一起构成俄罗斯国家语料库的一部分(Sitchinava & Perkova, 2019)。

在词汇类型学中,平行语料库可以帮助搜索共词化模式,即相同词汇项的不同含义,这通常是从诱发的单词列表和词典中推断出来的。Östling(2016)从1142个《新约》译本约1000种语言中提取了三种共词化模式——"石头/山","胳膊/手","树/火",这种方法能够识别区域模式。例如,"树/火"共词化在澳大利亚和巴布亚新几内亚都很普遍,支持了Schapper et al.(2016)基于更传统的类型化数据来源(语法、字典、单词表和语言专家的专业知识)的发现。Viberg(2002, 2006)使用欧洲几种语言的平行语料库进行语义类型研究。英语—瑞典语平行语料库(The English-Swedish Parallel Corpus,简称ESPC)可以参看网址http://www.sprak.gu.se/forskning/forskningsomraden/korpuslingvistik/korpusar-vid-spl/espc/。多语言平行语料库(The Multilingaual Parallel Corpus,简称MPC),包括瑞典语的小说文本翻译成英语、德语、法语和芬兰语的文本。平行语料库也可以用于区域类型学。例如,van der Auwera et al.(2005)将罗琳的《哈利波特与密室》翻译成斯拉夫语来识别认识情态可能性表达中的地域模式。

事实上现代类型分布的研究包含统计学的方法,从相关性测试(associate tests)到多变量测试方法(multivariate scaling methods)。在历史类型方面,类型学已经引介了新语料聚群方法(new data aggregation methods),统计测试手段(statistical testing strategies),稳定性矩阵(stability metrics)等。

语言的数据收集通常依赖参考书或问卷/数据表或同时依赖两者。这两种方法都有缺陷。参考书在需考察的类别方面可能不完整;由于作者缺乏专业知识或缺乏可供使用的数据,可能完全没有对特定类别的描述;由于不同理论流派使用不同的术语,或在描述语法时作者缺乏相关的解释性评论,数据可能会被误解;某些语言类别可能在不同的语言或语言类型中有不同的表现;某一特定语言的可靠数据数量有限可能导致过度概括。这些问题更容易出现在濒危语言和由实地工作者制作的参考语法上。出于显而易见的原因,调查者完全依赖母语人士提供的信息,而母语人士通常不是语言学家。调查问卷对于被调查者来说很耗时,而对于研究者来说则很费钱。一方面,很难创建一份可靠、全面的调查问卷来平衡研究者的期望;另一方面,也很难平衡被调查者在心理上接受的所需调查问卷数据的范围。避免这些问题的最好办法是将参考书和调查问卷结合起来。

5）可比性语料库，是指不同语言的文本不平行，但代表相似的文本类型或主题的语料库。例如，标注口语文本的多语种语料库（Multilingual Corpus of Annotated Spoken Texts，简称 Multi-CAST）。莱比锡语料库集（Goldhahn et al., 2012）包括 250 种语言的在线数据、新闻和维基文章。语言文档参考语料库（Language Documentation Reference Corpus，简称 DoReCo）代表了 50 多种语言的个人和传统叙述，每一种语言至少有 10000 个单词。苏黎世大学的"形态多样性"（Morphological Diversity，简称 MorphDiv）项目旨在收集代表 100 种语言的不同体裁的语料库，以便用于大规模的类型学研究。

3.2 研究方法

任何类型学都需要一个独立于语言的尺度，据此可以衡量被比较的单位，这个问题在语义类型学中尤为突出。意义是基于逻辑的元语言、抽象成分特征还是基于外部标准来表示，语言学家在这些问题上仍然有很大的分歧。在实践中，类型学借鉴了这些方法。根据 Koptjevskaja-Tamm et al.（2016）的总结，语义类型学研究至少使用如下几种方法：

3.2.1 成分分析法（componential analysis）

成分分析法是 20 世纪 50 年代到 70 年代结构主义时期非常盛行的研究方法。最主要的方法是通过一组区别性的语义特征来定义某个语域的一个词，最后使用这样的对立特征来解释整个词义。美国社会学家 Davis & Warner（1937）在《亲属关系的结构分析》（"A Structural Analysis of Kinship"）里开始使用"成分分析法"来分析亲属称谓。1956 年在杂志《语言》（Language）上发表的两篇研究亲属词的文章进一步开启了用成分分析法来研究亲属语的大门，是语义学史上的一座里程碑，一篇是美国人类学家 Lounsbury（1956）的《波尼亲属语用法的语义分析》（"A Semantic Analysis of Pawnee Kinship Usage"），另一篇是 Goodenough（1956）的《成分分析和意义研究》（"Componential Analysis and the Study of Meaning"）。Lounsbury（1964）更进一步对美洲印第安部落森加纳语的亲属词进行调查，也用成分分析法进行了语义分析。语义分析的第一步是要对语义场里的义素（seme）进行分析，即亲属语表达式的指称内涵的识别。Lounsbury 里用四个语义成分来区分这些亲属词：辈分，对象性别，父系/母系、性别一致/非一致。

Nerlove & Romney（1967）研究245种语言中如何命名兄弟姐妹，就用3种参数（自我性别、兄弟姐妹性别、相对年龄）来定义8种亲属类型。Lehrer（1974）用成分分析法研究烹饪词汇，选取的参数为"±水""±脂肪""±直接加热""±有力的烹饪行为""±长时间烹饪""±大量烹饪原料""±淹没""±特别的厨具""±特别的成分使用""±特别的目的"。

这种方法最终被放弃，原因如下（Evans, 2010）：

1）语义上有无法解释的特征（uninterpreted features），如果不将它们转变成可解释的系统内（interpreted system）就没有可决定的真值。

2）没有谓词—论元（predicate-argument）结构的语义特征不能够参与到标准的逻辑关系中，如蕴含关系。

3）区别性成分虽然看起来是最基本的，但很多实际上隐藏了复杂的语义关系，因此在定义亲属关系时是循环的。

3.2.2 自然语义元语言法（Natural Semantic Metalanguage，简称 NSM）

NSM 的主张是，一个成功的简化法的释义可以被视为一个概念模型，它可以预测和/或解释自然用法（包括分布、搭配、蕴含、含义等），并满足母语使用者的直觉。因为释义分析是以说话者已知的术语进行的，并且构成了他们日常语言能力的一部分，所以释义分析可以从表面上宣称概念的真实性，即人类学家所谓的"内部视角"。

NSM 方法始终以人类为中心，即把人作为万物的尺度。例如，构成词汇意义的特征群被描述和解释为源于它们在人类生活中的指称功能。因此，"杯子"的定义不仅提到了"把手"作为其组成部分之一（在成分分析中可能会这样做），而且还明确地将杯子描述为盛了热液体的容器"人坐在桌子旁，将其举到嘴边喝一点，然后再放下"（Wierzbicka, 1984: 215）。颜色术语的定义明确指的是典型的自然物体，例如太阳代表"黄色"，活的植物代表"绿色"（Wierzbicka, 2005），而温度术语则通过火来描述（Goddard & Wierzbicka, 2007）。这种方法的重点在于一个假设，即所有语言都有最小的词汇概念核心——"语义基元"，即基本和普遍的意义，可以在所有语言中用单词或其他语言表达式表达（详情见4.3.2）。

NSM 方法的总体优势是：第一，语义基元的元语言提供了一种对语义极细粒度解析的工具；第二，NSM 方法避免了隐含的循环性和过度的抽象性；第三，NSM 方法防止（或至少最小化）术语民族中心主义，从而使分析者能够在认知上产生合理的语义描述。除此之外，NSM 项目的最新研究发展了词汇类型学特别感兴趣的两个概念，即语义分子（semantic molecules）和语义模板（semantic template）的概念。

语义模板是语义上相互关联的单词使用一个共同的结构模式。该概念首次用于解释人工制品和自然种类术语。此后，它被详细阐述并应用于情绪、形状、颜色和身体素质的形容词。近年来，语义模板的概念已经扩展到动词。研究人员已经提出了几种体育活动动词子类的模板结构建议，包括：①身体运动的不及物动词，如行走和奔跑；②日常身体活动动词，如饮食；③复杂身体活动动词，通常涉及器械，如切割和切碎。Koptjevskaja-Tamm（2008）确定了词汇类型学研究的 3 个主要前沿：①词库的结构模式；②语义场的架构；③词汇语法交互。NSM 研究者认为语义分子和语义模板的分析概念为 Koptjevskaja-Tamm 确定的每个方面都提供了一些帮助。关于词库的结构模式，语义分子的概念为理解词汇语义复杂性提供了新的途径。许多语义结构似乎有一种"细长而块状"的性质——由简单语义素组成的长串，中间点缀着语义密集的分子。语义分子能够令人难以置信地压缩语义的复杂性，与此同时，这种复杂性被封装和压缩成一个词汇单位后被嵌入另一个词汇。关于语义场的架构，语义模板概念的相关性应该是显而易见的。在为任何语言中特定语义类的单词建立语义模板时，都需要创建一个跨语言比较的框架。根据目前的迹象，许多模板结构在不同语言之间似乎是相同或相似的。

3.2.3 基于外延的或非位网格的语义方法（denotation-based or etic-grid semantics）

基于外延的语义方法应用于跨语言语义研究始于 20 世纪 60 年代，由 Berlin & Kay 发起，他们使用孟塞尔（Munsell）色卡来测试受试者。孟塞尔色卡提供大量的语言外的语境或"非位网格"来捕捉颜色域内可能的区分。无论各个语言中区分多少颜色词，以及每一个词覆盖多大比例的光谱，这些变异都是严格受限的，主要是受视觉的神经生理学影响。后来该方法被奈梅亨马克斯·普朗克心理语言学研究所语言和认知系研究者们广泛使用，研究包括"身体词"（Majid et al., 2006），"切割和破坏"（Majid et al., 2007a），"放 / 拿"（Narasimhan & Kopecka, 2012），"方位"（Ameka & Levinson, 2007），"空间"（Levinson & Wilkins, 2006）。

这种方法又称为奈梅亨方法或基于刺激的方法（stimulus-based approach）。该方法基于外延进行数据收集、问卷调查和平行语料库研究，有效地避开了语义概括性 / 多义性的问题。它们往往提供多个语境或一个"非位网格"来展现一个域类可能的区分，研究结果是一个词的含义可以很轻易地变成其用法的合集（一个"位"定义）。从"非位"定义到"位"（emic）定义这一合乎逻辑的步骤（找出不同用法背后的共同点，得到一个合理描述意义的界定方法）应与决定什么成分构成一个意义（即区分语义概括性和语义多义性）同步进行。Evans（2010）也讨论过"位"和"非位"的区别："位"是要列出所有逻辑上可区分的可能性而不管个体语言是否将它们归为一起；"非位"是从某个特定的语言角度寻求一个范畴内所有成员的共同之处。"位"关注的是语言的变化和多样性，而"非位"关注的是它们的普遍性和统一性。个体符号的外延范围（denotational range），又包含：①粒度：在一个给定的范畴中有多少个范畴；②边界位置：范畴之间的边界如何划分；③分类和切分：什么被认为是同一范畴。

这种方法最大的优点是具有客观性，用一组标准的刺激物来得出受试者的反应，因此研究者对于结果的影响是最小的，也很容易对来自不同说话者和不同语言的语料进行比较，而不用顾及语料何时何地收集。但这种方法自身也有缺陷：①有些语域不能完全用刺激物来代表，例如感情，不愉快的身体感受（如痛苦等抽象概念）。②刺激物可能无法完全和穷尽性地覆盖整个语域。③视频的前期制作程序复杂，很难在调查过程中对内容进行调整。④无论是让受试者描述一段电影或是在游戏中交换指令都比描述一系列不连贯的视频片段更接近正常使用的语言，因为以"刺激反应"理论为基础的研究方法得出的结论大多脱离了语言的自然使用。事实上，马克斯·普朗克心理语言学研究所通过语言外的刺激诱发获得的数据都是与其他来源（相关语言的文本）互为补充的。Levinson（2000）和 Wierzbicka（2005）也质疑了颜色词研究中构成 Berlin-Kay 范式的外延语义法的有效性。

3.2.4 组合的词汇类型法（combinatorial lexical typology）

该方法由莫斯科词义类型小组倡导，由 Ekaterina Rakhilina 发起，近年来广泛使用于词义类型领域［Rakhilina(2010); Reznikova et al.(2012); Koptjevskaja-Tamm et al.(2010)］，其研究思路是将莫斯科语义学派分析近义词的方法与类型学家的研究方法相结合。他们认为在不同的语境中一个词位的组合是由它的语义属性所诱发的。一个词的意义在于它的内涵（intension）而不是外延（denotation）。因此每个词位的语义属性应通过它组合性的系统分析来逐一完成。一个词位的语义描述包括它语言行为的描述和诱发它的语义属性。词汇意义可以通过观察一个词的语境或词的搭配来研究和重构。该方法中一个核心概念是框架（与 Fillmore 的框架有所不同，Fillmore 将框架定义为一组带有分配的句法角色的参与者），它将框架视为一组原型情景（prototypical situations），这些情景中有功能的相似性及词汇化的相关性。"语义框架"构成了语言描述的最小单位。那么，描述一个域就是列出与它相关的所有框架，并为每个框架找到它在所有选定语言中的表现形式。与 NSM 一致，该方法假定通过将现实分割成认知上相关的片段，词汇就划分了整个语域。例如 oldness 这个语域就包含4个框架"破旧的（worn）"，"年长的（aged）"，"former（以前的）"，"古老的（ancient）"。这种方法已经应用于如下语域：水运动动词，摇摆动词，旋转动词，疼痛动词，物理属性形容词等。该方法的核心是找到一个不能被给定的近义词替换的上下文，并确定哪些属性阻止其替换。目标是创建该词详细的描述，即所谓的"词典肖像"。然而如果从不止一种语言的词汇系统中，观察另一种语言的相似系统，就会产生另一个任务：从大量只与语言内部相关的特征中提取出与类型相关的特征。当一个语境被证实与一种语言中所讨论的范畴相关时，它就会在类型调查问卷中占有一席之地。当一种语言中的某些语境被发现具有相同的表现形式时，这种模式就是该语言的类型特征。同样的过程也可以用于语义域，以列出不同语言中的相关上下文并观察其词汇解释中的模式。

Ryzhova et al.(2019)讨论了框架法范式下词汇类型学研究的数据自动收集问题。该框架中的一项研究是基于对所讨论词素的分布特性的分析。因此，此类研究的调查问卷包括特定语义域的词汇项可能出现的典型语境。该研究的目标是自动填写这些问卷，这项工作可以分为两项不同的任务：问卷翻译和相关数据的填写。完成第一项任务有三种方法（双语词典翻译、在线云翻译和平行语料库翻译），完成第二项任务有两种算法（基于单语语料库和在线翻译填写问卷）。

Georgakopoulos(2020)用基于框架的词汇类型学方法对希腊动词"落下"（falling）

进行考察，研究采用了莫斯科词汇类型学小组开发的一组由23个视频片段组成的视觉刺激。希腊语有一个基本词位"落下"可以对4个主要框架进行编码：①从升高的表面坠落；②失去垂直方向；③分离；④坠毁。这些框架可以被认为是一个比较概念，即可用于跨语言概括的比较方法的组成部分。该研究揭示了现代希腊语"落下"虽然在该语域占主导地位，但也为其他编码策略的出现提供了空间。事实上，13个额外的位移动词可以用来描述不同的情景类型。然而，这些动词限定在每个框架的边界内。每个动词只属于一个框架这一事实间接地支持了4个不同框架的存在。分析还表明，只有在少数情况下，涉及在重力作用下物质从容器中移出及地面或冰层坍塌的情况下，才不会使用基本词位"落下"。

3.2.5 语义图（semantic maps）研究法

语义图研究法是在没有一套预设的共性前提下，将具体语言的语法形式和词汇进行归类。它把任何一种语言的单个形式范畴相关联的功能在语义图上排列在一起，虽然概念空间的结构体现出功能上的相似性，但功能之间的关系是从语法范畴的功能组织里归纳出来的。语义图研究法的主要目标是通过跨语言的比较来揭示人类语言多功能模式的特性和共性，特别是不同的多功能模式背后的跨语言规律性。语义图最初应用于语法类型研究，后也广泛应用于词义类型研究。语义图是由Anderson（1982）最先提出的，后由Croft（1987），Kemmer（1993），Haspemath（1997）和Stassen（1997）进一步发展，广泛应用于语言类型学中的重要的语义分析方法。Haspelmath（2003: 213）定义语义图为："在概念空间上的多功能几何性的表征。"（a geometrical representation of functions in conceptual/semantic space.）这些语义在空间上根据一定的规则排列，互相联系，形成一个语义网络，是对如何通过范畴来表达功能进行归纳的表达方式。概念空间的结构代表着功能上的相似性。Haspelmath主要将语义图应用于语法意义的研究，但Haspelmath（2003: 237）同时建议将语义图完全应用到词义研究领域。

事实上最先明确地将语义图研究法应用于词汇语义类型研究的是Haspelmath（2003），他在文中援引Hjelmslev（1963: 53）用四种语言（丹麦语、德语、法语、西班牙语）按五种不同的功能对"树木"进行区分："树""柴火""木材（材料）""小林"和"大森林"。此类语义图是一维的，因此四种语言的词素的边界可以清晰地呈现在一起。

如果一个节点不能被细分为两个（或更多）意义，那么它就是一个分析基元。实际上，这意味着当且仅当至少有一种语言具有用于该节点的专用语言形式时，才可以将新节点添加到语义图中，如此就可以识别下文的五个节点。我们使用英语作为元语言，并标记这些节点：树（tree），木头（wood），柴火（firewood），森林（小），森林（大）。语义图研究法对于这些节点或意义的解释是中立的。一些语言学家认为节点在认知上是显著的（Cristofaro, 2010），而其他人认为它们只是比较概念（Haspelmath, 2010），这一概念由语言学家创建，目的是比较语义域中的语言特定分类。在构建语义图时，称名学和符意学方法可以独立使用，也可以结合使用：采用自上而下（称名学）的方法，研究给定的语义/功能域，并为每种语言列出相关的语言表达；采用自下而上（符意学）的方法，研究起点是语言特定的词或构式及其多重含义。

大多数研究第一步挑选一个特定的领域，确定这个领域的核心意义，并寻找用不同语言表达这些意义的独立形式。第二步发挥符意学这一维度的作用：在一个词汇矩阵中列出每种形式的语言样本所证明的所有含义。在这样的词汇矩阵中，如果同一行中有两个或两个以上的√，则意味着语言形式是多义的，而如果同一列中有两个或两个以上的√，则意味着相关的语言形式是翻译对等词。

近年来语义图研究法还在如下领域展开，物理属性词（Perrin, 2010; Rakhilina, 2015; Ryzhova & Obiedkov, 2017），运动域（Wälchli & Cysouw, 2012），感知域（Wälchli, 2016），"空的"域（Rakhilina & Reznikova, 2014, 2016），温度词（Koptjevskaja-Tamm, 2015; Liljegren & Haider, 2015; Perrin, 2015），自然和空间域（Georgakopoulos et al., 2016; Youn et al., 2016），视觉方向（Rakhilina, Vyrenkova & Plungian, 2017）。Perrin（2010）是另一个通过研究多义定性概念的语义组织来生成词汇语义图的尝试者。这项研究基于从24种语言中收集的数据，利用了由110个概念组成的单一概念空间。Urban（2011）研究的是词库中的形式和语义模式，重点放在名词性表达上。它对某些指称表达式的简单编码和复杂编码的偏好进行了归纳，对特定语义域内的词汇关联模式进行推理，并以邻接网络的形式可视化这些关联。这些网络使用几种表征规约，例如用线条粗细表示语义关联的强度，用箭头表示形态复杂的表达式揭示的映射方向。Rakhilina & Reznikova（2016）提出用一种基于框架的方法来讨论"空的"域和水运动域,即用语义图将各种意义之间关系的可视化(在这种方法中称为框架)。它提出了语法和词汇语义图的趋同点和分歧点。Georgakopoulos et al.(2016)使用语义图模型研究了"土壤/地球"概念的多义性模式,在这些语义图中词汇的比较概念被表示为网络中的节点,而边连接共词化的概念。语义图不允许一个给定的单词形式共词化而表达两个以上的概念,因此需要更复杂的网络结构,如:超图(hypergraph),其中一条边可以连接两个以上的节点;二分图(bipartite networks),使用不同的边权重,其中权重反映给定数据中给定共词化的频率,而节点权重代表给定概念的整体出现(List et al., 2013)。

(1) 蕴含语义图

如果一个语言表达式与不相邻的节点 a 和 c 相关联,它也将会与连接这两个节点的 b 相关联。蕴含语义图在词汇类型中最早被 Viberg(1983)使用,他提出了视觉是最高的感知模态。François(2008)利用语义图来比较不同语言中同义词的语义网络,调查了 13 种语言中"呼吸"(breathe)构成的语义网络来证明在解释跨语言的语义共性和类型趋势时语义图是一种很好的探索工具。该文认为语义图模型有方法论意义,因为它将其范围扩展到词汇类型学,又将特定语言分析与跨语言比较结合起来,并创造了"共词化"这个术语。莫斯科词义类型小组也广泛使用了语义图,不同的是用框架代替了节点。

(2) 概率语义图

概率语义图利用的是基于相似矩阵对应分析的统计方法,其中矩阵包含在跨语言的多个不同语境中出现的特定语言表达式。所有语义图都基于同构假设,即形式上的同一性反映了意义上的相似性。而概率语义图认为同构不是绝对的,而是概率的。语义图中要素(element)的配置反映了它们基于语言样本在地图中被相同或不同类别表达的概率。

最早使用该方法的是 Majid et.al(2007a),他们研究与"切割"和"破坏"相关的事件,数据由 24 种语言的使用者对视频片段中的事件描述组成。这些数据按照不同的语言分别排列在相似的矩阵中。该矩阵基于这样的假设,在语义上用相同谓词描述的视频片段比用不同谓词描述的视频片段更相似。

Wälchli & Cysouw(2012)也讨论了语义在多大程度上可以通过"语境嵌入实例的直接跨语言比较"来获得。该文比较词汇在大规模并行文本中的分布,即在将一个相同的文本翻译成大量语言的过程中比较词汇的分布。该文又用平行文本对位移事件（motion events）进行研究，即将《圣经》中的《福音书》翻译成来自各大洲的 100 种语言并进行分析。

该方法使用多维量表（Multidimensional Scaling，简称 MDS）将研究可视化，其指导思想是语义图中表示的两个语境嵌入的情境越接近，它们就越有可能由数据库中任一语言的相同范畴表示。MDS 在处理大规模的复杂数据集时比传统模型更有效。至关重要的是，分析的结果不仅仅是图表结构而是可视化的：由点表示的意义，通过多元统计技术分布在二维空间中，点之间的距离表示意义相似性的程度。这种方法通过出现在《福音书》里的 360 个与运动相关的上下文中的运动动词说明，主要集中在典型的与"去""来"和"到达"相关的上下文中。作为这种比较的工具，Wälchli & Cysouw 提出了概率语义图，它进一步建立在（蕴含）语义图的传统上。概率语义图分享了传统语义图的主要思想，即试图以最大化的图标方式表示形式类别（单词、语素、结构）的意义／功能的相似性——具有相似意义／功能的形式类别在地图上彼此靠近。然而，概率语义图与传统语义图也在很多方面不相同，概率语义图能够处理大量的要素集和混乱的数据，并且一开始不假设任何理想化的概念／功能／意义，而通过统计分析的标准技术自动构建，在自动构建的情况下，通过多维量表的方法将要素排列在多个维度上。在这种方法中，所有范例（exemplars）的相似关系构成了语义空间，而语义空间可以替代语义元语言（semantic metalanguage）。

多元分析的定量数据包括频率数据和相似性数据。频率数据表示特定模式在给定样本、语料库或上下文中出现的次数，任何类型的数据都涉及语言在共有或非共有属性方面的比较，因此可以被视为相似性数据。在语义类型学中一种可视化相似性数据或分类数据的流行方法是用文氏图（Venn diagram）代替非位网格或刺激项排列的形式。

语义类型数据逐项分析的一个主要限制是，它会产生一个复合的（composite）空间模型，其维度不一定对应于任何单独语言中涉及的语义区别。例如，Majid et al.（2008）将他们模型的第一个维度解释为将高度"分裂点可预测性"的事件与缺乏这一属性的事件区分开来。然而，不明显的是，在 28 种语言样本中，用于描述场景的任何动词实际上都包含了作为意义成分的这个属性（语义特征或谓词）。就单个动词的意义而言，可预测性可能在很大程度上是物体类型和工具类型组合的衍生。Majid 和他的同事通过在复合模型的维度与从代表每种语言特定的相似性矩阵计算的模型维度之间运行相关性分析来解决这个问题。第一个维度——被他们解释为代表可预测性——对除了两种语言之外的所有语言都有很强的相关性，而在其他维度上则出现了更多的变化。尽管如此，他们得出结论，"总体而言，我们的 28 种语言样本的维度与其他语言中普遍解决方案中的维度非常相关，这与在切割和破坏领域不同语言做出相似的区分的假设相一致"。

《语言发现》2010 年第 8 卷第 1 期上刊登了 14 篇有关语义图的文章，可以开放给其他研究者评论；若包括评论性文章和作者答复在内的文章，总数则为 42 篇。这些文章讨论的主题有：语义图的优势和局限性；经典语义图和使用多维量表的语义图与邻近图（proximity maps）的比较；语义图和历时性；如何构建语义图；研究方法面临的挑战（例如，邻近性违规，大型数据集）；语义图在语言学理论中的理论地位和范围；扩展语义图的范围。

可以帮助语义图可视化的工具，以及可以提取跨语言多义模式的在线资源有：Gephi（https://gephi.org）和 Concepticon。Gephi 是一个免费的开源程序，它支持多种图形导入/导出格式。它附带了一个快速入门教程，一个可视化教程，一个版式教程，指导用户使用程序的基本和高级设置。因为有丰富的统计和过滤方法，Gephi 可以促进多义网络和语义图的探索。Concepticon 拥有不同的现有概念列表，这些列表可以在语言文献中找到。它将 160 个概念列表中的 30000 多个概念链接到大约 2500 个概念集（由于此资源中的内容会定期更新，因此概念、概念列表和概念集的数量会增加）。该资源提供了丰富的信息，例如语义扩展、跨语言多义词和词汇关联的研究，可以为语义图研究提供信息。

语义图的一个优势在于它对待单义词/模糊性—多义—同音异义的区分采取中立态度。另一个优势是可以从图中看出蕴含共性。我们可以假设，如果一个特定于语言的词汇项同时表达"树"和"柴火"（如丹麦语 træ）的意思，那么它必然会表达"木材"的意思。如果一种给定的语言最终只有一种形式来表达"树"和"柴火"的意思，而不能表达"木材"的意思，那么语义图就必须被修正，新的蕴含共性就会形成。同时语义图作为一种语义研究方法可以清晰地展示称名学和符意学的视角，如从称名学的视角看意义"wood"可以分别用词汇单位 træ、bois 和 Holz 表示，法语 bois 和 forêt 在表达"森林"的含义时是近义词。从符意学的视角看词汇单位 træ 可以表达三个意义，同时可以揭示跨语言复现的多义词模式。

有些学者认为语义图只是进行跨语言研究多义词模式的一种工具，对认知普遍性持怀疑态度；另外一些学者认为语义图可以视为人类思维普遍一致的有效组织。

综上所述，当代语义类型学的研究方法和手段更加精密、多样，例如结合语义图和数据统计方法，用数据和图画标示语言现象的分布和频率。

3.3 研究意义

为什么在不属于亲属语的语言中会有不断复现的一致的概念化模式，有可能从我们的认知中寻找解释吗？相反地，什么模式很少见（只出现在很少的几种语言里）？是否有一些一致倾向只在一定的区域出现？或者是只限于特定的语法属性（词汇—语法相互作用）？对此，Matisoff（2004: 385）认为应该避免极端的相对主义和极端的共性论，而采用一种实验性的方法同时关注语言的相同和不同。类型学对于共性的解释就是基于大量的跨语言对比研究得出的语言共性。

语言普遍现象研究的意义：人类语言的普遍现象可能预示着人类语言的发展方向。人类语言普遍现象反映了世界各个不同国家的人们在交流时思维的共同特点。语义类型学家研究语义是如何实现语言表达，诸如概念编码、概念切分等。这些研究使人们发现了人类思维结构共同性的语义图，揭示了大脑处理语言的方式。

语义类型学是语言学的一个重要分支，其研究对历时语言学、理论语言学、应用语言学都有重要意义。语义类型学的研究不仅对研究语言的共同特点和共同规律有一定的意义，而且有助于语言教学中运用对比原则。

Greenberg认为类型学能"增强我们的预测能力，因为从某一个共时系统看来，某些发展将是可能的，另外一些则是希望较小，还有一些则在实际上是要排除掉的"。实际上，语义类型学同样也具有预测性，可以预测语义发展演变的方向。

不仅如此，类型学的研究还同心理学、生理学、逻辑学的研究有密切联系，因为类型学研究能揭示人的某些共同心理、生理、思维特征。语义类型学研究的意义如下：

1）可以解决历史语言学的问题。类型学可以识别哪些构拟（reconstruction）在类型学上是极为可能的，哪些是可能的，哪些是完全不可能的，提高了人们对语言历史演变的理解和预测能力。

2）比较的标准不受限制，可视需要而确定。这个特点是同历史比较法相对而言的。因为历史比较法在确定两个词或两个语法结构同出一源时要求它们必须在音义两方面都有共同的渊源或联系，缺一不可，否则它们同出一源就可能只是偶然而非同源。但是类型比较可以不受此限制，可以排除时间因素和地理因素，即任何地区的语言（不论是否是亲属语言）、任何语言的任何历史断面状态之间都可以进行类型比较。

3）没有类型学的眼光，我们对于自己的母语汉语也不可能认识得十分深刻。

第4章 语义类型学的研究内容

Song（2007: 4）认为语言类型学研究一般要分以下四步进行：①确定需要研究的语言现象；②对该现象进行类型学分类；③对分类做概括性的表达；④对概括做出解释。

Koptjevskaja-Tamm（2008）首次列举出词汇类型学要解决的理论问题：

1）根据什么参数，某个特定现象在不同的语言中表现不同？在哪些模式中这些参数共同出现？

2）经过证实的和可能的模式可以帮助我们得出哪些普遍原理？

3）就某种特定的现象而言，哪些是不同语言普遍具有的？哪些是某种语言特有的？哪些是常见的？哪些又是少见的？

4）如何解释经过证实的跨语言不同模式的分布？

5）如何解释经过证实的跨语言模式及其普遍性？

同时，Koptjevskaja-Tamm（2008）认为这个领域应该关注的问题如下：

1）什么是可能的词（在传统的类型学研究中，就是研究不同语言中的形态形式是黏着型还是孤立型）？或者一个词可以表达什么意思？什么是对于可能和不可能的词的一致或变异的限制？

2）在不同的语言中，一个单个的词能够表达什么意义？不能表达什么意义？

3）词汇化和词汇化模式；普遍性的词汇化和语言个性的词汇化；范畴化和范畴的切分。

4）同一词位、同一共时词族（有派生关系的一组词）的词位或是有历时派生关系的词位，它们能够表达怎样的不同意义？

5）在已经证实的和可能的模式中可以做出什么总结？

6）在给定的语言现象中，什么是语言的共性？什么是语言的变异？
7）怎样解释这些共同的模式，语义理据（一词多义，语义关联/语义转移）是什么？
8）有哪些跨语言的模式是存在于词汇—语法互动之中的？

4.1 范畴、范畴化的定义

类型学从概念入手，而概念是对事物认识的结果，概念的结构是以范畴结构为基础的。词义的范畴化与概念的形成过程同时进行。概念和范畴、范畴化、词汇化是密不可分的。

什么是范畴（category）？经典的"范畴"定义为：一组拥有共同特性的元素组成的集合（set）。隶属于集合的元素程度相等，没有"核心"和"边缘"之分。经典化的范畴理论是根据一组充分和必要的特征/条件来定义的。特征是二分的，范畴有明确的边界；范畴内的成员地位相等。正如 Lakoff（1987: 5-6）指出的，"从亚里士多德时代到维特根斯坦后期的研究，都认为范畴不成问题，能够很好地把握。它们被看作抽象的容器，事物在范畴里或是在范畴外。当且仅当事物共有一种特定属性时，它们才属于同一范畴，它们的共有属性被用于定义它们所属的范畴"。客观主义语义学认为概念都是通过抽象符号与独立于心智世界之外的客观世界建立纯粹的、客观的关系来确定的。认知语义学不仅认为范畴是人类的思维对客观事物普遍本质的概括和反映，而且认为范畴本身也是人类认知和思考的根本方式，没有范畴人类就无法思考。范畴化的过程是一种心理过程，与人的认知活动息息相关。范畴本身并不是一种客观存在，而是人类认知的结果。

范畴化是人类思维、感知、行为和言语的最基本能力。范畴化（categorization）指人类将经验和感知组织成各种一般概念及相关语言符号的整体过程，或者是说如何用语言形式来包装概念的过程，是人类运用语言对世界进行分类从而达到认识世界的一种手段。范畴化是一个认知过程，范畴则是这一过程的结果。Sweetser（1990）提出："我坚决赞同那些语义学家的观点，认为意义是根植于人类认知经验的，包括文化世界、社会世界、心智世界和物理世界的经验。"

语义范畴（semantic category）也叫概念范畴或概念结构，是将语言意义概括而成的各种不同的类别，是人们对客观外界认识所形成的一种概念结构，是人类认知和概念化的结果，是人类概念范畴在语言上的反映。范畴化的语言学产物就是语义范畴。Haspelmath（2007）认为预设范畴是不存在的（Pre-established categories don't exist），两个不同的语言里特点完全相同的范畴非常难找，体现跨语言范畴相似最好的方法是用蕴含等级（implicational scales）或语义图（semantic maps）。"不存在预设范畴"这个命题对语言类型学最重要的影响就是跨语言的比较不能以范畴为基础，而必须以实质（substance-based）为基础，因为实质是普遍的而范畴不是。这就意味着在形态句法方面，类型学的比较必须以语义为基础。要进行形态句法比较，必须确定意义常量（the meaning constant），至少是有普遍性的。但是大量的证据表明意义也是约定俗成的，而且跨语言有差异。Haspelmath 给出的解决办法是"为了达到类型学比较之目的，我们不需要严格对等的意义，只需要在某种程度上语义可以对等"。总之，类型的比较不能以形式范畴（formal categories）作为比较的根据，而要寻求语义—语用的或语音的实质作为分类和归纳的基础。在语法类型比较时常使用相似范畴的概念比较（category-like comparative concepts）之外，在语义类型比较时类型学家还使用非位比较概念（etic comparative concepts）。例如，Majid et al.（2007a）关于切割和破坏事件研究；Evans et al.（2011）关于相互词（reciprocals）研究；van der Auwera（1998）在翻译语境中基于问卷研究；Wälchli & Cysouw（2012）及 Dahl（2014）关于平行文本类型学研究。

《语言类型学》期刊 2016 年第 2 期刊发了类型学比较范畴的专刊，包括：Haspelmath（2016）《使语言描述和比较互利的挑战》；Dryer（2016）《跨语言范畴，比较概念和沃尔曼语（Walman）的小称》；Rijkhoff（2016）《形态句法类型中的跨语言范畴：问题和前景》；LaPolla（2016）《关于范畴：遵从语言的事实》；Croft（2016）《比较概念和特定语言的范畴：理论和实践》；Beck（2016）《一些特定语言的术语是比较概念》；Moravcsik（2016）《关于语言范畴》；Dahl（2016）《关于特定语言和跨语言实体的思考》等。《语言类型学》期刊 2020 年第 3 期刊发了类型学比较标准的专刊，包括：Evans（2020）《简介：为什么类型学中可比性的问题是核心》；Bromham（2020）《演化生物学的可比性：以达尔文的蔓脚类动物（barnacles）为例》；Round & Corbett（2020）《类型学中的可比性和测量：对语言学来说是光明的未来》；Zeshan & Palfreyman（2020）《手语和口语的可比性：跨模态类型中的绝对和相对模态效应》等。从这些专刊中足以看出在类型学研究上，范畴是个多么重要的概念。

4.2 词汇化

4.2.1 词汇化的定义和分类

人类有了语言之后，就自然会将范畴化和概念化的结果相对固定于词语表达之中，这就叫作范畴或概念的词汇化。在结构主义时代，词汇化的含义是用一个词位代替一个抽象的语义构造，或者说一个概念用一个词位来词化；已经词化的单位在进一步的发展中改变了它们的词汇地位，也被称为词汇化。

从历史语言学视角看，Blank（2001）认为词汇化是新的语言单位产生的过程，无论是简单词还是复合词或新的意义在词汇层面上的规约化（conventionalization）。从另外一个意义上讲，词汇化就是词汇层面与语法化对应的术语。词汇层面的规约化不仅关注构词和习语，同时也关注语言变化、借词和其他类型的词汇变化。词汇化即具体意义的发展过程，等同于研究语义演变。

词汇化在共时层面指用词项对概念进行编码，在历时层面指各种语言材料演变成词项的过程和结果。大家一致认为"词汇化"[1]这一术语与"词库"（lexicon）[2]关系密切，从共时角度看，词汇化指"一种语言词库吸纳某词，并作为一种普通构词形式存储在词库中，可供使用时从词库中提取"（Bussmann, 1996: 279），或指"对概念范畴进行编码……概念表征式和句法之间联系的程度以及这种联系性如何被形式化"，与概念结构的编码有关。共时角度的词汇化应是类型学的研究范围（Briton & Traugott, 2005: 18/28）。而从历时角度看，词汇化指"语言材料演变为词项或通过吸收语言材料形成词项"，原来由一组单词表达的概念逐渐演化成由一个单词表达的历时过程（Hopper & Traugott, 2003: 223-224）。Traugott 也关注"有关复杂的概念结构可能合并到一种单一的词汇形式的跨语言证据"，例如 Talmy（1985, 2000a）和

---

[1] Lexicalization: Any development which leads to the creation in a language of a phonological form which must be counted as a lexical and must therefore be assigned to the lexicon of the language.(Trask, 2000: 194)（任何发展，导致在一个语音形式的出现必须被视为一个词汇，因此必须被分配到该语言的词库中。）

[2] Lexicon（词库）：一部词典可视为一批词条集合而成的词库。（克里斯特尔，2000：203）

Jackendoff（1990, 2002）所做的研究。

4.2.2 词汇化模式

语义类型学的研究就是要探讨各种语言中的词汇化到底是有序的，还是无序的，词汇化模式是否有世界一致的限定。

"词汇化模式"（lexicalization pattern）这一概念主要是由Talmy（1985）提出的，就是意义和形式之间系统的对应关系。Talmy在对位移事件的语言表达形式（也即位移事件的词汇化形式）的研究中发现，一种语言的外在表达形式（surface expression）与所表达的意义之间存在着系统的对应关系。这种意义和形式之间系统的对应关系就是词汇化模式。词汇化模式是指在词汇化过程中语义成分整合成词的固定模式。词汇化模式研究以Talmy（1985, 2000a）对位移动词（motion verbs）的词汇化模式和语言类型研究最为著名。

词汇化模式与语言类型及概念化密切相关。语言类型及概念化的异同对词汇化模式具有制约作用，反映在以下方面：首先，词汇化模式与语言类型间存在一致关系，语言类型相同，词汇化模式相同，或语言类型不同，词汇化模式不同。其次，词汇化模式与语言类型之间存在非一致关系，与概念化存在一致关系，即使语言类型相同，但由于概念化差异，词汇化模式出现差异，反映了概念化对词汇化模式的制约比语言类型更具有优越性，这是因为概念化制约语言类型。

也正是Talmy的研究引发了语言学界对词汇化模式这一问题的重视和研究。对词汇化模式的研究，主要是研究语义或概念要素以什么样的组合表现在某一词类中（这实际也是语义类型学研究的重点内容）。目前研究最多的是动词的词汇化模式，即研究某一类动词包容的概念要素，例如对位移动词（例如"走"类动词）、感官动词（例如"看"类动词）、切割打破类动词、吃喝类动词、坐站躺动词等的词汇化模式研究。因为词汇化模式反映一种语言概念要素的组合方式，所以对词汇化模式的研究有助于揭示该语言或民族的概念化方式。同样，通过对不同语言词汇化模式的对比研究，找出它们所表现出的词汇化偏爱，也有助于揭示不同语言或民族之间概念化方式的共性和差异。

4.3　怎样选定语义范畴

范畴的概念并不是提前预设好的,它是通过人类认知来组织和编码的。语义范畴的划分涉及范畴的数量和边界问题。

亚里士多德就列举了 10 种范畴:实体、数量、性质、关系、地点、时间、状态、情景、动作、被动。其中实体是本质,其他 9 种范畴是偶有的属性,用来表述实体。[1]

既然词义类型学比较的标准是语义范畴,是从概念入手的,那么首先确定有哪些跨语言一致的语义范畴,然后确定就同一个语义范畴里的内部结构而言各语言有何语义共性(semantic universals)。Ullmann(1966: 248)早在《语义共性》一文中指出:"在寻求语义共性中必须要找到词汇常量(lexical constant):能在任何语言中表达的事物、事件、概念。"1952 年在伦敦语言学大会上,Wartburg 教授提出可以找到"可以应用于任何词汇的更广泛的概念分类",例如范畴可分为三个部分:"宇宙""人""人和宇宙"。Saeed(2003: 73)在"词汇共性"(lexical universals)这一章节也提到了"核心词"(core vocabulary)和"共性词位"(universal lexemes)的必要性。

目前在语义类型学里比较成功的范畴研究有:Morgan(1871)对于"亲属词"的类型研究;Magnus(1877, 1880)对"颜色词"命名和"颜色词"区分的类型学研究;Berlin & Kay(1969)对于"颜色词"的研究(语义类型研究的里程碑);Talmy(1985, 2000a)对于位移动词词汇化模式的研究;位于荷兰的奈梅亨(Nijmegen)马克斯·普朗克心理语言学研究所的语言和认知系所做的"空间语义范畴"研究(Levinson, 2003; Levinson & Meira, 2003; Levinson & Wilkins, 2006; Majid et al., 2004; Pederson et al., 1998),"事件词"研究(Bohnemeyer et al., 2007a/2007b/2010; Majid et al., 2008),"身体词"研究(Majid, 2010),"感官知觉词"研究(sensory perception)(Majid & Levinson, 2011)。还有多义词的网络联系研究(Viberg, 1983; Evans & Wilkins, 2000; Ponsford et al., 2013)。

如果类型学的角度还加入更多已有的语法表达,那么研究范畴就会包括更多,如

---

[1] 转引自周建设:《亚里士多德的语义理论研究》,载《首都师范大学学报》1999 年第 3 期,第 20 页。

不定代词（indefinite pronouns）（Haspelmath, 1997），状语短语（phrasal adverbials）（van der Auwera, 1998），空间前置词（spatial adpositions）（Levinson & Meira, 2003），量词（quantification）［Bach et al.(eds.), 1995; van der Auwera, 2001］。

为了找到比较各语言的标准，研究者采用了各种不同的方法寻求各种语言共同的概念清单。其中具有代表性的包括最初用来测量亲属语言亲疏程度的 Swadesh（1955）词表，约有 200 个概念，Wierzbicka（1972）进行自然语义元语言（NSM）研究使用的约有 63 种概念。

4.3.1 Swadesh 词表

语言年代学（glottochronology）又叫词汇统计学（lexicostatistics）[1]，是 20 世纪五六十年代历史语言学的一个分支，它是用词汇统计方法来推断亲属语言的分裂年代及其亲疏程度的学科。该理论最初由美国历史语言学家 Morris Swadesh（斯瓦迪士）在 20 世纪 50 年代提出，认为某种语言中基本词汇的改变速度是有规律的，在 1000 年里，大约有 19% 的基本词汇消失了，保留的约为 81%。用这种方法，历史语言学家可以推算出一种语言从另一种语言中分化出来的时间。Swadesh 参照考古学中对出土文物根据其放射性碳素含量的多少推算年代的原理，运用统计学等方法，选出了《百词表》（后来又扩展为《二百词表》）来计算部分词语变化的百分比。Swadesh（1952: 124）选词的标准是："世界共同的、非文化方面的。而且它们应该是容易辨认的广阔的概念，在大多数语言中可以用简单的词来对应。"也就是选择一些与不同的生活环境和不同的物质文化条件无关、不易受另一语言影响的基本词根语素，编入词表。Swadesh（1972: 275）感兴趣的是鉴别出一个稳定的样本，这样可以用来进行词汇统计分析，他的方法是演绎的（inductive）。这些核心词是"普遍的和简单的事物、品质、活动"，包括一些"代词，一些数量概念，身体词和运动，大小，颜色等"。Campbell（2008: 204）认为为语言年代学研究而确定的 Swadesh 词表至少存在三方面的问题：①既然是公认的与特定文化无关的基本词汇就不应该出现借词，但核心词的借词问题在很多语言中都存在。②语言年代学认定词表中的概念应该在各语言中有直

---

[1] 词汇统计法（lexicostatistics）指语言年代学使用的一种方法，用来对假定有亲缘关系的语言一组组相关词项的变化速度做定量比较，从而推算这些语言分离后的时间差距。（克里斯特尔，2010：204）

接的一对一的对应关系，而事实上很多时候存在一对多的对应关系。③禁忌导致了相当多的核心词被替换。徐通锵（2008: 469）也认为在两种语言里很难找到意义、用法等各方面都等价的词。"因为语言年代学在选词时严格遵守语义原则，这种语义原则实际是以概念为基础的，概念是人类思维的基本形式之一，是人类共有的，但不同的语言如何编码却各不相同。"虽然有各种质疑声，但是相比较而言，大家在做词汇类型研究和对比研究时都习惯使用 Swadesh 词表。陈保亚（1995: 20）认为鉴于目前国内外还没有人拿出更合理的核心词体系，"斯瓦迪士的 200 核心词一直是多数国内外学者在调查研究中共同默认的一项重要参考标准"。

江荻（2011）在讲到择词的普世性问题时提出了几个标准：①普适性；②避免文化词；③避免特定概念；④避免歧义词；⑤避免可交替的相近概念词项；⑥避免同根词；⑦避免拟声词；⑧避免语法虚词。江荻认为 Swadesh 选的这些原则重点在于择词的操作要点，并非完整的、严格意义上的核心词定义。此后的研究也大多没有深究核心词的内涵，仅笼统认为核心词是语言的基本词汇或常用词汇。但是即使如此，人们还是无法摆脱在择词范畴和择词数量随意性上的困惑：选择的范畴是否准确？选择的词项是否充分？为什么选择这些词项而不是其他词项？总之确定核心词表缺乏刚性的或定量的标准和理据，也可以说缺乏客观的或可反复验证的标准。

表 4-1　修正后的 Swadesh 一百词表（Swadesh, 1972）

1	I	26	root	51	breasts	76	rain
2	you	27	bark	52	heart	77	stone
3	we	28	skin	53	liver	78	sand
4	this	29	flesh	54	drink	79	earth
5	that	30	blood	55	eat	80	cloud
6	who	31	bone	56	bite	81	smoke
7	what	32	grease	57	see	82	fire
8	not	33	egg	58	hear	83	ash
9	all	34	horn	59	know	84	burn
10	many	35	tail	60	sleep	85	path
11	one	36	feather	61	die	86	mountain
12	two	37	hair	62	kill	87	red
13	big	38	head	63	swim	88	green

续表

14	long	39	ear	64	fly	89	yellow
15	small	40	eye	65	walk	90	white
16	woman	41	nose	66	come	91	black
17	man	42	mouth	67	lie	92	night
18	person	43	tooth	68	sit	93	hot
19	fish	44	tongue	69	stand	94	cold
20	bird	45	claw	70	give	95	full
21	dog	46	foot	71	say	96	new
22	louse	47	knee	72	sun	97	good
23	tree	48	hand	73	moon	98	round
24	seed	49	belly	74	star	99	dry
25	leaf	50	neck	75	water	100	name

表 4-2 Swadesh 两百词表

1	all	51	float	101	narrow	151	stand
2	a	52	flow	102	near	152	star
3	animal	53	flower	103	neck	153	stick
4	ashes	54	fly	104	new	154	stone
5	at	55	fog	105	night	155	straight
6	back	56	foot	106	nose	156	suck
7	bad	57	four	107	not	157	sun
8	bark	58	freeze	108	old	158	swell
9	because	59	fruit	109	one	159	swim
10	belly	60	give	110	other	160	tail
11	big	61	good	111	person	161	that
12	bird	62	grass	112	play	162	there
13	bite	63	green	113	pull	163	they
14	black	64	guts	114	push	164	thick
15	blood	65	hair	115	rain	165	thin
16	blow	66	hand	116	red	166	think
17	bone	67	he	117	right-correct	167	this

续表

18	breathe	68	head	118	rightside	168	thou
19	burn	69	hear	119	river	169	three
20	child	70	heart	120	road	170	throw
21	cloud	71	heavy	121	root	171	tie
22	cold	72	here	122	rope	172	tongue
23	come	73	hit	123	rotten	173	tooth
24	count	74	hold-take	124	rub	174	tree
25	cut	75	how	125	salt	175	turn
26	day	76	hunt	126	sand	176	two
27	die	77	husband	127	say	177	vomit
28	dig	78	I	128	scratch	178	walk
29	dirty	79	ice	129	sea	179	warm
30	dog	80	if	130	see	180	wash
31	drink	81	in	131	seed	181	water
32	dry	82	kill	132	sew	182	we
33	dull	83	know	133	sharp	183	wet
34	dust	84	lake	134	short	184	what
35	ear	85	laugh	135	sing	185	when
36	earth	86	leaf	136	sit	186	where
37	eat	87	leftside	137	skin	187	white
38	egg	88	leg	138	sky	188	who
39	eye	89	lie	139	sleep	189	wide
40	fall	90	live	140	small	190	wife
41	far	91	liver	141	smell	191	wind
42	fat-grease	92	long	142	smoke	192	wing
43	father	93	louse	143	smooth	193	wipe
44	fear	94	man-male	144	snake	194	with
45	feather	95	many	145	snow	195	woman
46	few	96	meat-flesh	146	some	196	woods
47	fight	97	mother	147	spit	197	worn
48	fire	98	mountain	148	split	198	ye

续表

49	fish	99	mouth	149	squeeze	199	year
50	five	100	name	150	stab-pierce	200	yellow

4.3.2 Wierzbicka 的自然语义学

Wierzbicka 是澳大利亚国立大学的著名学者，她出生于波兰，早年追随莫斯科语义学派，后在 20 世纪 70 年代初提出"自然语义元语言"（NSM），旨在研究跨文化语义的人类思维普遍性。NSM 语义的哲学观根植于理性主义，特别受哲学家莱布尼兹（Leibniz）的影响。Goddard（2008）对 NSM 的定义是"一个基于经验上建立的共同的语义基元的意义表征的分解系统"（a decompositional system of meaning representation based on empirically established universal semantic primes）。元语言（metalanguage）这一概念来自现代逻辑学，指描写、分析对象语言的工具性语言。它利用存在于自然语言中的"语义基元"（semantic primitives），对跨文化对象语言进行语义描写、分析，以达到概念还原释义的目的（Wierzbicka, 1972）。她认为语义取决于人们对实体世界的认知，而不是实体世界本身，而语义分析就是在分析概念。她认为"语义"的含义等同于"概念"，并明确表示语义要素可代表简单的概念元素依据组合规则构成复杂的概念。她认为这些语义基元可以翻译成任何一种语言的词而不用增加或减少它的意义。她们这样做的目的就是为了避免语义中的循环解释。

近 40 年来，Wierzbicka 及其同事一直尝试在各种不同类型的语言中进行验证研究，目的是构建一系列用于解释语义的基本词汇，她们称其为无法再简化的"语义基元"。她们认为语义基元是自然语言中简明清晰、难以界定的日常词语，具有普遍性和可验证性，适用于所有自然语言，并主张根据跨语言实证语料来确立语义基元。20 世纪 70 年代到 20 世纪 80 年代被认为是 NSM 理论的"早期发展阶段"，Wierzbicka（1972）出版了专著《语义基元》，并首次公布 14 个"语义基元"。20 世纪 80 年代中期到 20 世纪 90 年代后期被认为是"扩展阶段"。20 世纪 90 年代后期是研究的"成熟期"，语义原词与句法表达整合及更具灵活性和解释力的语义分词和语义嵌套得到采用。Goddard & Wierzbicka（1994）出版了《语义和词汇共性》（Semantic and Lexical Universals），这时语义基元已扩展到 37 个。自此之后，与 NSM 相关的 12 本书出版了，包括一本教材（Goddard, 1998）。1996 年语义基元的数量增加至 55 个，2002 年增至 61 个（Goddard & Wierzbicka, 2002），2006 年增至 63 个（新增 be 和 this）。

表 4-3　自然语义基元分类（Wierzbicka, 2008: 14）

Substantives（名词）	I, you, someone/person, something, people, body
Relational substantives（关系名词）	kind, part
Determiners（限定词）	this, the same, other/else
Quantifiers（量词）	one, two, much/many, some, all
Evaluators（评价词）	good, bad
Descriptors（描述词、摹状词）	big, small
Mental/experienctial predicates（心理/感知谓词）	think, know, want, feel, see, hear
Speech（言语）	say, words, true
Actions, events, movement, contact（行动、事件、活动、接触）	do, happen, move, touch
Location, existence, possession, specification（位置、存在、拥有、说明）	be (somewhere), there is/exist, have, be (someone/something)
Life and death（生命与死亡）	live, die
Time（时间）	when/time, now, before, after, a long time, a short time, for some time, moment
Space（空间）	where/place, here, above, below, far, near, side, inside
Logical concepts（逻辑概念）	not, maybe, can, because, if
Augmentor, intensifier（程度词）	very, more
Similarity（相似性）	like

目前 NSM 已在如下不同类型的语言中广泛展开研究：英语、俄语、法语、西班牙语、波兰语、韩语、意大利语、埃维语、马来语、日语、东克里语（East Cree）、柏柏尔语（Tarifyt Berber）、Makasai（东帝汶岛 East Timor 上的一种语言）、汉语、毛利语（Maori）、布努巴语（Bunuba）。学者对汉语（Chappell, 1986/1991/1994）、埃维语（Ewe）（Ameka, 1990/1991/1994a/1994b/1996）、日语（Travis, 1998; Hasada, 1996/1997/1998/2001）、马来语（Goddard, 1994）等多种语言进行了调

049

查、分析和验证。

　　Wierzbicka 发现许多概念的释义过程并不是一步到位的，而需要语义分词作为过渡语进行描写。Wierzbicka（2007）提出，语义分子（molecules）里又有语义基元，那到底有多少层语义嵌套（nesting）呢？她以身体词为例，如"腿"（legs）、"胳膊"（arms）和"头"（head）的释义便分别需要形状描述词"长"（long）和"圆"（round）作为其释义中介。例如"头"（head）的解释为：①人体的一部分（one part of someone's body）；②这一部分在人体中其他部分的上面（this part is above all the other parts of this someone's body）；③这一部分是圆的（this part is round）。那么这里的 round 就是一个语义基元。形状描述（如"长的"和"圆的"）身体部位概念词（如"腿"和"头"）在释义过程中充当语义基元；反过来，身体部位词又作为语义基元来解释身体动作词。因此，一些相对复杂概念的释义过程，需要语义基元作为过渡单位，而这些语义基元本身的释义过程，又需其他语义分词作为释义中介单位。这种特定语义分词的释义过程中嵌套其他语义分词的语义层级现象便是语义嵌套，一般复杂的概念会有四层语义嵌套（Goddard, 2008: 23）。

　　什么是语言的普遍性词汇化？什么是语言特定词汇化？都还是众说纷纭。比如"要"（want），NSM 认为它是在所有语言中词汇化的语义基元。但 Khanina（2008）质疑了"要"的普遍性，对 73 个地域和类型多样的语言样本中"要"的形态句法和语义属性进行调查发现，"要"的意义往往与其他意义共词化（通常是情态或情感方面）。事实上，有专门的意愿词表达形式（exclusively desiderative expressions）的语言主要分布在欧亚大陆，但不包括南亚和北美洲。在 Khanina 调查的 2/3 样本中，"要"同时表达其他的含义，单独表达其语义的词相对很少，往往与其他意义共词化。在很多情况下，"要"可以定义为多义词；在其他的一些情况下，意愿词和其他意义并没有明显的形态句法差异，但并不排除进一步分析为多义词的可能性。Khanina 的结论是："要"的不同表现和很多其他概念一样受语言和文化差异影响。对此 Goddard & Wierzbicka（2010）进行了反驳，他们坚定地认为"要"是一个共性的语义基元。随着大量跨语言验证研究的发展，语义基元的数量可能会进一步增加，这充分显示出语义基元的不确定性。NSM 假设存在普遍的词汇语义基元，对此理论的争议还继续存在（Riemer, 2005; Evans, 2010）。

4.3.3 其他词表

NorthEuralex 数据库（http://northeuralex.org）为 1000 多个概念提供标准化词表，这些概念被翻译成 100 多种欧亚语言（Dellert et al., 2020）。当前版本涵盖了欧亚大陆北部 107 种语言的 1016 个概念的列表，重点涵盖乌拉尔语和印欧语系。

狩猎采集者数据库（https://huntergatherer.la.utexas.edu/）包含 400 多种语言的词表（Bowern et al., 2021），包括动植物词汇 342 个，基本词汇 207 个，文化词汇 203 个。该数据库包含来自狩猎采集群体及其小规模农业邻居所讲语言的词汇、语法和其他数据。目前，目标语言主要来自世界三大地区：澳大利亚西北部、亚马逊北部及加利福尼亚和大盆地（the Great Basin）。在当今世界，狩猎采集民族是极少数，与农业人口和更多城市人口所讲的语言相比，他们的语言往往未被充分研究。

表 4-4　比较过去几十年已出版的词汇表集（List et al.,2022）

数据集	来源	目标区域	概念	语言
ABVD	Greenhill et al.（2008）	南岛语	210	>1000
ASJP	Wichmann et al.（2013）	全球	40	>5000
Chirila	Bowern（2016）	澳大利亚	~300	>200
DIACL	Carling et al.（2018）	全球	>400	>300
GLD	Starostin and Krylof（2011）	全球	110	>300
HunterGatherer	Bowern et al.（2021）	澳大利亚和南美	>700	>400
IDS	Key and Comrie（2016）	全球	1310	>300
NorthEuralex	Dellert et al.（2020）	北部欧亚	1005	>100
Reflex	Ségerer and Flavier（2015）	非洲语言	从<100 到>1000	>300（?）
STEDT	Matisoff（2015）	汉—藏语	从<100 到>1000	>400（?）
TransNewGinea.org	Greenhill（2015）	新几内亚语	从 40 到>700	>1000

4.4　语义范畴的切分和范畴的边界

在一个给定的语域里各范畴之间的边界在哪里？如何分组和切分？这些都是词义类型学研究的内容。世界范围内不同的语言对于语义范畴的分类层次、分类细度、分类角度不一样。

　　语义类型学是从概念入手进行比较的，概念是有结构的，首先要对概念的结构进行描写。层级（hierarchies）是就概念而言认知材料是如何组织的结构。范畴内的层级分为分类关系（taxonomies）和邻接关系（engynomic）。分类层级表示类属关系，它包括上义与下义之间的包含关系和同一个上义概念包含的各个下义概念之间的同级分类关系（co-taxonomies）。邻接表示相邻关系，它包括概念框架和它的成分之间的相邻关系、同一个框架的各成分之间的关系。这里强调的是相邻性，比如动物与四肢是分类层级关系，而四肢、内部器官则同属相邻关系。在比较不同语言中表示同一概念的语言形式有哪些的过程中，可以弄清楚各个语言在同一个语义域（lexical domain）通过词汇项切分的不同的层级及制约这些不同的规律。在一个给定的分类层级中，不同的语言可能会用不同的抽象层面来组织概念材料，但是粒度（granularity）[1]会不同。

　　萨丕尔—沃尔夫假说（the Sapir-Whorf Hypothesis）认为语言形式决定着语言使用者对世界的看法；语言怎样描述世界，人类就怎样观察世界；世界上的语言不同，所以各民族对世界的分析也不同。不同语言中对范畴和概念的不同切分，反映了不同语言使用者对客观世界的不同分析。一个人看世界的眼光和思考事物的方式受到自身语言的牵制，这就是"语言相对论"。Sapir（1921）指出："语言强烈地制约着我们对各种社会问题和社会变化的一切思索。人类并非孤立地生活在客观世界之中，也不是孤立地生活在人们通常所理解的那种社会活动范围之中，而是深受那充当社会表达工具的特定语言的支配。"问题是，如果萨丕尔—沃尔夫假说成立的话，那么寻求语义的共性注定是要失败的。

　　结构主义认为不同语言对范畴的切分是任意的。最典型的例子就是叶姆斯列夫（2006：169）认为："我们设想，这个混沌体可以从许多不同的角度，作不同的分析。在不同的分析中，混沌体可以作为不同的对象。例如，混沌体可以从逻辑的各种角度分析，也可以从心理的各种角度分析。在每一种语言中，混沌体用不同的方法分析。这一事实可以表明，混沌体是有组织的，在不同语言中构成不同的形式……我们由

---

　　[1] 粒度（granularity）是指："多义词使用中其多个义项有时被'叠加'得更粗大、有时被拆分得更细小的现象。"（田兵，2003：347）这里指一个给定的域中范畴的多少／粗细划分。

此看到，从所有这些语言链中抽出来的没有形式的混沌体，在不同的语言中构成不同的形式。每一种语言在无形的'思维团'中划出了自身的界限，强调不同排列中的不同因素，将重点中心置于不同的位置，并予以它们不同程度的强调。相同的混沌体，在不同的语言中形式和结构也是不同的。"叶姆斯列夫（2006: 171）认为"每种语言在色谱上任意划定界限"。他提到用两个语域来表明世界不同语言切分语域的不同，由此来证明形式和功能映射的任意性。他通过对比表示两种语言界限的不对称，表示颜色的形位区域在不同的语言中可以有不同的分解。

表 4-5 英语和威尔士语颜色词对比

英语	威尔士语
green（绿）	gwyrdd
blue（蓝）	glas
grey（灰）	
brown（褐，棕）	llwyd

表 4-5 表示，英语中的有些颜色词和威尔士语中的相应颜色词没有相等的对应关系。

相同区域混沌体的不同界划比比皆是，例如丹麦语、德语、法语对于"木"和"树"范畴的切分不完全一样。

表 4-6 丹麦语、德语、法语对"木"和"树"的划分

丹麦语	德语	法语
træ	Baum	Arbre
skow	Holz	Bois
	Wald	Forêt

Trier（1931）也指出："每种语言都按照自己的方式分解现实，从而确定仅为该语言所特有的现实要素。固定在一种语言中的现实要素，无论如何不会以同一种形式在另一种语言中再现，同样，这些要素也不是现实的简单的机械的反映。"一个典型的例子，就是各种语言用不同的词语把现实的颜色划分成不同的范畴。结构主义的语言学反复证明了不同语言中的词汇是不同构的（non-isomorphic）：一个语

义场在不同的语言中是完全不同地划分的。

语义类型学家认为虽然不同的语言在语义的范畴化中有不同的分割,但同时有很多共性存在,而且模式是有限度的。这种规律源于人类处理不同属性时受限于自己的认知方式。世界本来是连续体（continuum）,人们根据自己的认知通过语言来切分世界。范畴如何被词汇项切分成不同的词汇域在每种语言中是不同的,比如人体词,不同的语言对于各部位的划分是不同的。持"语言间有毫无限度和不可预测的不同"观点的人类学相对主义学者认为这正好证明了语言的一致性;而类型学研究者认为范畴、概念和意义都是在人类的体验性基础上产生的,范畴的切分并不是客观存在、提前预设的（pre-packed）,而是人类通过认知组织和划分的。不同的语义范畴切分方式背后是否有系统的一致性,这是词义类型学致力于研究的变异的制约和一致的模式。

4.4.1 亲属词的范畴划分

匈牙利语和汉语一样,区分"哥哥"和"弟弟"、"姐姐"和"妹妹",如: bátya（兄）、öcs（弟）、néne（姐）、hug（妹）; 但在 19 世纪才有专门的名词来表示"兄弟""姐妹"。日语也区分"兄"（あに）、"弟"（おとうと）、"姐"（あね）、"妹"（いもうと）。朝鲜语男性称"哥哥"为 hiəŋnim,女性称"哥哥"为 opa, 女性称"姐姐"为 ənni, 男性称"姐姐妹妹"用 nui, 男性或女性称"弟弟妹妹"用 toŋsεŋ。英语则只分男女,不分老幼,如 brother（兄弟）, sister（姐妹）。德语用 Bruder（兄弟）, Schwester（姐妹）, Geschwister（兄弟姐妹）; 法语用 frère（兄弟）, sœur（姐妹）; 俄语用 брат（兄弟）, сестра（姐妹）。马来语用 saudara 指同胞兄弟姐妹,用 kakak 指姐姐,用 adik 指妹妹或弟弟,用 abang 指哥哥。英语不分祖父和外祖父,不分祖母和外祖母。瑞典语和汉语一样区分父系和母系亲属,但瑞典语没有单独的名词来表示"祖父"或"祖母", farfar 是"父亲的父亲", morfar 是"母亲的父亲", farmor 是"父亲的母亲", mormor 是"母亲的母亲"。在澳大利亚语的皮詹贾拉语中, ngunytju 是"母亲的姐妹", kamuru 是"母亲的兄弟", kurntili 是"父亲的姐妹", mama 是"父亲的兄弟"; 英语中没有这样的表达法。拉丁语区分了"父亲的兄弟"（patruus）、"父亲的姐妹"（matertera）、"母亲的兄弟"（avunculus）和"母亲的姐妹"（amita）。

4.4.2 颜色词的范畴划分

结构主义语义时代的大多数学者都认为颜色的切分是任意的,如拉丁语没有单独表示"棕色"和"灰色"的词,法语中表示这两个颜色的词借自日耳曼语 brun(棕色)和 gris(灰色)。纳瓦霍语(Navaho,美洲印第安语的一种)没有概括(general)地表示"黑"的词,而只有具体(specific)地表示"黑"的词,如"煤一样黑""夜一样黑"。

颜色的谱系是一个连续的波带,缺乏明确的物理边界。传统结构语言学都认为不同语言中的颜色范畴都是任意划分的。美洲印第安纳瓦霍语(Navaho)中,"蓝"和"绿"无词汇加以区别;"灰"和"棕"用一个词表达。俄语中的西尼杰语和戈卢博杰语加以区分的两种"蓝",英语则用 dark blue(深蓝)和 sky blue(天蓝)表示。英语中的 brown(褐色的)与两个法语词 brun(褐色的)和 marron(栗色的)对应。匈牙利语中有两个表示"红"的词,vörös(深红)和 piros(浅红),因此匈牙利语中没有一个词与英语的 red(红色)精确对应。日语中的あおい依据上下文可指绿、蓝和黑。哈努努语(Hanunoo[1])中有四个基本的颜色词:黑、白、红、绿。

Gleason(1961)仿照叶姆斯列夫的方法,切分了英语、绍纳语(Shona[2])和巴萨语(Bassa[3])里的颜色词,如表 4-7 所示。

表 4–7　英语、绍纳语和巴萨语对颜色的不同切分(Gleason, 1961)

英语	purple(紫)	blue(蓝)	green(绿)	yellow(黄)	orange(橙)	red(红)
绍纳语	cips^{w}uka	\multicolumn{2}{c}{citema}	cicena	\multicolumn{2}{c}{cips^{w}uka}
巴萨语	\multicolumn{3}{c}{ħni}	\multicolumn{3}{c}{zĭza}

由表 4-7 可以看出,英语对颜色的划分采用六分法,绍纳语对颜色的划分采用四分法,巴萨语对颜色的划分采用二分法。德语采用的也是六分法。俄语采用的则是七分法,将英语的 blue(蓝)分为 синий(深蓝)和 гопубой(浅蓝)。西班牙语和意大利语中没有一个词与英语的 blue(蓝)精确对应。所有这一切都证明了结构主义语言学家 Trier 说的,"每种语言都有它一套选择客观现实的系统。事实上,每种

---

[1] 菲律宾 Mangyan 人说的一种语言。
[2] 班图语(Bantu)的一种,主要由津巴布韦的绍纳人所说。
[3] 班图语(Bantu)的一种,在喀麦隆境内。

语言都为客观现实创造一个它所特有的、完整的形象。每种语言都用它所特有的方式去构造客观现实，因此它所建立的客观现实的组成成分也是它所特有的"。而类型学的研究证明颜色的划分不是完全任意的，是有限度和规律。Berlin & Kay（1969）就批评了 Gleason 将颜色词看作离散单位的切分法。他们认为颜色词构成连续性的模糊集，并不是彼此隔绝的离散单位。

4.4.3　身体词的范畴划分

类型学视角的身体词范畴研究的目标是希望弄清楚身体词范畴里是否有语义的一致性。例如："来自不同社区的人们怎样来概念化他们语言中的身体词（conceptualize the body）？世界范围内身体词的术语是一致的还是不同的？是否在命名上有限制（constraints on naming）？如果有限制，是什么样的限制？"（Majid, 2010: 58）"语言是如何将身体切分成不同的部分？所有身体词构成的集是否在所有的语言中构成一个有结构的系统？是否有一个一致的、跨语言的划分身体词的一贯的方法？"（Enfield et al., 2006: 138）

在过去，大多数心理学家、语言学家、人类学家认为身体词范畴划分的依据是视觉上感知的不连续性，所有可视的分割的身体部位词都会在语言中命名。Andersen（1978:338）认为身体词范畴的划分是"源于人类知觉器官处理特别属性如形状、大小和空间方向的能力"。因为人类的感知器官（perceptual apparatus）是一样的，所以会假定我们的身体词划分是一致的（Brown, 1976）。

最早对身体词的范畴划分进行系统研究的是 Brown。Brown（1976: 421）认为在身体词划分中知觉的作用是："为了表明身体词一定的标记程序是有共性的，首先要确立什么部位词已经被标记了，这就必然意味着发现人类共同的知觉网格（perceptual grid）的区域。"Brown（1976: 354）从 41 种语言［12 种印第安语[1]；10 种欧洲语言（捷克语，英语，芬兰语，法语，德语，罗马尼亚语，俄语，萨克森语，塞尔维亚—克罗地亚语，西班牙语）；5 种非洲语言[2]；5 种东南亚语言（Kayan，马来语，马来诺语，泰语，越南语）；4 种中东和西亚语言[3]；2 种汉语（上海方言和普通话）；2 种密克

---

[1] Aleut 阿留申语，Bella Coola, Eskimo 爱斯基摩语，Hipo, Huastec, Inupik, Jacaltec, Navajo 纳瓦霍语，Quechua 盖丘亚语，Tarascan, Tzeltal, Zuni.

[2] Ashanti, Chirah-mbaw, Gourma, Ibo-Nigerian, Swahili.

[3] Arabic, Dari-Fasi, Pashto, Urdu.

罗尼西亚语[1]；1种巴布亚岛上的语言]中揭示了人类对于身体词的分类原则和命名原则：命名的理据都是依据结构上的相似性或者是空间上的相邻性。结构上的相似是指形状的属性一致或者位于平行的位置。如盖丘亚语（Quechua）用"eye cape"（眼睛的披肩）指眼皮（eyelid）；芬兰语用"ear leaf"（耳朵的树叶）指耳垂（earlobe）；Yélî Dnye语里的ngwene yââ字面意思也是"耳朵的树叶"，用来指耳垂；希伯来语用"spoon of the arm/leg"（胳膊/腿的勺子）指"手/脚"；芬兰语用"hand handle"（手的手柄）指"胳膊"。空间上的相邻性命名理据是指身体词在空间上的相邻，会使用一个词来命名。比如哥特语"脸"＝"沿着眼睛"，捷克语"手腕"＝"拳头后"。

利用标记理论来进行跨语言的身体部位的术语研究，Brown（1976: 404）发现了12种人类身体词分类的原理。

原理1：人类"结构身体词"（anatomical partonomies）在深度上很少有超过5个层级（层级0到层级4），并且从来不会超过6个层级（层级0到层级5）。

原理2："身体"（human body）作为一个整体，在所有的人类"结构身体词"中都会被标记。

原理3：在层级1中所有的部位词（parta[2]）都是用主要的词位（primary lexemes）来标记的。

原理4：部位词如"胳膊"和"手"，在所有人类"结构身体词"中都会被标记，而且总是用主要的词位来标记。

原理5：部位词如"腿"和"脚"，如果被标记了，总是被一个不可分的主要的词位（unanalyzable primary lexeme）来标记。同时"腿和脚"不会用与表示"胳膊和手"的相同的词位来标记。

原理6：部位词如"手"，如果被标记了，总是被一个不可分的主要词位来标记。

原理7：部位词如"脚"，如果被标记了，总是被一个不可分的主要词位来标记。如果标记"脚"的主要词位也标记"腿和脚"，前者偶尔拥有一个可替换属于次要的词位的标记。

---

[1] Ponapean, Trukese.

[2] Parta被定义为"实体的一部分并且被描述为被这个实体所拥有"（something which is part of an entity and is described as 'possessed by' that entity）（Brown, 1976: 401）。

原理8：如果"手"和"脚"都被标记了，它们就会用不同的不可分的主要词位来标记。

原理9：部位词"手指"和"脚趾"总是被标记的。有4个分类模式：①部位词"脚趾"和"手指"被不同的不可分的主要词位标记。这个模式仅仅会发生在"手"和"脚"被主要词位标记的时候，而这个主要词位又不同于标记"胳膊和手"及"腿和脚"的主要词位。例如"手"和"脚"都是单音节的词位（monosemic lexeme）。②部位"手指"和"脚趾"都被同样的不可分的主要词位标记。③"手指"和"脚趾"被不同的二级词位标记。当这个模式很明显时，两个二级词位（secondary lexemes）[1] 共有同样的"部位词附加物"（partonomic addendum）。④部位词"手指"被标记为不可分的主要词位，另外一个部位"脚趾"被另外一个二级词位来标记。此时，主要的词位是在二级词位的"部位词附加物"（the primary lexeme serves as the partonomic addendum in the secondary lexeme）。

原理10：部位词"手指"和"脚趾"总是被标记。有两个分类模式：①"手指"和"脚趾"都被同一个不可分割的主要词位标记。②"手指"和"脚趾"都被不同的二级词位标记。当这个模式很明显时，两个二级词位享有同样的"部位词附加物"。

原理11：当"手指"和"手指甲"或"脚趾"和"脚指甲"都被标记为二级词位时，它们享有共同的"部位词中心语"（partonomic head），这个"部位词中心语"可以作为主要的词位命名一个最接近的（immediate）或者非最接近的上位部分词（nonimmediate superordinate parton）。

原理12：如果"手指"被主要的词位标记，"手指甲"和"脚指甲"也会被主要的词位标记，除了"脚趾"被不同于"手指"的主要词位标记时，"手指甲"和"脚指甲"可能被二级词位标记。

Brown（1979: 258）认为人类对于范畴的划分都是受连接的限制（conjunctivity constraints）的结果。比如人类在命名"大/中/小"这样的范畴时，很少分为"中、大/小"两个范畴，因为"大"和"小"是离散的范畴（disjunctive category）。比如没有语言将"脚趾"和"腿和脚"标记为一个词，而将"脚"标记为另一个词。再

---

[1] 二级词位是一个复合词，包括一个词加上另一个表示它上位词的词。（Secondary lexeme is a polylexemic label for a folk taxon consisting of a lexeme and another constituent indicating the form superordinate to that taxon.）（Brown, 1976: 403）

比如"大腿"和"脚"本来从身体部位看是离散的范畴，但是在很多语言里用一个词来表达，原因是"大腿"是"腿"的一部分，"脚"又是"腿"的一部分，这样就形成了语义上的连接。

Andersen（1978: 346-338）关心的问题是："在一个有限的词汇域里有可能存在多少级的术语？是否有不断出现的离散性的同义词，例如眼睛和耳朵，手和足，肘和膝盖，每一组都分别用同一个词？"身体词是根据5个层级来划分的（第一层级：身体词；第二层级：头，身躯，胳膊，腿；第三层级：胳膊下的手和前臂；第四层级：手下面的手指和手掌；第五层级：手指下面的手指甲），通过可感知的属性（perceptible properties）来划分，特别是形状（shape）和空间位置的相邻（spatial contiguity）起了很重要的作用。因为身体词的区分就在于不同身体词之间的关系及身体部位词与整个身体的联系，因此研究者都对身体词的深度等级归纳很感兴趣。Andersen思考过这样的问题：有没有语言深度超过6个层级的身体部位词的术语同时用不同的词表达身体、头、胳膊、眼睛、鼻子和嘴巴。Andersen（1978: 363）认为："到目前为止我们可以从这些词判断得出，它们的词源是很清楚，身体词的概念经常是与位置和某一部分的形状相关而不是功能。源于眼睛、耳朵、鼻子、脚的词都不是源于动词看、听、闻、说、走，到目前为止如果有一些前者的同源词应用于功能，在大多数情况下可能都是第二位的。"

人们如何概念化身体词之间的关系，一般有两种理论。一种是用部分—整体理论（partonomic view），例如：指甲是手指的一部分，手指是手的一部分，手是胳膊的一部分，胳膊是人身体的一部分。可以总结成"如果X是Y的一种，并且Y是Z的一种，那么X是Z的一种"（If an X is a kind of Y and a Y is a kind of Z, then an X is a kind of Z）。还有一种是方位理论（locative view），身体词是通过空间关系联系在一起的，例如指甲在手指上，手指连着胳膊等。

Levinson（2006）调查了Yélî Dnye语，发现可以测试出身体词的4个层级，如图4-1所示。例如语言学家问当地人："耳朵，鼻子，眼睛，嘴是头的一部分吗？"pââ既表示"身体"也表示"躯干"。没有一个单独的词表示"腿"，也没有一个单独的词表示"手"。头，身体，胳膊和腿是第二层级；脸，指甲，肚子等属于第三层级；手指甲，膝盖属于第三层级。

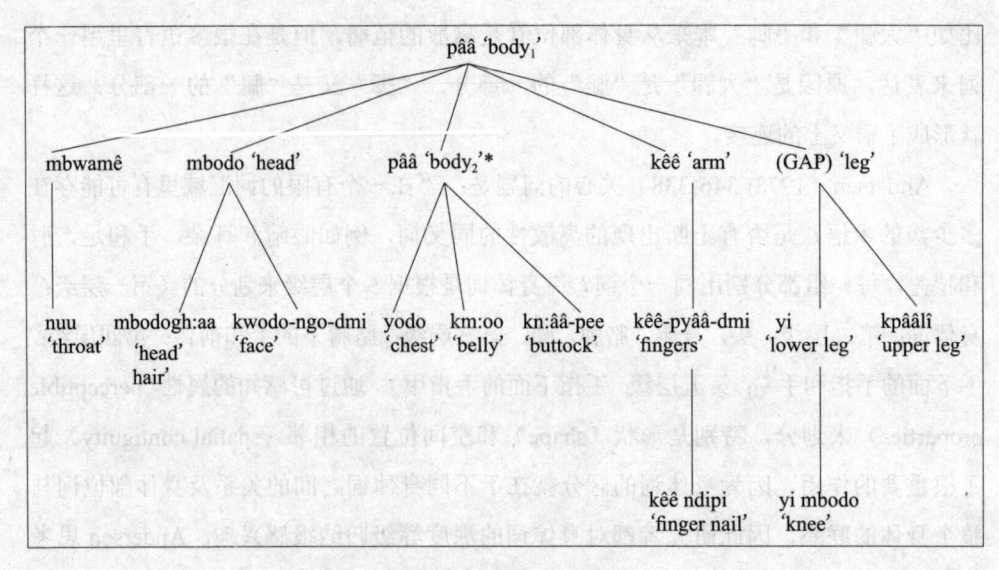

图 4-1 Yélî Dnye 语里的身体词层级（Levinson, 2006: 234）

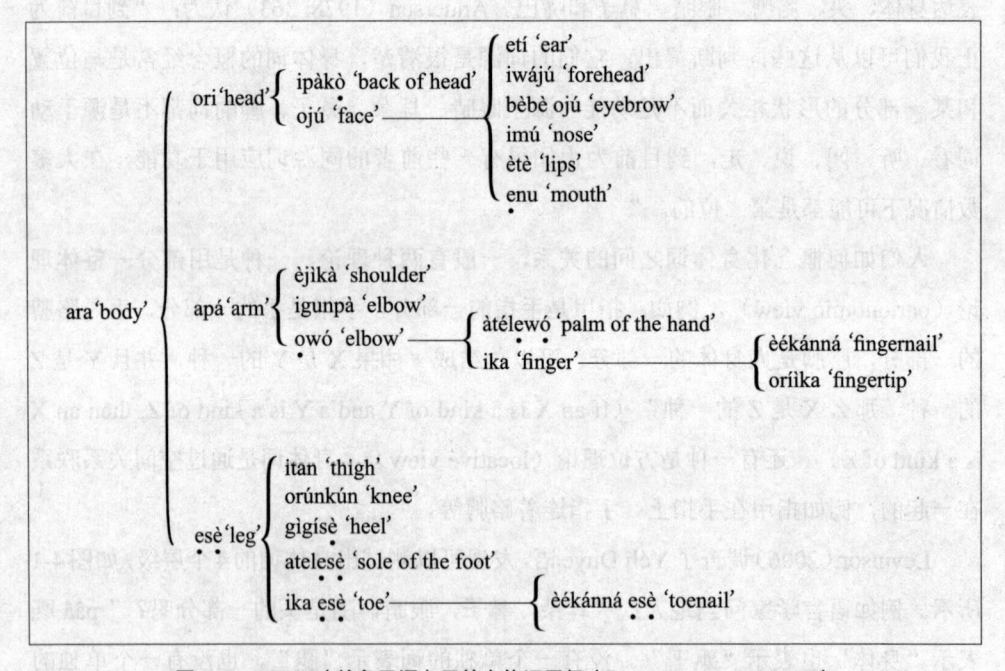

图 4-2 Yorùbá（约鲁巴语）里的身体词层级（Dingemanse, 2006: 37）

在 Yorùbá（约鲁巴语）里，头、胳膊、腿属于第二层级；脸、手、肩膀、膝盖、脚后跟、脚趾属于第三级。

第 4 章 语义类型学的研究内容

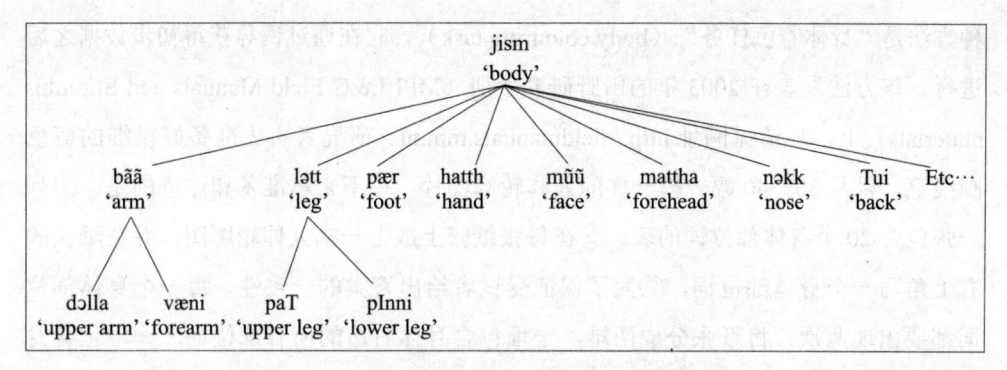

```
                              jism
                             'body'
        ┌──────┬──────┬──────┼──────┬──────┬──────┬──────┐
       bãã    lətt   pær   hatth  mũũ   mattha  nəkk   Tui    Etc…
      'arm'  'leg'  'foot' 'hand' 'face' 'forehead' 'nose' 'back'
    ┌───┴───┐  ┌───┴───┐
  dɔlla  væni  paT   pInni
'upper arm' 'forearm' 'upper leg' 'lower leg'
```

图 4-3　Punjabi 里的身体词层级（Majid, 2006: 256）

在 Punjabi 里身体词分为 3 层，胳膊和腿在第三层，其他 144 个身体词在第二层。其他的词是通过空间关系词组"在……里""在……上"等来表达。Majid 认为使用部分—整体理论会出现很多问题，可以尝试使用方位理论来理清身体词之间的关系。

马克斯·普朗克心理语言学研究所（Max Planck Institute for Psycholinguistics）组成的语言认知（Language and Cognition）团队试图探寻身体词的详细描述。Majid（2010: 62）指出马克斯·普朗克心理语言学研究所的研究团队使用语言学的一套标准（standardized battery of linguistic）来收集身体词的信息，研究的语言大多来自小规模的传统社会。研究者是说本国语的专家：他们要么是说本族语言的人，要么就是在语言社区做了长期有关语言和人种志工作（conduct long-term linguistic and ethnographic work on the language communities）的人。每一个研究者都会使用同样的多种方法（same array of multiple techniques）进行第一手的实地调查［调查的语言包括马来西亚的 Jahai（嘉海语），老挝语，澳大利亚的库塔语（Kuuk Thaayorre），巴布亚新几内亚的耶多里涅语（Yélî Dnye），印度的 Punjabi 语，巴西的 Tiriyó 语，所罗门岛的 Lavukaleve 语（所罗门岛上的另一种巴布亚语）和萨沃萨沃语（Savosavo），印尼的蒂多雷（Tidore）］。研究者使用了两种收集数据的方法：第一种方法是"身体词的诱导指南"（elicitation guide on parts of the body），它最早出现在 2001 年马克斯·普朗克心理语言学研究所语言认知组（Field Research Manual of the Max Planck Institute for Psycholinguistics Language & Cognition Group）的实地研究手册中。该方法为每个研究者提供了一个共同的范本，特别是对于词汇和意义的某些方面的诱导。例如，将一支笔给受试者，让他/她画出具体身体部位的轮廓，并给出名称。第二

061

种方法是"身体着色任务"(body colouring task),它在通过诱导获得初步数据之后进行。该方法发表在 2003 年的田野研究手册(MPI L&C Field Manuals and Stimulus materials)上,详情见网址 http://fieldmanuals.mpi.nl。研究者事先准备好精细的蓝色画线笔,以及 30—40 幅一模一样的人体轮廓图片。接下来需准备和注意的是:①列一张包含 20 个身体部位词的表。②在每张纸张上放上一幅人体轮廓图,并在纸张的右上角写一个身体部位词。③为了保证受试者给出答案的一致性,每一个身体部位词都要出现两次。将纸张分成两堆,一堆包含身体右边的所有部位词,一堆包含身体左边的所有部位词。④纸张出现的顺序都是随机的,因此不同的受试者会有不同的呈现顺序。这项研究提供了一个共同的指称框架(denotational frame),允许田野研究者直接比较说话者对于具体语言术语扩展的判断。这两类任务提供了身体词意义的不同种类的信息组合,它们提供了比从传统语法和词典中查阅更深入了解人体词语语义的方法。用这种方法收集资料的优点有两处:因为在不同的语言中做同样的一组测试,可以保证最大的可比性;同时因为语言专家进行的研究是在不同的情境中,具体的语言细微之处更可能被发现。

Majid(2010: 62)反驳了 Andersen(1978)的几个推论。

推论 1:所有的语言都标记"身体"这个词。Majid 认为这是不成立的。并非所有的语言标记了"身体"这个词。有些语言中没有一个术语来指身体外貌词"身体",而是用一个社会维度词"一个人"来表示。比如北摩鹿加群岛(North Moluccas)的蒂多雷岛上,术语 mansia 意思是"人"或"人类"。北部亚马逊岛(northern Amazonia)的 Tiriyó 语和在澳大利亚约克海角(Cape York)的西海岸使用的库塔语(Kuuk Thaayorre),也是这样。但是这个例子遭到 Wierzbicka(2007)的反对,她认为在这些语言里,"人"的术语是个多义词,一个意义指身体,另一个意义指人。她坚持认为"身体"是一个概念共性,如果否认一个语言里有"身体"这个词,也就是否认有"身体"这个概念。

推论 2:所有的语言都标记基本身体词"头""躯干""胳膊""腿"。Majid 列举了马来西亚的嘉海语里没有术语表达"头",最接近的一个词是 kuy,指头的顶部,而不是整个头部。很多亚斯里语支(Aslian)都是这样,包括 Semelai 语,Mah Meri 语,Ceq Wong 语。很多语言例如嘉海语、Tiriyó、蒂多雷语(Tidore)、旁遮普语(Punjabi)、萨沃萨沃语(所罗门岛上的一种巴布亚语),都缺乏单独的词来表达躯干（trunk）。萨沃萨沃语里只有表示躯干的一部分的词，如 pika "肚子"、tutusua "胸"、susu "乳房"、lakelake "肩膀"。Nato "腿" 和 kakau "胳膊" 是总称词，包括手、脚、手指、脚趾，没有单独的词表示 "手" 或 "脚"。有一个词既指 "手指" 又指 "脚趾"，没有单独表示 "手指" 或 "脚趾" 的词。Lavukaleve（所罗门岛上的另一种巴布亚语）不区分 "胳膊" 和 "腿"，有一个总称词 tau 表示 "四肢"，表明在这个语言中它将空间上不连续的身体部分化为一个范畴，这也与 Andersen（1978）和 Brown（1976）认为的 "胳膊" 和 "腿" 在语言中总是用不同的词标记不一致。嘉海语对四肢有很细致的分类，但缺少 "胳膊" 和 "腿" 这两个词。

推论3：所有语言都标记 "大臂" 和 "小臂"，"手"，"大腿"，"小腿" 和 "脚"，但命名的粒度并非总是一致的。Lavukaleve 里有一个词 falio 指 "指甲"，包括脚指甲和手指甲，但没有一个单独的词表示 "手"。Fe 指整个脚（8个受试者中有7个认为是指整个脚，1个认为是指脚底）。这也与 Andersen（1978:352）推论的 "如果一个语言标记了'脚'就一定有单独的词标记'手'" 不一样。嘉海语有很细致的粒度来区分 bliŋ "大臂" 和 prbɛr "小臂"，"手"，bliʔ "大腿"，gor "小腿" 等，但没有词表示 "头" 和 "躯干"。Hopi 语里有具体的词表示 "大腿" "小腿" 和 "脚"，但 "手" 和 "胳膊" 是一个词。Yélî Dnye 语里更多的是对下肢的区分，而不是上肢。比如 yu 表示 "小腿和脚"，kpâálî 表示 "大腿"，没有一个单独的词表示 "脚"。世界上 2/3 的语言明确标记了 "手"，但另外 1/3 没有做这种区分，直接用一个词表示 "手" 和 "胳膊" 或 "手" 和 "小臂"。Yélî Dnye 语里 kóó 表示 "胳膊"（包括 "手"），没有单独的词分别表示 "胳膊" 或 "手"。就像 "身体" / "人" 一样，Wierzbicka 认为这些没有区分 "胳膊" 和 "手" 的语言，并把这两个词当成同义词了。她认为 "手" 既然是一个很重要的概念，常被用来解释其他的概念，所以 "手" 应该是普遍地被词化的。Majid（2010: 69）得出的结论是身体词范畴化的形成并不是基于感知基础（perceptual basis），但是受制于我们的感知（perception）。

Enfield et al.（2006: 145）也不赞同 Andersen（1978）和 Brown（1976）的观点，他们认为身体部位的术语很难达到多层级的概念分类一致。"身体" 这个词从历时的角度看并不稳定，它很多时候跟 "皮肤" "躯干" 和 "人" 是同义词。经过调查他们认为多种语言里没有词表示 "身体"，在蒂多雷语（Tidore）和库塔语（Kuuk Thaayorre）里最高层级的词是 "人"。在 Lavukaleve 语中没有词表示 "胳膊"，在嘉海语里没有词表示"嘴"。而且 Lavukaleve 语里没有一个单独的词表示"手"，也没有单独的词表示"脚"，但是有单独的词表示"膝盖""膝盖背部""大腿""臀部""脚跟""脚底"。嘉海语里有词表示"大腿""小腿"和"脚"，但没有一个词表示"腿"。嘉海语里没有词表示"脸"或嘴，但是有 15 个以上的单纯的词来标记更细小的部分，如表示"眼""上唇""下唇""牙齿""眉毛之间的皱纹"等。Enfield 认为身体词的命名并不受限于感知（perception）上的连续性进行分割，反例在于很多语言不区分"手"和"胳膊"。还有"脸""肚子""胸""背"的命名并不是基于视觉上的不连续性，同时人体的内部器官是不可视的。他得出的结论是身体词的语言范畴化既可能是普遍的也可能是每种语言独特的。

Koch（2001: 1153）区分了两个划分身体词的种类。如在 A 语言中，可能划分为 3 个层级：胳膊—手—手指、腿—脚—脚趾。属于这种类型的语言有英语、法语、西班牙语、乌尔都语、汉语、泰语、纳瓦霍语和爱斯基摩语。在 B 语言中，只区分为 2 个层级：（胳膊+手）—手指和（腿+脚）—脚趾。例如，斯瓦希里语（Swahili）的 mkono（胳膊和手）—kidole（手指）、mguu（腿和脚）—kidole（脚趾）。这种类型的语言有 Ibo-Nigerian、Chirah-mbwa、Kewa 和特兹尔托语（Tzeltal）。

表 4–8 英语、意大利语、罗马尼亚语、爱沙尼亚语、日语、俄语中手 vs. 胳膊、脚 vs. 腿、手指 vs. 脚趾的表达法（Koptjevskaja–Tamm, 2008: 14）

英语	意大利语	罗马尼亚语	爱沙尼亚语	日语	俄语
hand（手）	mano	mînă	käsi	te	ruka
arm（胳膊）	braccio	brat	käsi (vars)	ude	
foot（脚）	piede	picior	jalg	ashi	noga
leg（腿）	gamba				
finger（手指）	dito	deget	sõrm	yubi	palec
toe（脚趾）			varvas		

4.4.4 水中运动（aqua-motion）动词的范畴划分

表 4-9 瑞典语、荷兰语和俄语中的水中运动动词（Koptjevskaja-Tamm, 2008: 15）

语言	施事驱动、主动运动、人物类型					被动方位/运动		水的运动
	有生命度的实体	航行的船	划的船	独木舟	其他工具	静止或中立运动	不受控制的运动	
瑞典语	simma	segla	ro	paddla	没有具体的动词	flyta	driva	flyta; rinna
荷兰语	zwemmen	zeilen	roeien	paddelen	varen	drijven		stromen
俄语	plyt'/plavat'	pod	parusami			teč, lit'sja	gresti	nestis'

表 4-10 英语和俄语中表示水中运动的动词（Koptjevskaja-Tamm, 2008: 8）

	被动运动	生命体的主动	船只的运动，借助人
英语	float（漂浮）	swim（游）	sail（航行）
俄语	plyt'/plavat'		

英语中表示水中运动的词有三个：float（漂浮），swim（游），sail（航行）。float 表示被动运动，且是受空气和水流作用的被动运动；swim 是生命体的主动运动；sail 是船只的运动且要借助人。可以说这三种概念在英语中都词汇化了。俄语中只有两个词表示水中运动，plavat' 是多方向的运动，plyt' 是单一方向的运动。不同的切分会引起语义到底是概括性还是多义性的问题。在俄语中这三个概念有没有词汇化呢？有三种可能性：①语义概括性。俄语中没有区分这三个概念，用一个词表达这三个概念。②多义性。俄语中区分了这三个概念，但是没有通过三个不同的词汇单位来表达出来，而这三个概念都是用一个词表达。③不可知论。特定词语的语义正确分析是不可知的。

多义性和概括性的问题很难区分。多义词等同于什么及根据不同的语义理论和实践寻找不同的义项，对于这些都有不同的观点。什么是一个词的几个意义或者一个更概括的意义？这个需要复杂的分析和实验，在一种语言中进行都算困难，更别说跨语言进行。语义图已成功地在跨语义语法中使用，但这种方法明确认为语义多义性和概括性的区别不可知（Haspelmath, 2003: 231）。

对于如何切分水上动词域，Koptjevskaja-Tamm（2008: 13）认为，不同语言在词汇化的表达上是不一样的，主要在动词的数量方面，比如土耳其只有1个动词而印度尼西亚有8个。划分的参数包括移动的主动的程度/被动的程度，可以分成4个子域：游（swim），航行（sail），漂流（drift），漂浮（float）。Lander et al.（2010）将不同语言对水中运动域的划分分成三种系统：丰富的，贫乏的和中等的。中等的系统区分游泳、航行和漂浮，但不显示任何额外的词汇对立。在他们的样本中，这类语言只有三种，其中两种（波斯语和泰米尔语）属于同一地区，但马宁卡语（Maninka）在西非地区使用。丰富的水运动系统也区分这三个基本域，但它们至少在其中一些域中表现出额外的词汇对立如 swiming（游泳）可以指人类/非人类；在贫乏的系统中游泳、航行和漂浮的区别被模糊或边缘化，如俄语。

Rakhilina（2014）建议使用语义框架（semantic frames）进行研究，与游泳和漂浮相关的语义框架是：①主动的游动；②与水流一起被动地漂流；③漂浮在水面上；④船只的漫游和在船上的人。Rakhilina & Reznikova（2016）采用语义框架研究，获得的结果易被可视化为节点、与框架相关联的语义图。一个有效的类型学方法可以判断哪些结构是常见的，哪些是不太可能的，或者是完全不可能的。根据主语的主动程度对框架进行排序：游泳（swim）＞乘船旅行（travel by vessel）＞漂流（drift）＞漂浮（float）。有些语言区分主动的游泳和被动的漂流与漂浮（波斯语、韩语等）；有些语言区分受控和不受控，将游泳、漂浮归为一组，而与不受控的漂流对立（例如印地语和哈卡斯语）。可以肯定地预测，没有语言会同时存在一个动词表示游泳和漂流，而另一个动词表示船只的运动和漂浮。

4.4.5　时间词的范畴划分

比如命名"天"（day）这个词，有的国家根据太阳的位置（德语 Nachmittag，意大利语 pomeriggio）、有的国家根据午饭的时间来划分白天（西班牙语 tarde，撒丁语 sero）。

关于到底是用一个词来表示"太阳"和"白天"，还是用不同的词来表示。Koch（2001: 1152）调查发现，在语言 A 中进行了区分，如德语 Sonne（太阳）、Tag（白天），瑞典语 sol（太阳）、dag（白天），法语 soleil（太阳）、jour（白天），俄罗斯语 sólnc'e（太阳）、d'en'（白天），芬兰语 aurinko（太阳）、päivä（白天），波

斯语 āftāb（太阳）、rūz（白天）。但在语言 B 中不进行区分，只用一个词表示这两种含义，如匈牙利语 nap，莫尔多瓦语 či，日语 hi，汉语"日"。

4.4.6 植物词的范畴划分

Koch（2001: 1154）发现不同语言在表达森林/林、树、木三个概念时有不同的编码方式。语言 A 有三个词位来区分这三个不同的概念，如拉丁语。语言 B 里森林/林—木成为多义词，如法语。语言 C 树—木成为多义词，如俄语。

表 4-11　不同语言中"森林/林；木；树"的表达（Koch, 2001: 1154）

	①森林/林	③木	②树
A 类型：三个不同的词位	拉丁语 silva	拉丁语 lignum	拉丁语 arbor
B 类型：①和③是多义词	法语 bois	法语 bois	法语 arbre
C 类型：②和③是多义词	俄语 l'es	俄语 d'er'evo	俄语 d'er'evo

属于类型 A 的有德语：Wald（森林/林），Holz（树），Baum（木）；捷克语：les（森林/林），dřevo（树），strom（木）；当代希腊语：δásos（森林/林），ksílo（树），δéndro（木）；土耳其语：koru（森林/林），odun（树），ağaç（木）；汉语：森林，木，树。属于类型 B 的有 Bret.：①和③多义 koad；② gwezenn。属于类型 C 的有丹麦语：① skov（森林/林）；②和③多义 træ。赛比亚—克罗地亚语：① šuma（森林/林）；②和③多义 drvo（树和木）。立陶宛语：① gire（森林/林）；②和③多义 medis（树和木）。列托语：① mežs（森林/林）；②和③多义 kuoks（树和木）。匈牙利语：① erdő（森林/林）；②和③多义 fa（树和木）。芬兰语：① metsä（森林/林）；②和③多义 puu（树和木）。斯瓦希利语：① msitu（森林/林）；②和③多义 mti（树和木）。日语：① mori（森林/林）；②和③多义 ki（树和木）。根据 Witkowski et al.（1981）的调查，世界上 66 种语言的 2/3 都属于类型 C。

4.4.7 温度形容词的范畴划分

Hensel（1981）认为温度分为"温度感知"（temperature sensation）和"温度的舒适"（thermal comfort）。"温度感知"是一个理智的感受（rational experience），朝向一个客观的世界，比如："它是冷的。"（It is cold.）"温度的舒适"是一个情感感知，指向观察者的主观状态（emotional or affective experience referring to the subjective state of the observer），如："我感觉冷。"（I feel cold.）一个中立的区域不会引起

人的任何温度感知，这种温度让人感觉既不冷也不热。环境温度的语言编码可能与触觉温度和个人感受温度具有共同的属性。这种一致的理据在于环境温度与其他两类在概念和认知上的联系。因此，环境和个人的感觉温度植根于相同类型的经验——热度的舒适与否；而触觉温度与对其他实体的温度评价相关，根据皮肤感到的知觉进行判断。然而，无论是触觉还是环境温度都是可以从外部验证的温度，而个人感觉的温度出于主观的、"内在"的个人体验。

在英国，具有相当丰富的温度词，例如 hot（热），warm（温暖的），lukewarm（不冷不热），chilly（冷），cool（凉爽），寒冷（cold）等；而在许多语言中表示温度的词只有两个，它们简单地对立，热/暖与冷/寒冷。此外，温度系统往往包括几个完全不同的子系统。例如，语言往往用特殊词语或特定结构表达"个人感觉温度"，如："我觉得冷。"（I feel cold.）用其他的表达法表达"触觉温度"，如："石头冷。"（The stones are cold.）表达环境温度，如："这里很冷。"（It is cold here.）

Koptjevskaja-Tamm（2006:253）调查了俄罗斯和瑞典的温度形容词，从称名学角度提出了如下问题：

1) 在跨语言中什么样的温度概念被编码为词？两国的温度形容词系统有什么区别？支撑它们的规律是什么？

2) 温度词系统在跨语言中是完全不同的，还是有限制的？是否有普遍的温度概念，例如"热""冷"等？

3) 如何描述温度形容词的含义？

4) 表示温度的形容词在挑选名词组合时的理据是什么？

从符意学角度提出的问题有：

1) 表温度的含义向其他领域可能的语义扩展是什么？这些如何与它们的具体含义相关联？

2) 温度术语从何而来？

3) 温度术语的含义如何在温度域内发生变化本身？

4) 是什么构成与温度域相关的表达，是否通过普遍的隐喻和转喻模型构成？

她比较了两国的主要温度形容词，俄罗斯语：gorjačij（热的，可触摸的），žarkij（热的，不可触摸的），znojnyj（太阳的热，不可触摸的），teplyj（温暖的），proxladnyj（凉的），xolodnyj（冷的）。瑞典语：he（热的），varm（温暖的），ljum（微温的），sval（凉的），

kylig（刺骨的），kall（寒冷的）。能够与这些温度形容词搭配的是从名词性数据库（俄语来源于两个语料库 the Uppsala Russian corpu，网址：http://www.slaviska.uu.se/korpus.htm 和 SUK，网址：http://www.ling.su.se；瑞典语来自一个语料库 Swedish Language Bank，网址：http://spraakbanken.su.se）里挑出的 4000 条名词。瑞典形容词 ljummen（微温的）包括狭窄和明确范围的温度，指"中间"的温度，即那些对应人体皮肤的温度和既不热也不冷的感觉。ljummen 缺乏直接参照身体的意义，但唤起"中立"的感觉。根据现实因素，它的比较级表示的实体（mera ljummen, ljummare）可以有一个比其高的温度（比如在"Hans öl är ljummare än min"中，他的啤酒比我的稍微温点）或比其低的温度（在"Mitt te har svalnat, hans är ljummare ännu ljummare"中，我的茶已经凉了，他的更是有点冷了）。当指环境和水时，ljum 是正面的，能够给人愉悦的联想。ljummen 不能与身体部位名称连用，作为隐喻使用时没有积极的内涵，例如 ljumma känslor, reaktioner（弱、中性的感觉反应）。俄语 teplyj 直接引用人体表达意义，其标准的英语翻译是 warm（温暖），经常与身体部位名称连用；作为隐喻使用时有非常积极的内涵，指的温度是对应或不高于人类的体温、皮肤温度，所指的温度范围相对有限，人类不需要太多努力就能维持这一温度，从而产生舒适感。也就是说，我们通过直接参照身体温度对 teplyj 进行定义，有一种很清晰的"温暖"方向，用它的比较级表示的实体（bole teplyj, teplee）比其本身的温度高。teplyj 激发了许多搭配和隐喻：teplye slova、čuvstva、otnošenija "温暖的（积极的、友好的）的词语、感情、关系"。虽然俄语 teplyj 与瑞典语 ljum 很相似，但前者有更宽的温度范围及与名词结合的能力更强。

表 4-12　俄语和瑞典语言里的主要温度形容词

俄语	瑞典语	英语／中文
gorjačij, žarkij, znojnyj	het	hot ／ 热的
teplyj	varm	warm ／ 温暖的
	ljum	lukewarm ／ 微温的
proxladnyj	sval, kylig	chilly, cool ／ 凉爽的
xolodnyj	kall	cold ／ 冷的

俄语与瑞典语相比最大的不同在于它有三个不同的形容词来表示最高温度。gorjačij（热的）和 žarkij 的区别接近于"温度的感受"（temperature sensation）和"热

069

的舒适度"(thermal comfort)。žarkij 让人感觉很热,如 žarkij den(热天),žarkij ogon(热的火)。然而无论是热茶还是热的淋雨,都会让人感到热,因此用 gorjačij čaj(热茶),gorjačij duš(热的淋雨)。两个词的不同表现在温度评估是如何完成的,温度是直接通过触摸的方式(tactile way)来认知,还是通过空气这种非触摸的方式(non-tactile way)来认知;皮肤接触是背景还是凸显的。

这种对温度范畴的不同切分也会引起意义的外延含义和内涵含义的区分。强调两者的任何一方都会对跨语言的比较产生不同的影响。虽然许多严谨的语义学研究者主张抓住描述性意义,但是事实上研究者在母语中都很难做到,进行跨语言比较时就更难做到。

结论:①这两个语言系统根植于人类对于温度的体验。就温度域部分而言,会很强烈地受制于以人类为中心的思维(anthropocentricity)。温度的属性是人类根据几个重要和凸显的参数来决定的。②虽然物体本身有一定的温度属性,但它们的不同在于这些属性是否被人类记录,或者是否被人类认为是重要的和值得提及的,这个主要依据各种实体在人类生活中的功能。

Sharifian & Jamarani(2015)研究了波斯语中温度的概念化。使用温度术语的几种表达方式反映了文化隐喻,其中温度被用作概念映射到情感域的源域。该文还研究了与波斯语"温度"概念有关的食物、水果和人性的特定文化(民间)分类,并将这些分类的根源追溯到伊朗传统医学。温度术语也用于描述和分类事物,例如对颜色和气味进行描述和分类。总之,温度的概念化为感官和身体体验、人类概念能力和文化概念化之间的相互作用提供了一个接口。

4.5 语义联系和语义理据

4.5.1 语义联系

语义联系(semantic association)从三个不同的语义属性展开:多义性(polysemy),异类多义性(heterosemy)和语义演变(semantic change)。"语义联系的类型"(Typology of Semantic Associations)这个项目是在法国巴黎语言共性和类型协会(Fédération Typologie et Universaux Linguistiques at the CNRS)进行的,有一种泛时的倾向。

4.5.1.1 多义性

多义性是指一个词位（lexeme）发展出一组意义不同但相互关联的意义群。更具体地说，多义性是指一个形式具有两个或更多不同但相关的意义或功能，这些意义或功能属于相同的形态句法范畴，具有这种多义性的语素被称为"多义语素"。典型的多义语素需满足下面的要求：①具有两个或两个以上不同但相关的意义；②这些意义只关联于一个语法形式，该语言形式通常是但并非必然是一个词汇项；③该语言形式属于同一个语法范畴。根据所关联的意义或功能的性质，多义语素可分为"词汇性多义语素"（多义实词）和"语法性多义语素"（多义虚词和多义词缀）。多义性的类型学研究集中在不同语言中不同概念总是用同一词位来表达，例如在很多语言中"孩子和果实""动物和动物肉""看见和理解"等都是分别用同一词位来表达的。身体词"脚"和"头"用于表达"山脚下"和"该部门的头"时就是多义词。历时层面上的语义变化造成共时平面的多义词，这种不同语言中（包括非亲属语言）反复出现的语义联系模式促使研究者弄清词义之间的理据和演变的机制。

多义性和单义性一直是语义学中争论的焦点问题（Geeraerts, 1993; Riemer, 2005）。当索绪尔将符号定义为一种形式（能指）和一个概念（所指）的任意配对时，一种语言中给定单词的意义永远不会与另一种语言中最常见的翻译完全匹配：可以说，给定单词的"语义轮廓"是该特定系统独有的，在其他任何地方都找不到相同的。在这样的框架下，旨在比较不同语言的词汇类型学项目似乎不仅困难，而且根本不可能。传统的语义学认为，词义是异质和杂乱的，一个词语的多个意义是相互独立、互不联系的。Evans（2003）批判和否认了这种观点，他认为多义词的语义联系是基于多义网络模式，是一个极为连贯和自然的范畴。

语义类型学的目的是研究不同语言中语义联系是否有规律及解释这些语义联系的理据性。为什么多义性是语义类型学的研究重点呢？语义学家发现在很多非亲属语中多义词的发展有一些共同的语义联系，促使语言学家去寻找语义共性。为什么会出现多义性呢？因为物体有多种属性，而命名时通常选用其中的一个属性。比如"食指"在法语和德语中由"指示"+"手指"构成，而在希腊语中用"舔"+"手指"构成。因此，在不同语言中组织语言形式来指称"所指物"的方式不一样。多义性范畴的扩展是通过有动因的规约（motivated convention）如转喻、隐喻、意象图式转换而来的。

多义词的多义项之间可以用语义图来呈现，据此可以发现各国家表达同一个概念的词发展出的多个意义的路径。如果各种语言都有这样的语义联系，就可以归纳出语义演变的一致和对变异的制约。

很多学者都就语义联系进行过研究，Ullmann（1962: 159-175）认为一词多义现象是人类话语的一个基本特征，而比喻性用法（figurative language）是造成一词多义现象的重要原因之一。Brown（1979）讨论的是"词汇变化的理论"（a theory of lexical change），讨论了语义的扩展和限制，隐喻、借喻和词汇变化。Brown & Witkowski（1983）讨论的是"多义词，词汇变化和文化重要性"（polysemy, lexical change and cultural importance），举例讨论了"眼/脸"和"眼/水果"产生多义词的原因：从具有标记性的词语义扩展到非标记性的词、部分到整体及相似性。而Vanhove（2008）出版了《从多义词到语义变化——词义联系的类型》，详细介绍见本书 8.1.6。

多义性表现为一种语言中的几种意义用一个形式来表示，这就是共词化（colexification）。对于有详细的词源和历史知识的语言小群体来说，决定自然或历史解释（即区分同音异义和多义）可能相对简单，但在更大范围内变得愈加困难，在详细的历史信息未知的情况下，更是不可能的。为了规避这个问题，学者们越来越多地开始使用共词化。采用共词化方法使学者能够从数据的角度来处理词汇语义问题：如果一种语言中某些意义的共词模式在不同语言或语言区域中被复制，就表明了一词多义，而不是同音异义（List et al., 2013）。然而，如果要以频率推断一词多义，就需要可靠的大规模跨语言语料库。共词化涉及语言样本中在词汇化的语义差异的基础上形成的一个"非位网格"（etic grid），而不考虑任何一种语言中与词位相关的意义的"位"（emic）。Burenhult et al.（2017）含蓄地批评了共词化方法，认为在实践中它不过是翻译对等词的比较。在对"森林"的研究中，他们指出寻找可能的翻译对等词，因为共词化方法是"对词汇语义的一种简单和选择性的方法，并没有如实表现特定语言词汇系统的复杂性"。François（2008）确定了两种共词化亚型：①严格共词化，共时层面上相同的形式表示意义 A 和 B（例如，Kamang 语里 ati 表示"火"和"柴火"两个意义）；②宽松共词化，在历时上或形态上有连接。另一个问题是需要注意词位使用的语境。这些不仅对解释共词化的存在很重要，而且对发现正在进行的语义扩展导致的共词化也很重要。Evans & Wilkins（2000）观察到，当一个词位的语义第一次被扩展时，新的意思通常会在一个有规则的语境中产生，允许推理产生第二个意思，并且只有足够的频率，才会被词汇化。

跨语言的共词化研究表明，在相同的词形表达意义的频率方面存在着有趣的差异。一些共词化模式经常出现在不同的语言中（例如，通常使用同一个词的形式来表达"火"和"火焰"的含义），而其他模式出现的频率较低。为什么某些共词化模式在不同语言中更为常见？Youn et al.（2016）分析了来自4个领域（22个种子概念）大约80种语言的共词化频率数据，使用连接两个概念的多义词的频率作为其语义邻接性的度量创建了语义图，并通过加权网络表示这些连接的模式，其中成对共词化的意义由语义图中边的粗细反映频率的多少。这个网络是高度结构化的：某些概念比其他概念更容易产生多义，围绕"太阳""水"和"石"等核心概念的不同的共词化集群确实存在于不同的语言中。他们认为，这些语义网络可能有助于揭示不同语言使用者共享的普遍概念结构。统计分析表明这些结构特征在不同的语言群体中是一致的，并且在很大程度上独立于地理和环境。但是，由于语义网络是从共词化数据中派生出来的，因此不能将其视为共词化频率的解释。每当使用数据模式解释自身时，就会出现循环性问题。因此，以前对共词化的研究没有回答一个关键问题：为什么某些意义在不同语言中比其他意义更频繁地被共词化，从而导致共词化的梯度。

Xu et al.（2017）认为跨语言共词化频率的变化是非任意的，它反映了认知经济的一个普遍原则：更容易跨语言共词化的意义通常是那些需要较少认知精力来联系的意义。

4.5.1.2 异类多义性

异类多义性是"多义性"中一个特别的类，指的是一个特定形式具有两个或两个以上不同而相关的意义或功能，这些意义或功能在历史上来自相同的语源成分，但在共时层面属于不同的形态—句法范畴或者关联于不同的形态句法环境。语义上的扩展通过形态句法派生。Enfield（2006）根据意义所关联的形式类之间开放与封闭的区别，将异类多义性分为3类：①开放性异类多义性（open-class heterosemy）：一个异类多义语素的不同语义所关联的两个或两个以上的语法类（grammatical classes）均属于开放类范畴，如英语的father在作名词时意义是"父亲"，作动词时意义是"履行一个父亲养育孩子的职责"。②封闭性异类多义性（closed-class heterosemy）：一个异类多义语素的不同语义所关联的两个或两个以上的语法类均属封闭类。③交叉性异类多义性（cross-class heterosemy）：一个异类多义语素的不同语义所关联的两个或两个以上的语法类，分别属于开放类和封闭类。Evans & Wilkins（2000:553）认为在一种语言中是多义词的有可能在另一种语言中是异类多义词。

4.5.1.3 语义演变

Urban（2015: 374）将语义演变分为传统的研究类型和当代研究方法。前者包括语义扩大和语义缩小，后者加入了语用研究的视角。对语言使用的研究关注的不仅是词汇的编码含义，而且是在交际事件的语境中产生的意义。语义演变是经"语用的语义化"（semanticization of pragmatics）而达成的。以下两个项目研究的是语义转变：一个是在图宾根大学由 Peter Koch 主持的 DECOLAR（dictionnaire étymologique et cognitive des langues romanes，词源辞典和认知的罗曼语族，网址：http://www.decolar.uni-tuebingen.de/）；另一个是LexiTypDia（词义变化—多源发生学—认知常量：身体词）（Blank & Koch, 2000）。

表 4–13　语义演变的概述总览（Urban, 2015: 382）

作者	提议（proposal）	类型	数据
Williams（1976: 463）	感知形容词语义变化： touch → taste → smell → dimension → colour，sound	趋势	英语、其他印欧语和日语的历时数据
Brown & Witkowski（1983）	眼＞脸，水果，种子；种子＞水果	趋势	共时的，类型的数据
Witkowski & Brown（1985）	手＞"手，胳膊"，脚＞"脚，腿"	趋势	共时的，类型的数据
Witkowski et al.（1981）	木＞"木，树"	趋势	共时的，类型的数据
Viberg（1983: 136）	如下"模态层级"，左侧相关的动词可能扩展到右侧，反之则不行 视觉＞听觉＞触觉＞{闻，尝}	无例外的	历时的，类型的数据
Wilkins（1996: 273）	可见的部分＞可见的整体，例"脐"＞"腹"	单向	来自几个语系语料的归纳数据
Wilkins（1996: 273）	身体词＞空间上相邻的身体词，例"头颅"＞"大脑"	双向	来自几个语系语料的归纳数据
Wilkins（1996: 273-274）	腰线之上的身体词和腰线之下的身体词，例"肘"＞"膝"	双向（根据"Heine, 1997: 134"是单向）	来自几个语系语料的归纳数据

续表

作者	提议（proposal）	类型	数据
Wilkins（1996: 274）	动物身体词>人类身体词，例"（猪）鼻">"（人）鼻"	双向	来自几个语系语料的归纳数据
Wilkins（1996: 274）	与一定身体词相关的动作词>该身体词，例"走">"腿"	双向	来自几个语系语料的归纳数据
Heine（1997: 134），基于Andersen（1978）	前面的身体词>后面的身体词	反向罕见	
Ehret（2008: 205）	"父亲">"父亲的兄弟">"母亲的兄弟"，"父母的姐妹""兄弟姐妹">平行从表>平行或交错从表	反向不太可能	

语义演变的原因是什么？Haspelmath（1999）认为是在交流过程中言者和听者不同的需求造成的：一方面，言者试图用最省力的方式交流；另一方面，言者要确定交流是成功的，能被听者理解。

Blank（1999）也讨论了语义演变的原因，语义变化的总体理据被视为增强交际中的效率和表达性的驱动力。语义变化的原因分为五个方面，第一，为一些新的指称取一个新的名字，可以通过语义扩展来实现。第二，抽象概念可能需要变得容易理解。第三，社会组织、结构或（物质）文化可能会发生变化。此外，实际话语中指称的不确定性可能会导致变化，但相关意义之间存在"密切的概念或事实关系"。第四，说话者减少词汇的复杂性和不规则性，从而以最小的努力成功地交流（民间词源可以被概念化为这种类型的实例之一）。第五，可能是由于禁忌或情绪负荷。

即使有人选择不接受语义演变规律的存在，甚至不接受语义演变方向的概念，但可以说语义演变从来不是随机的：即使我们无法预测未来可能发生的语义发展，任何将要发生的语义变化都必然基于并受制于认知机制的约束，通过这种机制，意义可以在历时上相互关联。

4.5.2 语义理据

4.5.2.1 任意性和理据性的争论

语言的任意性和理据性的讨论由来已久。历史上就有唯实论—唯名论、本质论—约定论、自然派—习惯派的辩论。古希腊时期，克雷特利斯认为，一个东西的名称是由它的性质产生的,所以语言自然而然具有意义。苏格拉底、克拉底鲁、柏拉图、伊壁鸠鲁等人都有类似的主张,认为名称和事物之间有着内在的、天然的联系。"造物主赋予每一个事物以准确的名称,许多人异口同声地称呼某一事物,可见名称绝不是简单的事情"[1],人们把这派的观点称为"本质论"。与"本质论"相对的另一派观点是"规定论",如赫莫吉尼斯认为名称之所以能指称事物是由于惯例,也就是语言使用者达成的协议。"任何事物的得名是靠使用和习俗,而不是与生俱来的。"名称和事物之间不存在天然的联系,只存在人们之间的规约关系。持这一观点的以德谟克利特、亚里士多德等人为代表。源自柏拉图的自然主义观点认为声音和意义之间有着内在的联系;源自亚里士多德学派的习俗主义观点指出,认为声音和意义之间有联系是武断的。约定说和规定说是两种不同的编码方式:约定说强调编码的规则性,而规定说则强调人类编码能力的创造性和实际语言中表现出来的不规则性。

索绪尔将语言符号的任意性分为绝对任意性和相对任意性,其中的相对任意性就是理据的一种。索绪尔(1980: 102)著名的论断:"能指和所指的联系是任意的,或者,因为我们所说的符号是指能指和所指相联结所产生的整体,我们可以更简单地说:'语言符号是任意的。'"后来学者们认为索绪尔的绝对任意性是针对单纯符号而言的,相对任意性则是针对合成符号而言的。

Ullmann(1962)认为词是有理据的,提出词的理据性主要有三类:语音理据(确切地说是拟声理据),形态理据和语义理据。语义理据(semantic motivation)指词的某一词义可以引申为另一个词义,是借助于词的基本引申和比喻获得的。Ullmann把拟声理据称为"绝对理据"(absolute motivation),把形态理据和语义理据称为"相对理据"(relative motivation)。Ullmann还使用了隐性词(opaque words)和显性词(transparent words)的概念。他说:"每一种语言都包含语音和语义之间毫无联系的约定俗成的隐性词,同时也含有至少在一定程度上有理据的,因而是显性的词语。"

4.5.2.2 理据的定义

众多研究者试图给出理据的定义。

Radden & Panther(2004: 3-4)将语言的理据性定义为:"语言单位在形式或内容以及同独立于语言的因素等方面存在的关联。"两个语言单位在意义上的联结关

---

[1] [英]戴维·克里斯特尔:《剑桥语言百科全书》,中国社会科学出版社1995年版,第612页。

系产生了语言中的多义性现象，这一理据体现出隐喻转喻认知能力在语言建构中的重要地位。体验理据（experiential motivation）基于体验形成的动觉意向图式和概念结构，促成了人们依靠隐喻转喻等认知方式来建构语言知识。认知理据（cognitive motivation）是指制约或影响语言结构的认知能力或方式，包括范畴化能力、联想和类推能力。感知理据强调了注意力凸显及视点调整，这些感知方式都将影响语言的心智构建过程。

理据指"事物为什么被命名为该事物的原因"，回答事物何以能够命名和怎样命名的问题。词是否有理据？Ullmann（1962）从3个方面加以论证：①从共时性观点出发：同一音可以表示不同的意义（同音词），同样的意义可以用不同的音表示（同义词）。②从历时性观点出发：语音变化时词义可能不变，而意义变化时语音可能不变。③从比较语言学的观点出发：同样的声音在不同语言中表示完全不同的意义。词的理据是指用某个名称与概念之间的理由和根据，即为什么这个名称获得了这种命名（称名学角度），以及多义词的各个语义项之间是否有理据（语符学角度）。理据不仅包括词的各种意义之间的理据（共时平面），还包括一个词历史上的早期意义和后来的意义之间的理据（历时平面）。词的理据性表明一组事件或实体是通过认知以适当的方式连接在一起的，而人类概念结构和认知的组织方式具有普遍性。

内容和形式的有：内容和形式的任意的符号关系；两个内容之间的理据联系；从目标内容到源形式的理据的符号联系。独立于语言的理据因素有：经验理据；演化理据；生态理据；感知理据；认知理据；交流理据。

事物命名的理据，事物往往有很多特征，因此事物的命名也可以从不同角度进行。但是根据事物特征的命名不是无限多的，而且受人类认知的影响，在不同语言中这种命名方式会有很多一致性。一方面，事物命名的多样性表明了语言符号的任意性；另一方面，事物名称的有限性又证明了任意性受到严格的管束。任意性给语言符号能指与所指的结合提供了无限的可能和多样的机会；理据性则是一个普遍潜在的动因，它支持着语言的有序性。

语言理据在历时层面则表现为语言结构与语言现象发生和发展背后的推动力量。例如，历时理据研究常常对事物的得名之由和词汇的来源进行分析。在这一意义上，许多单纯词也是有理据的。如现代英语book是由古英语中的boc（样木）演变而来的，这是由于"样木"是当时最重要的造纸原料。英语duck由古英语ducan（潜水）

发展而来，揭示了"鸭子"这种禽类的生活习性。印欧语因为历史上交往比较频繁，语言借用现象很多，在追溯词源时也往往需要进行跨语言研究。

4.5.2.3 理据的分类

（1）Ullmann 对构词理据的分类

表 4-14　Ullmann 对构词理据的分类（1962: 84-92）

理据	绝对理据	语音理据
	相对理据	形态理据
		语义理据

Ullmann（1962）在承认语言符号任意性的前提下，肯定每一种语言里都包含一定程度的理据的词语。除了语音和形态理据外，还有语义理据。语义理据是指词的某一个词义引申为另一个词义。

（2）类型学中研究的理据

1）命名的理据。词义理据指词的构成形式与意义之间的某种内在的必然联系，即事物和现象获得命名的依据。它说明词义与事物和现象命名之间的关系，是一种心理联想，如词的引申和比喻。张志毅（1990）认为："词的理据是指某个词称呼某事物的理由和根据，即某事物为什么获得这个名词的原因。它主要是研究词与事物命名特征之间的关系。"

2）多义词之间联系的理据。人们趋向于在性质相近的事物之间建立联系。分析词义理据就是探究词义的变化，词的本义与转义之间的关系。这种关系有可能是建立在两者的相似性和邻近性上。

3）形态理据。词汇理据是词项的一种属性，反映出一个或多个其他词项间的形式关系，这些词项反映出它们各自所指代概念间的概念关系。

Koch & Marzo（2007）探讨了：①什么意义对应于"更基本的"和"有规律派生的"的词。②什么形式（主要是形态）手段可以使词产生新词或使词汇单位产生新词汇单位，例如派生、复合。③这些手段能表达什么意义关系。构词法是一种十分重要的理据手段。Urban（2016）对 78 种语言的 160 个最主要的名词性含义进行可分析术语的理据研究发现，从类型学视角看，一种语言中可分析词项的相对普遍性与其辅音库藏的大小、音节结构的复杂性及名词词根长度的相关性表明，简单音系结构语言中词库的可分析性是最强的。

4.6 语义转移

语义转移是语义演变的子集。Zalizniak（2008:217）认为，语义转移发生在一个多义词的两个不同意思之间或在历时的语义演变中表现为一个词的两种意思，也就是一个给定词的意义的变体，无论是共时的还是历时的。Newman（2016）也认为语义转移既是历时的也是共时的，他讨论了语义转移中①意义的灵活性，②动态的认知过程中意义的建构，③使用的语境。Koptjevskaja-Tamm（2016）首先给出语义转移的定义是意义 A 和意义 B 通过发生学关系联系在一起，它们既可以是历时的，也可以是共时的，例如一个多义词的两种意义就属于此类。同时"语义转移"经常与"语义引申"互换使用。

语义转移的目录收集很早就是语言学家的目标，早在 1964 年俄罗斯词源学家 Oleg Trubačev 就提出了"印欧语言的符意学词典"（Semasiological dictionary of Indo-European languages），准备把历时上经历的语言变化作为词典的词条，但终未付诸实践。德国语言学家 Schröpfer（1979）也有过类似的想法。Haspelmath（2004: 26-27）感叹"历时语义学家甚至还没有开始收集系统的跨语言数据，而这些数据将使我们能够得出有实证根据的……词汇语义变化的普遍性"。Matisoff（2004: 385）思考过一个问题：人类思想的过程是否在语言中反映出来都是一样的？这需要创建一个语义联系数据库来考察。"语义转移目录"（The Catalogue of Semantic Shifts，简称 CSSh）开始了研究跨语言的泛时的不断复现的语义联系，该项目的网址是 http://semshifts.iling-ran.ru，目前数据库中包含从 319 种语言中发现的 3000 多个语义转移（Zalizniak, 2008）。该项目形成的字典词条包括两部分：一个是语义转移的描述，另一个是语义转移实现的清单（列举各种语言）。这个项目开始于 1998 年，由俄罗斯基础研究基金资助，在俄罗斯研究院语言研究所进行，由 Anna Zalizniak 主持，致力于历时和共时的语义派生（semantic derivation in synchrony and diachrony）研究。Zalizniak 从 2001 年开始收集一些初步的概念，于 2002 年在莫斯科语言学院（Moscow at the Institute of Linguistics）召开一个关于语义目录的研讨会（permanent seminar on the catalogue）。从 2006 年到 2009 年，这个项目成为由 INTAS（促进同前苏联独立国家科学家合作国际协会）资助的国际项目"类型学视角的核心词：语义转移和形式/意义关系"（Core Vocabulary in a Typological Perspective: Semantic Shifts and Form/Meaning Correlations）中的一部分。从2010年到2012年，这个项目获得俄罗斯人文基金的资助。项目的出版成果有：Zalizniak（2001, 2006, 2008, 2009）；Zalizniak & Ganenkov（2008）；Zalizniak et al.（2012）；Bulakh（2005）；Gruntov（2007）；Maisak（2005）。到2011年，该项目已经鉴明来自319种语言的3650个语义演变。修改版（DatSemShift.2.0）在2018年底在新的网站上（http://datsemshift.ru）呈现。

Zalizniak et al.（2012）区分了6种语义转移（semantic shift）的实现：①共时的多义词（synchronic polysemy）。比如法语"女人"和"妻子"。英语"grasp"意思是"抓住"和"理解"。俄语golova"头"（作为身体部位词）和"头"（作为单位，当计算牲畜时，如20 golov ovec"20头羊"）。②历时的语义演变（diachronic semantic evolution）。例如古俄语postiči（赶上，撞倒）演变为俄语postič'（理解）。拉丁语demoror（徘徊）演变为法语demeurer（居住）。古俄语krasьnyj（美丽的）演变为现代俄语krasnyj（红色的），拉丁语caput（头）演变为法语chef（首领）。③语法化。例如葡萄牙语entrar（进入）语法化为to entrar a（＋不定式）（开始做某事）；英语里"to go"语法化为"to be going to"（准备干某事）。④同源词。"很慢地做事"和"居住"是一对斯拉夫语同源动词。俄语meškat'（延误，徘徊）、波兰语mieszkać（居住）。日耳曼语系里德语Zahl（数字）和英语tale（故事）就是从"计算"（to calculate，count）到"描述"（to narrate）的同源词语义演变。⑤形态的派生。意大利动词contare和raccontare、德语zählen和erzählen、匈牙利语számol和beszámol都是从"计算"到"描述"，动词"描述"都是从"计算"这个词形态上的变化派生来的。例如俄语slušat'（倾听）和slušat'sya（听从）、prostit'（原谅）和prostit'sya（说再见）。⑥借词。罗马尼亚语a munci（工作）来自于古教堂斯拉夫语mọčiti（折磨）。库尔德语čavt（错误的）来自于波斯语čaft（弯曲的）。英语plain的意思是"简单的"，源于古法语plain（平坦的）。CSSh记录了世界语言中反复出现的语义变化现象，揭示了语义转移所涉及的意义在认知上的临接性。它可以为语言概念化的普遍性和特定语言的认知机制提供语言证据，也可以帮助识别语义变化和一词多义模式中的区域趋势。这些语义转移的实现以可搜索的计算机数据库的形式呈现出来。

另一个与 CSSh 相似的是 Heine & Kuteva（2002）的《世界语法化词典》。它以 A-Z 格式包含了大约 400 个与语法类别演变相关的信息，使用了大约 500 种不同的语言数据。该词典的概念设计在许多方面与 CSSh 设计接近，除了前者只涉及产生语法标记的语义发展路径，后者主要强调词汇语义。与语义转移相关的还有由 Vanhove（2008）指导的语义关联类型项目，Serguei Sakhno 对俄法语源相似性的调查（Sakhno, 1999, 2001, 2005）和 CLICS（List et al., 2018）。

有几个重要的研究讨论的是多义词的模式和重建语义转移的相关性，例如 Matisoff（1978）对于藏缅语的研究，Evans（1992）对于澳大利亚语的研究，Enfield（2003）对于东南亚语的研究，Vanhove（2008）研究多个概念的语义转移（看，吃，喝，呼吸，朋友，肉等），Enfield（2003）对动词"acquire"（获得）的研究，Newman（1998, 2002a, 2002b）对动词"give"（给）和姿势动词"坐""站""躺"的研究，Maisak（2006）对位移动词（motion verbs）的研究。

为什么会反复出现跨语言的语义转移和语义联系的一致性？研究发现这种语义联系是人类隐喻、转喻认知思维的结果。

4.6.1 隐喻

Lackoff（1987: 13）指出多义词源于不同认知域及同一认知域中不同元素之间的关系。也就是说多义词源于人类的隐喻和转喻思维。

人类的一个主要认知方式就是隐喻。隐喻不仅是一种语言现象、修辞方式，更是一种思维方式，是从一个认知域投射到另一个认知域。像时间、空间、变化、因果、目的等日常的抽象概念都是隐喻性的。隐喻具有普遍性、系统性和概念性。隐喻的机制是类推，是根据类推的原则所做的隐性比较。Ullmann（1966）就提到了隐喻，说隐喻是语言词汇意义变化的一种重要方式，以相似性联想的理论来解释隐喻产生的基础。隐喻映射最重要的一个方面是遵守单向性意义的原则，较抽象的概念或不熟悉的概念用较熟悉和较容易获得的概念来命名（Sweetser, 1990; Heine et al., 1991b）。

Xu et al.（2017）用计算模型来测试在过去的千年中，哪些域通常是隐喻映射的起点（源域），哪些域是隐喻映射的终点（目标域）。他们发现在过去 1100 年汉英记录的大约 5000 个隐喻映射中，有一组紧凑的变量，包括外部性（externality）、亲身化（embodiment）和配价（valence），可以解释大多数隐喻映射的方向性。这些结果提供了第一个大规模的历史证据，证明隐喻映射是系统的，并且受可测量的交际和认知原则驱动。

Koptjevskaja-Tamm & Nikolaev（2021）以世界各地的 94 种语言为样本，首次系统地跨语言研究了"情感即温暖"（affection is warmth）的隐喻，考察的问题有："情感即温暖"的表达方式在世界语言中的传播范围有多广？它们的分布是否受语言的地域和/或发生学的联系的影响？一种语言中的"情感即温暖"的表达与同一种语言中"温暖"和"炎热"之间的对立存在联系吗？在一种语言中出现的"情感即温暖"的表达方式与语言所处的气候条件之间是否有任何联系？在样本约 1/3 的非印欧语系中，只有在约 26% 的非印欧语系中发现了"情感即温暖"的词语，包括巴斯克语、乌拉尔语和世界语，所有的这些语言都受到印欧语系的重大影响。值得注意的是，唯一具有"情感即温暖"表达的亚非语言是现代希伯来语，由于巴勒斯坦的欧洲犹太定居者积极参与新兴希伯来语的复兴和正常化，现代希伯来语以其"欧洲语义学"而闻名。此外，"情感即温暖"的表达基本上仅限于欧亚大陆，而欧洲的语言中含有这种表达的语言尤其丰富。非洲唯一一种表达"情感即温暖"的语言是南非荷兰语，它与荷兰语（一种欧洲日耳曼语言）有着非常密切的关系。

4.6.2 转喻

转喻是一个概念过程，而不仅仅是一种修辞方式（Lakoff & Johnson, 1980: 36）。转喻包括两种与体验相关的概念实体。它是基于文化和认知模式依据人类身体和空间的体验。

转喻是一种认知模式。转喻包括两个概念实体，一个凸显概念替代另一个概念，主要特征是邻近性和凸显性。Lakoff & Johnson（1980）把转喻描述为一个过程："使我们对一物通过与其相关的另一物进行概念化"。Kövecses & Radden（1998: 39）给转喻下的定义：转喻是一个认知过程，在这个过程中，作为喻体概念实体在同一个认知域或 ICM 里为作为本体的另一个概念实体提供认识的心理通道。

Ungerer & Schmid（1996: 116）将转喻分为 9 种：①部分转喻整体；②整体转喻部分；③容器转喻内容；④材料转喻物体；⑤生产者转喻产品；⑥地点转喻机构；⑦地点转喻事件；⑧受控人/物转喻控制人/物；⑨原因转喻结果。

4.6.3 共时和历时的角度

类型学可以从共时和历时两种角度进行研究。词义的引申形成共时平面上的多义词，而共时平面上的词义演变是词义演变过程中的一个阶段。从共时角度看，许多语言共有的普遍现象，属于共时类型学；从一个历史平面发展到另一个历史平面，许多语言共有的历史演变规律为历时类型学。多义词的共时研究和语义变化的历时研究之间有很紧密的逻辑联系。语言的共时状态是历时演变的产物，共时的语言状态体现的是历时演变的不同阶段。共时平面的一词多义实际是历时演变过程中的一个阶段（Evans, 2010: 523; Sweetser, 1990: 9; Blank, 1999: 131; Evans & Wilkins, 2000: 549; Traugott & Dasher, 2002: 11; Nerlich & Clarke, 2004: 5）。既然共时的模式都是历时的某种方式形成的，那么对于任何共时模式的解释必须有历时的维度。通过类型学视角的多义性研究可以发现不同语言语义演变的相同轨迹：从共时角度我们可以发现哪些义项有语义上的联系从而聚在一起构成多义；从历时角度我们可以发现语义发展的过程和演变模式及词义扩展的方向性。例如，Wilkins（1996）收集了印欧语、班图语、藏缅语和德拉威语的语料，证实了"身体词的外显部位词"（visible person-parts）逐渐发展出"身体词的外显整体词"（visible whole）的含义，如"臀"（thigh）、"小腿"（shin/calf）、"脚"（foot）都可以发展出"腿"（leg）的含义。这些语料中没有发现相反的语义发展方向。

历时性的词汇类型学研究语义演变、语法化和词汇化的进程。历时词汇类型学一个有趣的方面是总结跨语言接触引起的词汇化和变化的常见模式，比如词汇不同部分的可借性（borrowability）差异、相应的新词形成的过程、词汇文化适应的模式。

类型学研究最初是依据语音和形态特征来给语言分类的，研究语言的异而不是同。1957年Greenberg出版了他的第一篇关于语言共性的文章《词缀的顺序：普通语言学研究》（"Order of Affixing: A Study in General Linguistics"），收在专著《语言学论文》（*Essays in Linguistic*）里，由此可以看出Greenberg那时候的研究兴趣慢慢转向了共性。从此他建立了自己的基本理论框架：共性必须代表高度的总结（generalization）；重要的一致性必须在跨语言的变异的限制中找到。Greenberg（1957: 86）认为共性"需要一些解释，其中不可避免地要考虑到所有语言行为背后的功能、心理和社会因素"——这后来被称为语言功能主义方法的早期陈述。1961

年在多布斯费里（Dobbs Ferry）大会上 Greenberg 宣读了他最为著名的文章《某些主要跟语序有关的语法普遍现象》（"Some Universals of Grammar with Particular Reference to the Order of Meaningful Elments"），同年他也在麻省理工学院举办的第九届国际语言学家会议上宣读了该文。这篇文章建立了基本的类型学的方法论。Greenberg 在语序研究之后最有影响的共时研究是 1966 年的"标记和标记层级"理论。在布拉格流派的理论中，标记是语言特定的语法范畴的属性（a property of language-specific grammatical categories），"单数"等范畴的标记性在不同语言之间是不同的。Greenberg 把标记重新解释为跨语言范畴的属性，也就是概念范畴。因此与"复数"相比，"单数"没有标记是一种普遍现象。Greenberg 在标记关系的基础上构建了一系列形式表达的共性，并认为形态共性最终可以用文本频率来解释。此后，Greenberg 开始探寻历时的类型学，也就是语言变化的共性和共时语言结构的共性。他意识到对跨语言变异模式的限制最终是对语言变化路径的限制。他的第一篇完整的历时类型学文章是 1969 在美国加州洛杉矶大学美国语言学会暑期学院写的《语言学的动态比较的方法》（"Some Mothods of Dynamic Comparison in Linguistics"）。他证明了共时的类型如何能被重新解释为历时的类型，比较历史研究如何能被用作发展语言变化一致性的假设，由此提出了历时模式的模型。

吴福祥（2005: 291）认为通过跨语言的比较观察到的共时模式实际上是人类语言演变共性作用的结果，也就是人类语言的共时共性中蕴含着历时共性。因此，只有揭示出形成这种共时共性的历时共性，才能对语言的共时模式及其变异类型做出有效的揭示。历时共性是跨语言反复出席的演变模式或路径。这些具有跨语言有效性的演变模式和路径通常具有方向性制约，具有很强的规律性。它告诉我们哪些演变路径是可能的，哪些演变路径是不可能的，哪些演变是绝对不可能的。

4.7 语义共性

寻找语义转变的共性从著名的 Buck（1949）比较印欧字典开始；然后有德国语言学家 Schröpfer（1979）编写的《语义变化的比较字典》（*Comparative Dictionary of Semantic Change*），该字典包括了 28 种语言，目的是编制一个语义联想和变化的知识库。这种研究不仅对词源学研究有价值，同时也可以证明命名的过程与人类感知和概念形成的结构有着密切的联系。

Hockett（1963）将语言普遍性定义为"所有语言共享的特征或属性。一种（假定的）语言普遍性的断言是对语言的概括"。类似地，Greenberg et al.（1963: 255）在其著名的《关于语言共性的备忘录》中指出："语言共性本质上是对所有人类说话者所共有的特征或倾向的总结性陈述。因此，它们构成了语言学科学最普遍的规律。此外，由于语言既是个人行为的一个方面，也是人类文化的一个方面，它的共性既为构成心理学的原理（心理语言学）提供了主要联系点也是为人类普遍文化的蕴含共性提供了主要来源。"

近些年来，找寻跨语言的语义变化成为历时的认知语义学和语法化理论研究的中心（Sweetser, 1990; Bybee et al., 1994; Blank, 1999; Blank & Koch, 1999; Traugott & Dasher, 2002; Koch, 2000/2004/2008）。找寻跨语言的语义变化还有一本重要的参考书 Heine & Kuteva（2002a）的《世界语法词库》（*World Lexicon of Grammaticalization*），这本书按字母顺序排列，有400多个与语法范畴演变相关的过程，使用的语料超过了500种语言。Frans Plank 和 Elena Filomonova 在德国康斯坦茨大学从1999年开始指导一个重要项目"共性档案库"（The Universals Archive）。

虽然语言类型学致力于寻求语言共性的规律，但也有语言学家认为这是不可能的事情。澳大利亚国立大学亚洲和太平洋研究院语言学系的 Nicholas Evans 和位于荷兰的德国马克斯·普朗克学会心理语言学研究所的 Evans & Levinson（2009: 431）发表在《行为和脑科学》（*Behavior and Brain Science*）期刊上的文章《语言共性的神话：语言的多样性及其对认知科学的重要性》（"The Myth of Language Universals:Language Diversity and its Importance for Cognitive Science"）认为：语言类型学家有责任通过对话让认知科学领域的学者知道语言的多样性，不存在放之四海而皆准的共性。他们从语音、音系、句法、语义等层面入手证明多样性才是语言的真实面目。他们主要反对生成法的结论，并将普遍语法的主张称为"经验上的错误、不可信或误导，因为它们指的是趋势而不是严格的普遍性"。他们指出的不是语言之间的相似之处，而是差异，"理解语言在人类认知中的地位的关键事实是语言的多样性"。他们对语言普遍性的怀疑和对语言多样性的强调受到数字的影响——他们说他们掌握了大约7000种语言中10%的信息。因此，他们得出结论："……几乎所有关于人类语言中可能的概括都是基于一个最大的500种语言样本"。Evans & Levinson 的论文代表了语言共性的第三种可能途径。Greenberg 的理论建立在多种语言比较的基础上，乔姆斯基的理论建立在单个语言普遍语法的研究上，而 Evans & Levinson 的理论则是从强调语言多样性的重要性开始的。Evans & Levinson（2009: 445-447）的主要观点包括：①从生物学的角度看，语言的差异性是一种特别的属性，因为其他动物的交际系统都不会表现出这样的差异性。②语言的多样性在很大程度上是在历史文化和地理环境中演变而成的。③语言的多样性表现为原型、特征的集合及家族相似性，而不表现为绝对的可能和不可能的语言类型。④类型变化的分布表现出具有倾向性的进化模式。⑤在漫长的生物史中，语言的生物基础在最近才进化而成。⑥语言学家的任务是研究人类的认知能力，研究相同或相近的生物基础如何产生语言和文化的多样性。Evans & Levinson（2009: 473）主张在人类的遗传、神经认知、心理语言过程的广阔图景中理解人类语言的多样性。语言的演化虽与生物学方面和文化历史方面的因素都有关，但并不能证明这种演化取决于人脑中的语言处理机制。Haspelmath（2009a: 458）同意 Evans & Levinson 的观点，认为对语言学家而言，更有意义的是蕴含共性。Goldberg（2009: 455）认为绝对的、有实在意义的语言共性几乎没有，但是有动因的语言模式是存在的。这些语言模式是相互作用的，甚至是相互冲突的制约因素之间协调的结果。

马克斯·普朗克心理语言学研究所的 Dunn（2011）分析了印欧、南岛、班图和美洲的 Uto-Aztecan 四大语系的大量语言，用种系发生学方法进行处理，得出不同语系的语言呈现出广泛的多样性但又不是无限的结论。

类型学角度的共性：哪些特性是人类语言所特有的，哪些语言是人类语言不可能有的，哪些特性是人类语言在一定条件下可能有的但不是必需的。语言共性研究的目的是确定人类语言内变异的限度。语言共性研究的是变异的限度，而类型研究更直接关注变异的各种可能。语言的个性其实也是共性的一种表现形式。这就是语言类型学家认为的语言共性。语言类型学家要寻求的就是这些数量有限的普遍共性。正如 Comrie（2009: 34）书中所说的那样，类型和共性不是一对矛盾的概念，"两者只是同一个研究企图的不同倾向……语言共性研究的目的是确定人类语言变异的语言限度……唯一的区别在于语言共性研究主要关注这种变异的限度，而类型研究更直接地关注变异的各种可能"。

语言的一致性并不是语言的属性，无论是孤立的或是蕴含相关的，总会有可能被反例否决。类型学的研究正是致力于通过跨语言的观察和比较获得对人类语言共性的认识。类型学特有的研究对象，就是人类语言间的共同点和差异点，差异的不可逾越之极限就是语言共性之所在。

4.8 区域类型学

语义类型学的研究目标是找出哪些是共性，哪些是某些区域某些语言特有的，这就促成了区域类型学的产生。它关注的是语言特征的区域分布而不是特定语言区域的特点，后者是区域语言学关注的内容。

Matisoff（1978）的藏缅语，Yavorska（1992）的斯拉夫语和日耳曼语，Evans（1992）、Evans & Wilkins（2000）的澳大利亚语，Enfield（2003）的东南亚语，Epps（2013）的亚马逊语，François（2010）的大洋洲语，Vanhove（2008）的许多不同语言，以及 Wilkins（1996）和 Koch（2008），仅仅在两个语言地区即中北美（Smith-Stark, 1994; Brown, 2011）和埃塞俄比亚—厄立特里亚（Hayward, 1991, 2000），词汇—语义平行被系统地认为是有地域指标，即指向长期的语言接触网络。

Urban（2009）讨论了对"太阳"和"月亮"这两个词汇不进行区分的语言的特殊分布，即使用相同词位表达这两个概念的语言的分布。Urban（2010）讨论一个特殊词汇现象的地域分布，即"太阳"可以表达为"天眼"（eye of the day）的地域分布。根据世界范围内的样本显示，这种命名在跨语言上非常罕见，并且仅限于南亚和大洋洲的南亚语系、泰—卡代语系（Tai-Kadai）和南岛语族的语言。Urban（2012）的目标是检测包含在全球109种语言样本中的160个名词概念的语义和结构模式。"太阳""月亮"和"天"的概念在英语中是用三个不同的形态上简单（不可分割）的术语来表达的。然而，一些语言以不同的方式将"太阳"和"月亮"联系起来，要么将它们共词化在同一个词位中，要么从"太阳"中派生出"月亮"这个词，就像月亮可以称为"夜晚的太阳"一样。许多语言将"太阳"和"天"联系在一起，要么用同一个词来表示二者（有时将这三个概念共词化），要么从"天"中派生出"太阳"一词。因此，语言的不同之处在于它们是否通过不可分析的术语来表达可比较的概念，以及哪些概念通过一词多义或各种词汇结构模式在语义上相互关联。既有显著的跨语言差异，也有惊人的跨语言复现模式，可能是由所涉及的语言之间的普遍趋势和发生学与地域关系之间复杂的相互作用造成的。然而，这种规模的全球性平衡样本往往过于稀疏，无法捕捉到重要的区域性词义相似性，因此应以更精细的样本作为补充，该样本能涵盖相关区域的许多语言变体。继续以"太阳"/"天"/"月亮"为例，"太阳"="天眼"模式在全球214种语言样本中非常罕见，但在东南亚和大洋洲的奥地利语、泰—卡代语和南岛语中有非常高的出现率，其在世界这一地区额外增加的154种语言样本中得到了证明（Urban，2010，2012）。Urban自己提出了可能接触到这种情况的两种场景，而Gil（2015）提到这种偏斜分布是他称为湄公河—曼贝拉莫语言区的地域属性之一，该语言区由东南亚大陆、印度尼西亚的努桑特拉群岛和新几内亚的部分地区组成。然而，让问题变得复杂的是，Blust（2011）仍然对Urban的数据和解释的可靠性提出质疑，他通过添加其他语言的相似之处来证明这种模式的普遍性。"太阳"="月亮"共词化的跨语言分布向历史语言学提出了另一个挑战。正如Urban（2009，2012）所示，这种模式在世界各种语言中的分布非常不均衡。它在美洲有丰富的表现，但也见于古西伯利亚语言（欧亚大陆东北部的土著语言）和新几内亚的语言。Urban进一步认为，这种分布与Nichols和她的合作者（例如Nichols, 1994; Bickel & Nichols, 2006）提出的环太平洋区域语言密切相关。这个非常古老的地区被认为是在最后一次冰川作用期间东南亚沿海大规模人口迁移的结果。

根据Matisoff（2004: 366）的观点，东南亚词汇语义区域特征包括在诸如"携（carry）"或"切割"等领域内有丰富的操纵类动词词汇。至少对于"携"来说，这一点得到了Wälchli（2009: 35-39）对100种语言的《马可新约》平行语料库中的"携"动词的研究的证实；在这些语言中，东南亚和大洋洲有大量与特定身体相关的"携"动词。

"吃"和"喝"的共词化出现在许多巴布亚语和澳大利亚语中（Aikhenvald, 2009）。"牛肉"被表达为"大肉"（big meat）出现在兴都库什山脉的一些语言里——巴基斯坦北部、阿富汗东北部和印度克什米尔最北部组成的山区（Koptjevskaja-Tamm & Liljegren, 2017）。"水果"在许多西非语言中被表达为"树的孩子"。"山"和"石"的共词化在非洲的两个地区尤为突出，即中部地区和南部的卡拉哈里盆地。有理由假设"山"和"石"的组合在某种程度上可能根植于说话者的自然环境，例如岩石环境和/或干旱地区，至少在澳大利亚是这样的。"耳"和"叶子"的共词化在东非是一种特别常见的模式，大多数语言都位于"尼罗河-Surmic传播区"，来自14个家族的39种语言。

依Schapper et al.（2016）所示，"火"和"树"的共词化在由澳大利亚、新几内亚和周围岛屿的语言组成的萨胡尔（Sahul）地区得到了很好的证明。事实上，他们认为萨胡尔语更常见的是将"火"和"柴火"共词化。

Smith-Stark（1994）测试了早先在中美洲语言中发现的 52 个词汇语义相似性在多大程度上可以算作强区域性指标。这项研究包括 46 种语言，其中 25 种来自中美洲，代表其发生学和地理多样性，11 种语言与该地区接壤，10 种语言包括远离中美洲地区的 5 种北美语言和 5 种南美语言。14 个词汇语义上的相似性被证明与中美洲有关，它们都广泛分布于其间。至少 4 个语系中的 9 种语言出现以下共词化："莽"="鹿蛇"、"石灰（石）"="岩石灰烬"、"手腕"="（手的）脖子"、"臼齿"="磨刀石"、"嘴巴"="边缘"、"拇指"="（手的）母亲"、"手指"="（手的）孩子"、"穷人"="寡妇"="孤儿"、"活着的"="醒着的"、"结婚的"="找到/遇见"的共词化。

Brown（2011）采取了这一步骤，他试图解释中美洲共有词汇特征背后的环境，例如哪些语言充当了输出者，这些特征何时传播等。在其他区域的 70 种美洲土著语言样本中他进一步测试了 13 个提议的中美洲词汇语义相似性。根据他的结论，其中只有 5 种最有可能起源于一种单一的地区语言，从那里扩散到中美洲［其中包括"莽"="鹿蛇"和"石灰（石）"="灰烬"］。Brown 将此处的决定性作用归因于中美洲的主要混合语（lingua franca）——纳瓦特尔语（最初在阿兹特克帝国使用，后来在新西班牙总督辖区使用）。尽管这一结论还远未确定，但这项研究是一次令人印象深刻的尝试，试图在更大的历史框架内进行区域性词汇语义对比。迄今为止，对埃塞俄比亚语和厄立特里亚语词汇语义相似性的系统研究相对较少，因为它只涵盖 4 种语言。

Hayward（1991, 2000）的列表包含 40 个词汇语义的相似之处，其中"打水"="复制，模仿"，"需要"（need）="想"（want）的致使，或"外国"="人的土地"。代表埃塞俄比亚—厄立特里亚三大语系的阿姆哈拉语（闪米特语）、奥罗莫语（库希特语）和加莫语（奥莫语），它们都属于亚非语系。三种语言共享这些词汇语义相似性。该清单还测试了另一种东低地库希特语，即索马里语，这种语言既与埃塞俄比亚—厄立特里亚地区的许多语言密切相关，也在附近地区使用。引人注目的是，索马里语只共享了清单中 40 种模式中的 4 种，这符合人们对非洲之角索马里历史的普遍看法。

综上所述，Smith-Stark（1994），Brown（2011）和 Hayward（1991, 2000）对中美洲和埃塞俄比亚—厄立特里亚语言的研究表明，词汇语义相似度是衡量一个语言区域成员的有力工具。正如这些研究中所强调的，词汇语义相似性的特质、潜在的多样性和相互之间的逻辑独立性导致了可量化属性数量的大幅增加。这使得词汇语义相似性作为区域性指标比更重要的结构属性（指语言融合的指标，例如词序或音系的对比）更有优势。结构属性特征可能显示出各种相互依赖关系，并且就长远来看可简化为用于量化融合的少数独立属性。然而，评估任何跨语言的相似性作为地域指标总是一个挑战，词汇语义相似性也是如此。对于不同的语言群体，类似的词汇语义相似性在世界其他地区也可以找到。

Evans（1990: 137）认为"从某些类型的多义性和语义变化的角度来看，整个澳大利亚大陆都可以被描述为一个语言区域，这些多义性和语义变化在整个大陆都很常见，但在其他地方很少或没有报道"；这些可能是基于文化和语言的扩散而言的。

在区分特定颜色术语的语言分布（参见 Kay & Maffi, 2013a, 2013b）和身体部位"手臂""手指"和"手"（参见 Brown, 2005 a, 2005b）中也有明确的地域模式。

Gast & Koptjevskaja-Tamm（2018）在研究词汇类型的区域因素时使用了3个步骤：①首先确定显示区域偏差的共词化模式集群；②对于显示正相关的模式，它寻找具有给定共词化模式特征的聚类区域（使用层次聚类分析）；③它控制谱系关系（使用贝叶斯逻辑回归）。

4.9 跨语言词汇语义相互作用的模式

有很多不同的跨语言研究都可视为语义类型学的研究范围，因为这些研究致力于发现词汇的语法结构中与类型学相关的特征，或者发现词汇和语法上与类型学相关的重要联系。Behrens & Sasse（1997）认为词汇类型学的目标是"跨语言研究词汇语义相互作用的重要模式"，他们提到：比较语言学的研究中，词汇语法的概念所引出的假设我们可以预期，在不同的语言中存在相当不同的词汇语法互动模式，而这些分歧有很大的类型学意义。因此，词汇语义学和其对语法的影响是类型学研究的中心问题。为此，我们将重点放在模糊现象和语义合成型的原则上。这些原则在更高层抽象化上大概是普遍的，但不同类型里具体表现不同。因此，其强烈影响着个别语言语法和词汇的面貌。

语义类型学大多研究致力于发现词汇的语法结构中与类型学相关的特征，或者发现词汇和语法上与类型学相关的重要联系。有的是将词汇语法的相互作用严格限制于某一概念域甚至是特定的词汇义，比如身体词表示领属（adnominal possession），以及在特殊句法结构中（Chappell & McGregor, 1996），如语法里的亲属词（Dahl & Koptjevskaja-Tamm, 2001），"给"和论元连接（Haspelmath, 2005a; Kittilä, 2006），带补足语的动词和补语结构的不同类别（Cristofaro, 2003），"要"（want）和表意愿从句结构（structure of desiderative clauses）（Haspelmath, 2005b; Khanina, 2005）。Veselinova（2006）对动词不规则的词形变化进行大规模研究是另一个语法互动的好例子：它表明不规则词形变化往往和特别含义的词汇相联系（例如运动），或不规则词形变化根据语法范畴表达不同的含义（如时—体—态，或祈使）。

　　Dixon（1997）对形容词的研究，打破了物质属性的模糊类别，用了更清晰的语义类型（尺寸、颜色、质料、人类倾向等语义类型）。Pustet（2000）做了在7种语言中对于动词—形容词作为同义词类型的研究，他将各种总结和早期对于系动词和词类区分研究不同的参数合并起来（Croft, 1991; Stassen, 1997），通过使用164种动词—形容词的最小对立体来测试它们的兼容度。

　　语义类型学的另一个研究范围是动词的词形体（Aktionsart）[1]，对词形体Aktionsart的现代研究源于Vendler（1967）的动词类［状态（states），活动（activities），完结（accomplishments），达成（achievements）］，Sasse（2002:263）认为"这是研究词汇作用，特别是动词体类型次范畴迫切的需要"。

---

　　[1] 词形体（Aktionsart，德语，复数Aktionsarten 意为"动作种类"）是用来区分体（aspect）。"体"指已经语法化的对立；"词形体"指已经词汇化的对立。（克里斯特尔，2000：29）

第 5 章 具体的范畴词研究

5.1 亲属词

5.1.1 国外亲属词的类型学研究

最早的亲属语的类型学研究都是人类学家做出的。人类学家早期都要进行田野调查工作，他们常常在语言学家的协助下研究无文字的语言，因此人类学与语言学紧密地结合了起来。表示血亲或姻亲关系的亲属词就是人类学家研究的一个重点，对此有数百种语言的亲属词有详细和系统的描述。传统的方法是将构成系统分成少量的类型（to classify the resulting systems into a small number of types），这种分类并不考虑整个亲属系统，只集中于它们的子部分（subparts）。例如 Morgan（1871）对于亲属关系类型的系统研究就开创了长期的描写传统。

美国学者 Kroeber（1909）发表的《亲属关系的分类系统》里提出了划分亲属关系的 8 项原则。

1）辈分原则（generation）。不同的辈分采取不同的称呼，如儿女辈、同辈、父母辈、祖父母辈、曾祖父母辈。

2）年龄原则（age difference in one generation）。对不同年龄的同一辈亲戚采取有区别的称呼。

3）直旁系有别的原则（lineal versus collateral）。直系亲属指直接的先人和后裔，如父母和子女的关系。旁系亲属指两者之间没有直接的关系，他们之间产生联系是因为存在另外一个中介亲属。

4）性别原则（sex of the relative）。用不同的称呼来区别性别不同的亲戚。

5）称呼者本身性别的原则（sex of the speaker）。对同一被称呼者，因称呼者的性别不同采用不同的称呼。

6）中介亲属性别差异的原则（sex of the connecting relative）。由于中介亲属的性别不同，对通过他（她）而产生关系的那个亲属的称呼也不同。

7）血亲还是姻亲的原则（consanguineal versus affinal）。

8）亲属关系人的存亡原则（condition of the connecting relative）。

例如，在英语里grandmother（奶奶）的语义分析是：血亲，直系，女，往上第二代的。Kroeber所使用的这种分析原则正是布拉格结构主义语言学在20年后发展出的成分分析法的萌芽。那时还在讨论是从"语言学"的角度研究还是从"社会学"的角度对亲属语的指称（referent）方面进行研究。"社会学"的角度被认为是充满规律性；而"语言学"角度被认为是充满偶然性。Kroeber（1909）的观点是"亲属语的关系反映的是心理关系而不是社会关系。它们是由语言决定，要极为谨慎地用作社会学的推论"。Kroeber认为应该从语言学的角度来研究，而与其相对的则是Rivers（1914）认为亲属语的特征必须用一定的婚姻制度来解释，必须从社会的角度进行。

Nerlove & Romney（1967）调查了245种语言的"兄弟姐妹"术语，根据3个参数［说话者的性别（sex of speaker）、兄弟姐妹的性别（sex of relative）、相对年龄（relative age）］定义的8种逻辑上的亲属关系，如是否同一词语用于所有的兄弟姐妹，是否有两个不同的词语用于表示"兄弟"和"姐妹"，是否有四个不同的词语用于表示"弟弟""妹妹""哥哥""姐姐"，发现了逻辑上有4140种可能的方式来命名。12种没有违反标记假设（marking hypotheses）和避免离散（avoidance of disjunction）的原则成为最主要的类型，这12种类型就占240种系统的214种，另外26种中21种属于派生类型，5种违反了避免离散原则。12种最常用的方式（占87%）见表5-1。

表5-1 "兄弟姐妹"术语词的划分（Nerlove & Romney, 1967）

兄弟姐妹词的分布	国家数
A. 兄弟姐妹	14
A. 兄弟 B. 姐妹	21
A. 哥哥 B. 弟弟 C. 姐妹	3
A. 哥姐 B. 弟妹	21
A. 哥哥 B. 姐姐 C. 弟/妹	38
A. 兄 B. 弟 C. 姐 D. 妹	78

续表

兄弟姐妹词的分布	国家数
A. 平行兄弟姐妹 B. 交错兄弟姐妹 [1]	6
A. 平行兄弟姐妹 B. 交错兄弟 C. 交错姐妹	6
A. 交错兄弟姐妹 B. 平行兄弟 C. 平行姐妹	6
A. 平行兄弟 B. 平行姐妹 C. 交错兄弟 D. 交错姐妹	5
A. 平行兄 B. 平行妹 C. 交错兄弟姐妹	9
A. 平行姐 B. 平行妹 C. 交错兄弟姐妹 D. 交错姐妹	7

在"兄弟姐妹"术语区分上，已验证有78种语言划分成4类；有38种语言划分成3类：哥，姐，弟/妹；有21种语言分为2类：兄弟、姐妹，或年长的哥姐、年幼的弟妹。Nerlove & Romney 认为所有语言中都有认知上的限制——避免离散的范畴。比如说"兄弟"（brother）包括年轻和年老的范畴，是一个连接性的范畴（conjunctive category），因为它包含同样的成分：男性的两种不同年龄。而与之相对的离散的范畴就是"一位男性的兄弟姐妹"（siblings of a male），这也表明了另外一种限制：避免将说话人的性别作为一个主要的区分点。

下面表5-2详细介绍了"兄弟姐妹"在俄语、土耳其语等7种语言中不同的表达方式。

表5-2 "兄弟姐妹"在俄语、土耳其语等7种语言中的表达（Koptjevskaja-Tamm, 2016: 438）

语言	兄弟	姐妹	相对的年纪
俄语	brat	sestra	与年纪不同无关
Palula	bhróo	bheén	与年纪长幼无关
	kàaku	kéeki	年长
	kúuču	kúuči	年轻
土耳其语	aga	aba	年长
	kardas		年轻
	efo	eda	年长

---

[1] "平行兄弟姐妹"（parallel sibling）（姨表兄弟姐妹＋堂表兄弟姐妹）是指母亲的姐妹（与母亲同性别）的小孩或父亲的兄弟（与父亲同性别）的小孩；"交错兄弟姐妹"（cross sibling）（姑表兄弟姐妹＋舅表兄弟姐妹）是指父亲的姐妹（与父亲异性别）的小孩或母亲的兄弟（与母亲异性别）的小孩；"交错兄弟"（cross brother）包括"姑表兄弟和舅表兄弟"。

续表

语言	兄弟	姐妹	相对的年纪
埃维语 (Ewe)	etse	efoe	年轻
	nɔvi		与年纪长幼无关
	abang		年长
Jakarta 印尼语	kakak		年长
	adik		年轻
	saudara		与年纪长幼无关
努库奥罗（Nukuoro）	teina		与年纪长幼无关

Greenberg（1966）也做过对祖父母命名的研究，包括 4 种类型：爷爷，姥爷，奶奶和姥姥，这样会有 15 种可能性。15 种里有 4 种是不可能出现的，比如用同一个词来称呼"爷爷"和"姥姥"，却不包括"奶奶"和"姥爷"。因为"爷爷"和"姥姥"在范畴上是离散的，"爷爷""姥姥"性别不同（"爷爷"为男，"姥姥"为女），同时中介亲属性别也不同（"父亲"为男，"母亲"为女）。

他们的调查还表明语言中可以用一个词来表示"父亲""父亲的兄弟""母亲的兄弟"（"夏威夷语"类型）；也可以用一个词表示"父亲""父亲的兄弟"，另一个不同的词表示"母亲的兄弟"（"易洛魁语"类型）。但绝没有一种语言用同样的词来表示"父亲""母亲的兄弟"，而用另一个词表示"父亲的兄弟"。这实际上总结了一种限制，也是一种蕴含共性。人类语言中什么是可能/不可能的词是语义类型学研究中的首要问题，然后通过阐述词汇化等级（lexicalization hierarchies）和词汇共性（lexical universals）来寻求语言的共性。接下来还要对类型寻求解释。为什么有些逻辑上可能的词汇化类型无法证实？有学者认为是认知上的原因：如果一个词同时表示"父亲"和"母亲的兄弟"，这种分类将比其他 4 种更复杂，因为"父亲"和"母亲的兄弟"属于离散的范畴。相比之下"父亲"和"父亲的兄弟"都属于"父系的男性亲属"（male relative of one's patriline），从认知上更好理解。

Berlin & Kay（1969）对于颜色词的研究成果深深地影响了其他研究者的研究范式，也影响了亲属词的研究方向，可以说此后亲属词的研究也开始关注蕴含共性、类型和标记。这三种角度是紧密联系在一起的。上文提到的 Nerlove & Romney（1967）

095

讨论亲属语的称呼避免离散的范畴就是蕴含共性的结论。

从类型的角度研究就先要弄清楚每个亲属词的维度和价，每一个亲属词就是由一系列的维度组成，每一个维度又有一组价。由此可以算出在不同的维度上所有逻辑上可能的价的组合。

Greenberg（1980，1987）两篇文章奠定了用标记理论来研究亲属词的基础。标记理论（markedness theory）最初是由布拉格学派的 Trubetskoy 于 1929 年在音位学中提出的，Jakobson 在 20 世纪 30 年代推广到形态和语法，属于结构主义的音位学理论。类型学中的标记理论是建立在跨语言的比较分析之上的，标记现象涉及的不再是二元对立，而扩展到多元对立上；另外由一个范畴的标记模式变为两个或多个范畴相关联的标记模式。Greenberg（1980）总结了 4 个标记的特征：①外显的表达（overt expression）。而有些范畴是零形表达，如 brother vs brother-in-law。②非标记范畴比标记范畴有更多的区分（unmarked category tends to have more distinctions than the marked）。③标记的不完全变形（defectivation of the marked），即有标记的范畴中缺少的项，其对应项应该无标记，比如就没有 cousin-in-law。④非标记的频率（text frequency of the unmarked），无标记范畴的词语出现在文本中的频率更高。

Greenberg 从标记性的角度研究亲属词的普遍性（见表 5-3），认为直系亲属词较之旁系亲属词是无标记的。在对象的性别方面，男性是非标记的，女性是标记性的。就年龄来说，年长是非标记的，年幼是标记性的。跟自己越近的代越无标记。血亲的名称无标记，姻亲的名称有标记；血亲名称多为零后缀，姻亲的名称带词缀。另外，标记范畴从没有比非标记更多的内在区分。比如说一个语言中有表兄弟和表姐妹的区分而没有兄弟姐妹的区分是不太可能的。有标记项的理解比无标记项的理解来得复杂。

表 5-3　亲属词的标记关系（Greenberg, 1980）

无标记	标记	例子
直系	旁系	父亲＜叔伯
血亲	姻亲	兄弟＜姐（妹）夫
较近的辈分（根据"代"计算）	较远的辈分（根据"代"计算）	父亲＜爷爷（姥爷）
年长（包括同辈和升降序区别）	年幼	哥哥＜弟弟

Greenberg（1987）专门回应了 Scheffler 对于标记理论的批驳，Greenberg 列举了

标记理论的十大标准。

1）一致的蕴含称述（universal implicational statement）。如果一个语言有标记术语一定蕴含着非标记的出现，相反却不一定。亲属术语中性别区分的出现在第二个下一代蕴含着第二个上一代的性别区分，相反却不一定。

2）零标记（zero expression）。非标记术语可以表现为零标记，而标记有一个明显的指示。零标记形式对应明显标记（overt expression）：无标记范畴通常没有形式标记，有标记范畴常常带有明显标记。例如，brother 是无标记的，brother-in-law 是有标记的，其标记是 -in-law。

3）典型的表达（par excellence expression）。内属范畴可以代表整个的范畴或标记成员的相反面，依据语境而定。man 表示"人类和男人"，woman 表示"女人"。标记范畴的明显的表达可能是选择性的，比如"母亲"可以指血亲的母亲也可以指姻亲类型中配偶的母亲，而"mother-in-law"只能指姻亲类型。

4）兼性的表达（facultative expressions）。标记范畴的明显表达可能是选择性的。例如，author（男作家和女作家）表达了两个性别的作家；authoress 仅仅是女性作家。Scheffler 认为没有任何有关标记的预测是可能的。

5）融合（syncretization）。当两类范畴相交时，呈现在非标记范畴的区分就会在标记范畴中缺乏或显示中立。如英语对兄弟姐妹有性别区分，但对表兄弟姐妹没有性别区分。英语里单数第三人称区分性别，有 she（她），he（他），it（它）；但复数第三人称就是中立的 they（他们）。中立能够解释为历时的或共时的。

6）语境中的中立（contextual neutralization）。在一定的语境中仅仅是非标记的出现。例如，在土耳其语中，数字仅仅只跟非标记的单数名词一起出现。

7）形态变异的程度（degree of morphological variation）。非标记成员包含更多的形态变化。

8）不完全变化（defectivation）。标记范畴反映在非标记语中缺乏一定的范畴。

9）支配地位（dominance）。在一个异类的（heterogeneous）收集中，非标记代表着整个范畴。有两个变异，一个是词汇的，例如在西班牙语中，los padres 可以是"父母"和"父亲"，然而标记的女性 las madres 仅仅表达"母亲"的含义。另外一个是一致性。在西班牙句子"los hijos y las hijas son buenos"（儿子们和女儿们都是好的）中，形容词一定在非标记的性别上——男性。

10）使用频率（text frequency）。在很多语言的统计中发现无标记范畴的使用频率高于有标记范畴，前者在认知上更为显著。

Greenberg 用标记语来研究亲属语的意义：研究了亲属词分类的跨文化一致性；预测了亲属词演变和建立的顺序；提供了一种方式来推断史前社会组织的特征。标记理论运用于亲属词普遍现象的研究，其前提是所有语言的亲属词都有一套具有不同层次关系的语义对比平面。根据人类学家和语言学家的研究发现，一切语言都不是用一大堆杂乱无章的词来给每个可能的亲属关系命名，而是用有限的词系统地将一些不同的亲属关系合在一起，因此可以从每一个意义平面上分辨出有标记范畴和无标记范畴。这反映了人类思维的一个普遍倾向，即把一对相互对立的范畴之一看作是无标记的。

Liljegren（2022）对兴都库什山脉即巴基斯坦北部地区、阿富汗东北部和印度管理的克什米尔北部大多数地区的亲属术语进行了区域类型研究，特别关注了一些显著的多义模式及这些多义模式的显著地理聚类。尽管亲属关系领域总体上很复杂，但它的划分方式反映了数量有限的组织原则，而且可以从本质上归类为属于有限的几个系统之一。这些系统在它们的地理分布上具有很强的区域性，就像特定的语序类型学在世界某些地区占主导地位，而在其他地区几乎没有得到证实一样。

5.1.2　国内亲属词的类型学研究

伍铁平（1985b）在 16 种语言中发现表示"孙子""祖父"的词都是分别由表示"儿子""父亲"的词派生的。龚群虎（1989）考察了汉藏语系、印欧语系和阿尔泰语系的 20 多种语言发现：①所考察的语言在表示"曾祖母"时所使用的词几乎全是派生词或复合词。②在表示"母亲""女儿"时几乎所有语言都是用非派生词。龚群虎（1989）还对男性和女性直系亲属称谓进行了比较，发现男性直系亲属名称和女性直系亲属名称都有着严整的对应，包括男性和女性的对应，以及晚辈和长辈之间的对称。跟自己近的辈分称谓都是无标记的，而较远的辈分称谓都是用派生词或词组表示。这个跟 Greenberg 的发现是一致的。

5.2 颜色词

5.2.1 国外颜色词的类型学研究

叶尔姆斯列夫说，同样的事件或事物，在不同的语言中，是根据各自的结构规则由不同的实体按不同的形式组成的。他举过的一个著名的例子是不同语言中颜色区分的差异。他指出，对于同一无定形的、未分析的颜色色谱，每个语言是任意地划定界限的。

Berlin & Kay（1969）对颜色词研究后发现：①任何语言至少都有2个基本颜色词，它们表示黑和白；②如果一种语言有3个基本颜色词，它必定有表示红的名称；③如果一种语言有4个基本颜色词，这第4个词不是表示绿，就是表示黄；④如果一种语言有5个基本颜色词，那么它就有了分别表示绿和黄的名称；⑤如果一种语言有6个基本颜色词，它一定有表示蓝的名称；⑥如果一种语言有7个基本颜色词，这第7个词必定表示棕；⑦如果一种语言有8个（或更多的）基本颜色词，它就有了表示紫、粉红、橙、灰中的任一种颜色的名称。

Berlin & Kay不仅发现了基本颜色，而且发现了焦点色。焦点色就是某一颜色范畴中最具代表性的颜色，比如我们认定的典型红色就是焦点红色，人们是根据这些参照点系统来对颜色连续体进行切分和范畴化的。Berlin通过实验证实了我们确实依赖焦点色作为认知参照点来进行范畴化。这说明颜色范畴的切分并不是任意的，而是依据焦点色来确定的。他们认为人的色彩识别是普遍地建立在焦点色层级系统上的，焦点色反应的认知参照点层级系统是处于思维深层的，因而带有认知共性。这种顺序是由非语言知觉因素所刺激，特别是视觉感知。

Berlin & Kay不去探究一个语言内不同颜色词的分界，而去弄清楚一个颜色词的中心色，也就是本族语的人认为那个颜色词所指的最典型的颜色。有证据表明上述中心色的等级可以跟颜色知觉相联系，从而提供了一个从心理角度解释语言共性的实例。

Kay & McDaniel（1978）发现这种蕴含共性是有解剖学依据的，是由人们的视觉神经系统的工作原理决定的。人对颜色的感知是视觉神经与大脑认知结合的产物，光线的不同波长对应不同的颜色，并在人的视觉系统中引起不同的反应。这表明颜色不是完全独立于人的认知之外的，不是完全客观的。

Lindsey & Brown（2006）使用 k 均值聚类和一致性分析对世界色彩调查（WCS）的颜色命名数据集进行了分析，发现 WCS 色系的最佳数量为 8 个：红色、绿色、黄色或橙色、蓝色、紫色、棕色、粉红色和绿色或蓝色。对 WCS 语言中颜色命名一致性的分析显示，在颜色空间的小部分区域中，跨语言上具有显著的一致性。这些区域与英语的六种主要色彩中的五种非常一致。

Söderqvist（2017）调查了印欧语系和汉藏语系中的 20 种语言，西班牙语、英语、瑞典语、爱尔兰语、希腊语、阿尔巴尼亚语、俄语、拉丁语、德语、波兰语、藏语、缅甸语、博多语（Bodo）、帕奥语（Pa'o）、景福语（Jingpho）、南羌语［Southern Qiang（Mianchi）］、阿帕塔尼语（Apatani）、纽瓦克语（Newari）、汉语普通话和莱普查语（Lepcha）。结果显示，从历时的角度来看，每个颜色词的共词化词汇意义有很小的重叠，但显示了语系之间语义范畴的一致性。最频繁发生的变化类型是语义缩小，最频繁发生的语义变化的方向是从更抽象到更具体。当发生相反方向的变化时，它几乎只出现在印欧语言中，这与以前的研究不一致。

5.2.2　国内颜色词的类型学研究

刘宝俊（1999）将汉语同国内少数民族语言词汇中四个无借代、非同源关系的词的词源结构进行对比研究，其中一组是"赤子"与"红色"，发现我国许多少数民族语言中，表示"婴儿"的词也是由两个词素组成的复合词。在这一复合词中，又大多包含有意义为"红"的词素。罗天华（2009）调查了境内 15 种语言的基本颜色词，指出其分布基本符合颜色词的共性序列。

5.3　身体词

身体词是最基本的认知域，是人类认知外部世界的一个重要的源域。Langacker（1987: 5）讨论过基本域的问题："是什么占据了概念等级的最低层面？应该是一组'基本域'，也就是从认知角度上来说不可再分的再现空间或有着概念潜质的场。这些基本域里包括我们对时间的体验，以及我们对二维和三维空间组合的把握。还有些基本域与我们的感官相关：比如颜色、音调、温度等。情感域也应算上。"基本认知域是由人的感官能力提供的最基本的经验感知域。

根据"人类中心说",也就是"近取诸身,远取诸物",人们认识事物总是以人自己的身体为认知的基本参照点,用自己来认识周围的事物,再进一步引申到其他抽象的概念。先认识人体本身然后用自己的身体来指代物体的类似部分,再指代抽象部分。人类的认知顺序就是,由近及远、由实体到非实体、由具体到抽象。

身体词的类型学研究最早的有 Buck(1949: 220),他注意到在印欧语里有相当多的语言用同一个词表示"jaw"(下颌)、"cheek"(面颊)和"chin"(下巴)。他认为这并不奇怪,因为"下巴"(chin)是"下颌"(jaw)是很显眼的部分,而"面颊"(cheek)对应的部分是内部下颌的外在部分。"下颌"(jaw)外在可见的部分实际上是"下巴"(chin)和"面颊"(cheek)。比如英语 cheek 就是来自古英语 cēace(jaw)。

Andersen(1978)讨论了身体部位词命名时的蕴含共性:"任何语言都有不同的术语表示躯干、头、胳膊、眼睛、鼻子和嘴;如果有专门术语表示脚,就有专门术语表示手;同样,如果有专门术语表示各脚趾,就有专门术语表示各手指。"后来有研究者发现这些特点大多只是趋势而已,并非真正的普遍性。

Matisoff(1978)详细地比较了藏缅语里身体词的语义发展变化。Matisoff(1978: 146)是受了生物学对语言学的影响而选择了"有机的语义比较"(organic semantic approach)的方法,他认为一种语言的词语就像有机体的细胞,同时产生很多不同的功能,这些功能对它们邻近的部位产生影响并被邻近的部位影响(在它们的"有机的空间里",包括它们直接邻近的部位和那些较远的间接部位两方面)。Schleicher(1873: 7)认为:"语言是自然有机体,其产生不以人们的意志为转移;语言根据确定的规律成长起来,不断发展,逐渐衰老,最终走向死亡。我们通常称为'生命'的一系列现象,也见于语言之中。"Matisoff(1978: 151)研究了历时角度语义联系的跨语言分类,包括这个变化是否在语义场内部(intra-field)或语义场外部(inter-field)。语义场外部的语义转移:例如,"胃"转移到"洞穴"。首先他分析了藏缅语系中身体词的语义场和语义系统。人类的身体结构是完全一致的。身体词的数量不仅仅众多,同时也以相互交叉的系统和子系统联系在一起。例如,它们可以按骨骼的、肌肉的、神经的、血液循环的、呼吸的、消化的、淋巴的、内分泌的、生殖的进行分类。不同语言的人可能只认识这个系统中很小的一部分,因此身体词的各种异类分类都是存在的,所以不同的语言会用不同的词来建构身体部位名词。还因为身体词有不同的形状、颜色和结构,不同语言会根据这些因素进行分类。

Brown（1979: 264）认为部分代整体，或整体代部分，被称为借代，都是很常见的命名行为模式。例如"脚"与"腿和脚"用同一个词来标记；"手"与"手和胳膊"用同一个词标记。另外容器和容器内的东西用一个词表示。例如31种马来语里，"屎"都是来自一个原始马来语言的词"肚子"。

Wilkins（1996: 273）收集了印欧语、班图语、藏缅语和德拉威语的语料，应用Matisoff的观点证实了以下内容。

1）"身体词的外显部位词"（visible person-parts）逐渐发展出"身体词的外显整体词"（visible whole）的含义，如"臀（thigh）""小腿（shin/calf）""脚（foot）"都可以发展出"腿（leg）"的含义。从这些语料中没有发现相反的语义发展方向，比如"肚脐"（navel）→"肚子"（belly）→"躯干"（trunk）→"身体"（body）→"人"（person），再比如"fingermail"→"finger"→"hand"。

2）用一个身体部位词来指另一个空间上相邻的身体部位词。如"肚子"（belly）→"胸"（chest）；"头颅"（skull）→"大脑"（brain）。

3）腰提供了一条中间线，上体的身体词可以用来指下体的身体词。如"肘部"（elbow）→"膝盖"（knee）。

4）动物身体词用来指人的身体词。如"（动物的）鼻子"（snout）→"鼻子"（nose）；"鸟嘴"（beak）→"脸"（face）。

5）某个身体部位词表示的动词可以用来指这个身体部位词。如"走"（walk）→"腿"（leg）；"抓"（hold）→"手"（hand）。

这5个趋势在Wilkins调查的语言里有50%都得到了证实。这种语义间的转化主要是通过转喻和隐喻来实现的。

表5-4 身体词的语义场内部和语义场外部的变化

语义场外部	语义场内部	语义场内部	语义场外部
转喻变化	转喻变化	隐喻变化	转喻变化
"皮肤"—"身体"	"闻"—"鼻子"	"矛"—"阴茎"	"肛门"—"嘴"

国内，黄树先（2012）的专著《汉语身体词探索》和《比较词义探索》，采用了藏缅语和汉语方言的材料来研究身体词的语义发展，实际也是类型学角度的研究。

5.3.1 身体

Heine（2012: 73）发现在很多语言中"身体"这个词可以成为：①加强反身词；②中动态；③相互词；④反身词。非洲语中表示"身体"的名词可能是反身标记的最常见来源。

时兵（2009: 26）指出由表"身体""头"义的名词虚化为动物量词具有普遍性，在诸多量词型语言中都有此类现象，例如下面列举的动物量词都源自名词"身体"，名量完全同形的有缅甸语的 kaùñ、景颇语的 khum、Mal 语的 naŋ、赛利希语（Halkomelem Salish）的 iws 等。作者认为导致上述语法化现象（表"身体"或"身体姿势"义的名词、动词＞动物量词）发生的一个重要认知因素就是动物形体特征的凸显性，特别是从人的视角而言。

5.3.2 头

Heine（2012: 227）总结了"头"最常见的语义演变轨迹：①"头"（身体部位）＞"前面"；②"头"（身体部位）＞加强反身词；③"头"（身体部位）＞中动态；④"头"（身体部位）＞反身词；⑤"头"（身体部位）＞"（向）上"。Heine 认为世界语言中"头"是"（向）上"（up）标记的最常见来源；同时在很多语言里"头"的语义演变为"前面"（front）。Heine（1997: 126）调查了 46 种非洲语言中名词"头"向空间语法化的情况，其中 6 种语言的名词"头"演变为空间标记"前面"（front）。"头"可作为"人头的，人的"，例如在英语中 per head（每人）；另外"头"可表"首领"，例如德语和印尼语（Siahaan, 2011）、土耳其语（Aksan & Mersinli, 2011）都有此含义。Kraska-Szlenk（2014: 36）总结"头"的语义演变路径为："头"＞"顶部，思想的容器"＞"智慧，重要的人"。

黄树先（2012b: 202）发现"头"可以发展出以下语义："头"与"碗类器皿"（汉语，英语，法语）；"头"与"果实"（汉语，俄语，英语，葡萄牙语）；"头"与"天"（汉语，英语）；"头"与"头发"（汉语，英语，法语，韩语，日语）；"头"与"首领"（汉语，印尼语，德语，法语，韩语）；"头"与"脑"（汉语，印尼语，英语）。

时兵（2009）指出表身体词的"头"含义的名词虚化为动物量词具有普遍性，

103

也是个较为普遍的现象，如高棉语（Khmer）的 kbaal，巴拿语[1]（Bahnar）的 kəl，Chrau[2] 的 vôq，朝鲜语的 mali，哈萨克语的 bas，维吾尔语的 baʃ，乌兹别克语的 bʌʃ 等。

Evseeva & Salaberri（2018）发现使用"头"作为反身词的语言比以前更多。同时在三个不相关的语言群体（巴斯克语、Berber 柏柏尔语和 Kartvelian 卡尔特维尔语）中，表示"头"的名词历时演变为反身标记，而且"头"作为反身词还会在共时和历时上与次级反身化策略相互作用，比如去及物化。结果表明，区域因素对"头"作反身词的出现有相当大的影响，还表明所分析的语言中没有一种反映了文献中提出的所有语法化阶段。因此，有人认为语法化阶段是可选的，形式变化和语义变化之间的相关性不是强制性的。

人们对空间的认知是从人自身开始的，沿着由近及远的方向，直到陌生的领域。头在身体的最上方，因此在身体部位中占有很重要的位置，在语义进行隐喻的过程中，可以指其他事物的最高处、事物的端点。空间位置的"头"还可以投射到时间域，表示"先到的，早到的"。

5.3.3 眼睛

Matisoff（1978: 161）认为眼睛是"我们感官里最高级的、最智慧的器官"（our highest, most intellectual organ of sense）。这与 Viberg（1983）对感知词的研究结果是一致的：视觉是最高级的。

帕默尔（1983: 124）认为"眼"在很多语言里都是表示复合词"窗户"的组成部分。如英语 window（窗户），字面的含义就是"通风眼"；哥特语 auga-dauro 的意思是"眼门"；盎格鲁—撒克逊语 egpyrel 的意思是"眼孔"；梵语 gavaksa 的意思是"牛眼"；俄语 okno 的词根与拉丁语 oculus（小眼睛）相关。

Aikhenvald（2013: 30）认为"眼睛"可能还有进攻和性欲这些言外之意。如在 Kayardild 语里 miburmuthanda 意思是"好色之徒"，字面含义是"眼睛—过度的"（eye-excessive）；ngarrkwamiburlda 意思是"厚颜无耻的"，字面含义是"有力的眼"（strong/hard eye）。在 Dyirbal 语里有两种方式表达"嫉妒"：女人用"eye-sit"，字面意思是"眼睛—位于"；男人用"eye-burn"，字面意思是"眼睛—燃烧"。在

---

[1] 巴拿语是越南巴拿族的语言，属于南亚语系孟—高棉语族巴拿语支。
[2] Chrau 是巴拿语的一种，持该语言者居住在越南南部。

中国广西毛南族（Maonan）里"眼"与负面的状态相联系，"眼红"（eye red）的意思是"嫉妒"；"眼白"（eye white）的意思是"憎恨"。

还有一些身体部位的语义联系可能只限于某个特定的区域语言中，这个需要在更大的语料中去检验。Evans（1992: 479）提到了澳大利亚词汇系统特点：用提喻（synecdoche）[1]，用身体最突出的一部分为动物或植物命名。"眼"可以表示任何点状的实体，如"星星""井""地上的小孔"和"子弹"。

Heine（2012: 171）总结了"眼睛"的语义演变：①眼（身体部位）＞"在……之前"；②眼（身体部位）＞前面。Heine 认为某些身体部位词由于蕴含相对位置义，首先形成表达直指方所的结构平台，然后可能进一步发展为时间直指成分。

Koch（2008）使用历史的认知的称名学方法来研究 24 种语言[2]中的"眼睛"及与眼睛相关的概念"睫毛"（eyelash）、"眉毛"（eyebrow）、"眼皮"（eyelid）。他强调凸显（salience）的作用，尽管身体词的范畴划分不一致，但所有的语言对这 4 个身体词都有独立的命名。Koch 在讨论语言变化时认为有一些恒定的认知因子，从中可以总结不断复现的命名策略。比如印尼语 bulu mata（睫毛）字面含义为"毛发（bulu）眼睛（mata）"，是通过"分类的主从关系"（taxonomic subordination）来命名的。另外一些语言是通过与一个毛状的物体的相似性来表达"睫毛"，比如斯瓦希利语（Swahili）里的 ukope（睫毛）意思是"蜡烛心烧过的一端"（burnt end of a wick）。在很多语言里还用一个复合词表达"睫毛"，比如用一个修饰词＋"眼睛"。"眼皮"和"眉毛"的命名策略是："眼肉／皮"（eye flesh/skin）（分类的主从关系）通过"眼＋盖（lid）"（隐喻的相似性）表达"眼皮"；"眉毛"（分类的主从关系）用"眼边缘／穗子"（eye edge/fringe）（隐喻的相似性）表达眉毛。又比如英语中的 eyelash，瑞典语中的 ögonfrans（睫毛）就是 öga（眼睛）＋ frans（"加穗于"）组合而成。而"眼球"的表达基本是基于隐喻的相似性，如"眼球／苹果／水果／坚果"。Mihatsch & Dvorák（2004）总结的是这些不同的选择在于一定程度地依赖名词语法

---

[1] 提喻（synecdoche），是用局部代表整体或用整体代表局部的修辞手段。
[2] 加泰隆语（Catalan），Engadinian，古法语（Old French），当代法语（Modern French），弗留利语（Friulian，意大利东北部的一种方言），加利西亚语（Galician），意大利语（Italian），拉登语（Ladin，意大利北部多洛米蒂山区一种方言），欧西坦语（Occitan，法国南部一种方言），葡萄牙语（Portuguese），罗马尼亚语（Romanian），撒丁语言（Sardinian, Campidanian），撒丁语言（Sardinian, Logudorian），西班牙语（Spanish），等等。

属性。例如名词对数在强制标记的语言里，一般选择隐喻的相似性；而这些对数没有在强制标记的语言中，（如汉语，特兹尔托语，日语）往往选择的是分类的主从关系。在身体词命名时选择用隐喻的相似性是对比较的实体的形状比较敏感的时候；选择分类的主从关系是对物质本身比较敏感的时候。

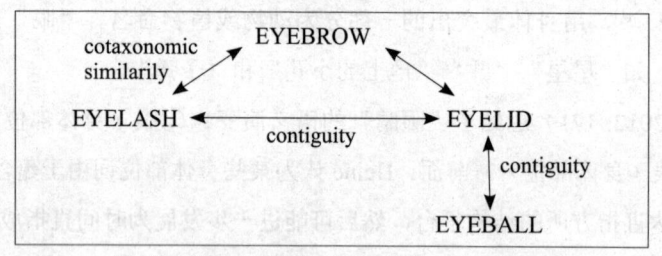

```
          cotaxonomic    EYEBROW
          similarily   ↗        ↘
          EYELASH ←——————————→ EYELID
                    contiguity      ↕ contiguity
                                 EYEBALL
```

图 5-1　与眼睛有关的词的命名的转移类型（Koch, 2008: 124）

在图 5-1 中，"眉毛"和"睫毛"是因为属于同种分类项的相似性而产生概念的转移；"眉毛"和"眼皮"、"睫毛"和"眼皮"、"眼球"和"眼皮"都是因为位置的相邻而产生的概念的转移。

Brown & Witkowski（1981: 76）调查了 118 种非亲属语和地理上非连接的语言，发现在多义词命名和词汇变化中的一致趋势。49 种语言（42% 的样本）中，"眼"和"脸"有关系，其中 25 种语言的"眼"和"脸"有共词化的现象，另外 24 种语言用与"眼睛"相关的复合词来表示"脸"，例如 Mayo 语里"眼"＋未知成分＝"脸"。特里基语（Trique）[1] 里"脸上的蚕豆"＝"眼睛"。Brunka 语里"脸上的种子"＝"眼睛"。在这 24 种语言里有 8 种语言是将"眼睛"与"嘴"或"鼻子"结合并构成复合词，如 Eddystone 语、Yareba 语、Chrau 语、Katu 语、Sedang 语"鼻子"＋"眼睛"＝"脸"。Tifal 语"眼睛"＋"鼻子"＝"脸"。很有意思的是在这 118 种语言里没有用"鼻子"和"嘴巴"的复合词来表示"脸"，也没有"鼻子/脸""嘴巴/脸"这样的共词化。"眼"是凸显的，人们经常将"眼"的含义扩展到不太凸显的"脸"，反之则不然；"眼"经常是单一的词，无标记的，"脸"则可能是"眼"的派生词或由"眼"构成的复合词。无标记词比标记词的使用频率更高，在音位和形态上更简单。在一种语言中，无标记的词位很可能在大多数语言里都是无标记的。在南部墨西哥和危地马拉的玛雅语里，"眼睛/脸/水果" 3 个词是同义词。118 种语言的 6 种语言里"眼睛"和"种子"

---

[1] 特里基语（Trique）是墨西哥语的一种。

是多义词，占5%。118种语言的4种语言里"眼睛"和"水果"是多义词。比如"眼"对于"脸"、"种子"和"水果"来说更容易是无标记的。"眼"对"脸"相当于"中心"对"边界"或"人物"（figure）对"背景"（ground）。

Andersen（1978: 359）发现在 Tarascan 语[1]、桑哥语（Sango）[2]、Huastec 语[3] 和很多玛雅语言里"眼"和"脸"都出现共词化，原因是它们形状上的相似和空间上的相邻。在希腊语里，prosōpo"脸"，字面含义是"在眼睛前面"，pro 是"在……之前"，ōpa 是"眼睛"。在哥特语（Gothic）里 andangi"脸"，字面意思是"沿着眼睛"，angò 是"眼睛"。

Kraska-Szlenk（2014: 206）提出，很多语言里有"亲爱的人是眼睛"（dear person is eye）的表达，如波兰语，斯瓦希里语（Swahili），波斯语，当代阿拉伯语，土耳其语，泰米尔语（Tamil）[4]。

"眼睛"从外形上看是"圆形"，从功能上看是"可视"，构成了"眼睛"语义扩散的基础。"眼睛"的语义联系："眼"与"球体"；"眼"与"洞、孔、圆点"；"眼"与"中心"。

如何解释这种语义扩展的一致性？多义词的发展是语言把新的所指重新编码，改变了现存的编码。这就会导致一个所指和另一个所指会用一个词位。例如"眼睛"与"脸"实际就是部分和整体的关系。多义词的扩展经常用一个高度凸显的词来指一个不太凸显的词。高度凸显的词经常是无标记的，形式上简单。因此，演变的方向是从高凸显的到不太凸显的，从无标记的到标记的，而不会相反。

5.3.4 瞳

最早对"瞳"进行跨语言研究的是意大利语言学家 Tagliavini（1949），他发现很多印欧语和非印欧语里表示"瞳"都是用尺寸上很小的人或物来比喻，比如"婴儿"，"男孩"，"女孩"，"洋娃娃"等。

Brown & Witkowski（1981）调查了118种语言，发现有25种语言用"眼睛里的

---

[1] Tarascan 语是墨西哥境内的一种语言。
[2] 桑哥语（Sango）是中非共和国的主要语言。
[3] Huastec 是墨西哥玛雅语的一种。
[4] 泰米尔语（Tamil）属达罗毗荼语系，通行于印度南部、斯里兰卡东北部。它是泰米尔纳德邦和本地治里的官方语言。

人、小孩、娃娃"等表示"瞳仁"。

表 5-5 "瞳"在不同语言里的表达（Brown & Witkowski, 1981: 599）

	语言	表达"瞳"
1	琼塔尔语 Tequistlatec	"眼睛里的小人"＝瞳仁
2	萨巴特克语 Zapotecan	"眼睛里的洋娃娃"＝瞳仁
3	Mixe	"眼睛里的人"＝瞳仁
4	特兹尔托语 Tzeltal	"眼睛里的婴儿"＝瞳仁
5	托托纳克语 Totonac	"眼睛里的圣人"＝瞳仁
6	盖丘亚语 Quechua	"眼睛里的天使"＝瞳仁
7	夏威夷语 Hawaiian	"眼睛里的雕像或洋娃娃"＝瞳仁
8	努库奥罗环礁语 Nukuoro	"小鬼"＝瞳仁
9	安布里姆语 Ambryn	"眼睛里的孩子"＝瞳仁
10	斐济语 Fijian	"精神主宰"＝瞳仁
11	雅浦语 Yapese	"孩子"＝瞳仁
12	比考尔语 Bikol	"眼睛里的人"＝瞳仁
13	马来诺语 Maranao	"眼睛里的人"＝瞳仁
14	Tiruray	"眼睛里的洋娃娃"＝瞳仁
15	泰语 Thai	"眼睛里的黑色孩子"＝瞳仁
16	土耳其语 Turkish	"眼睛里的婴儿或洋娃娃"＝瞳仁
17	拉丁语 Latin	"孤儿，女孩"＝瞳仁
18	葡萄牙语 Portuguese	"眼睛里的小女孩"＝瞳仁
19	西班牙语 Spanish	"眼睛里的小女孩"＝瞳仁
20	康沃尔人说的凯尔特语 Cornish	"眼睛里的儿子"＝瞳仁
21	爱尔兰语 Irish	"眼睛里的儿子"＝瞳仁
22	英语 English	"眼睛里的年轻学生"＝瞳仁
23	亚美尼亚人 Armenian	"儿子，小孩"＝瞳仁
24	埃菲克语 Efik	"眼睛里的孩子"＝瞳仁
25	Dyola	"眼睛里的黑暗父亲"＝瞳仁

其他语言对"瞳仁"的表达还有阿姆哈拉语（Amharic）[1]"眼睛里的铁石"（iron

---

[1] 阿姆哈拉语（Amharic）在埃塞俄比亚使用的闪语的一种。

ore of the eye），马绍尔语（Marshallese）[1]"眼睛里的星星"（star of the eye），威尔士语"眼睛里的蜡烛"（candle of the eye），匈牙利语"眼睛里的甲壳虫"（beetle of the eye），毛利语（Maori）[2]"眼睛里的冰雹"（hailstone of the eye）。Majid（2006: 245）发现在旁遮普语（Punjabi）里"瞳"也跟马绍尔语（Marshallese）一样，表达为 əkkh da tara "眼睛—它的—星星"。

Brown & Witkowski（1981）调查了 118 种语言，发现有 11 种语言用"种子"等表示"瞳仁"。

表 5-6　"瞳仁"与"种子"（Brown & Witkowski, 1981: 600）

	语言	表达"瞳仁"
1	Biloxi	"眼睛里的黑色种子"＝瞳仁
2	Dakota	"眼睛里的苹果种子"＝瞳仁
3	Choctaw	"眼睛里的种子"＝瞳仁
4	Chatino	"眼睛里的种子"＝瞳仁
5	Brunka	"眼睛里的种子"＝瞳仁
6	Colorado	"眼睛里的种子"＝瞳仁
7	Huitoto Muinane	"眼睛里的种子"＝瞳仁
8	Chrau	"眼睛里的种子"＝瞳仁
9	White Meo	"眼睛里的核"＝瞳仁
10	Latvian	"眼睛里的橡子"＝瞳仁
11	Zulu	"眼睛里的干果仁或深坑"＝瞳仁

Heine（2012: 171）发现"眼"有这样的语义发展过程：①在……之前；②前面。Heine 认为这个演变路径是：某些具体名词语法化形成空间标记，空间标记进一步形成时间标记。

5.3.5　耳朵

Heine（2012: 161）认为："耳朵"（身体部位）＞方所格。这表明某些身体部位名词由于蕴含相对位置义，形成表达直指方所的结构平台。

黄树先（2012b: 211）发现"耳"与以下的语义有关联：①"耳"与"听"（汉语，

---

[1] 马绍尔语（Marshallese）是马绍尔群岛所使用的一种马来—波利尼西亚语言。
[2] 毛利语（Maori）是新西兰原住民毛利人的语言。

印尼语，英语，塞尔维亚—克罗地亚语，景颇语）。②"耳"与"木耳"（汉语，印尼语，英语，日语）。③"耳"与"刵"（汉语，葡萄牙语）。

Evans（1992: 479）认为"耳朵"可以表示智商和理解，比如"坏耳朵"/"没耳朵"="疯狂"。

Gaby（2008: 29）提出在库塔语（Kuuk Thaayorre）里，"耳朵"被认为是"理解力"的处所。kaal 的意思是"耳朵，理解力"。理解力的多少与耳朵的大小有关，如 kaal piinth"注意"，字面意思是"耳朵增长"；kaal piinth ngeey"仔细听"，字面意思是"耳朵强有力地听"。

5.3.6　鼻子

鼻子位于脸部向前最凸出的位置，俄语用"鼻"来表示运动物体的前部，英语中 nose-dive（股票市场的股票等猛跌）是根据"鼻"的位置命名的。根据"鼻"的形状命名的有 nosecone（火箭或导弹的头部，箭锥体），nosewheel（前轮），the nose of a missile（导弹头部），projectile nose（弹头）。汉语中有根据鼻子的位置和形状形成的隐喻，如："门鼻""针鼻""锁鼻""扣鼻"；还有根据鼻子的功能形成的隐喻，如：说某人的嗅觉比较灵敏用"鼻子尖"，说某人信息知道得较快用"鼻子长"等。"鼻"还可以代表人行进的方向，如：俄语 водить за нос（牵着鼻子走），держать нос по ветру（见风使舵），воротиь нос（扭脸，不理睬）；汉语"仰人鼻息"，"被人牵着鼻子走"。

黄树先（2012b: 220）发现了鼻子与以下词有语义联系：①"鼻子"与"鼻涕"（语料来自汉语中的中原官话、兰银官话、胶辽官话、晋语、吴语、赣语、客家话、粤语、闽语、藏缅语、西部苗语）。②"鼻子"与"鼻状物"（汉语，印尼语）。③"鼻子"与"脸"（藏文，侗台语，印尼语，法语，葡萄牙语）。④"鼻"与"嗅"（汉语，英语，法语，捷克语）。⑤"鼻"与"息"（汉语，葡萄牙语）。⑥"鼻子"与"打鼾，睡觉"（汉语，英语，葡萄牙语）。⑦"鼻子"与"擤鼻涕"（藏文，德语）。⑧"鼻子"与"割鼻子"（汉语，法语）。⑨"鼻子"与"桥梁"（汉语，英语）。⑩"鼻子"与"马鞍"（汉语，德语，英语，西班牙语）。

5.3.7　脸

脸是人身体部位中最清晰、最凸显的一部分，显示人们的喜怒哀乐。Heine

（2012：174）发现"脸"有下面的语义发展：①脸＞前面；②脸＞向上。在49种大洋洲语言里的名词"脸"有演变为"前面（front）"标记的倾向。125种非洲语言和104种大洋洲语言里，有2种非洲语言和6种大洋洲语言的方所标记"（向）上"源于意义为"脸"的名词。

Enfield（2001：155）指出，老挝语里naa或者baj-naa（baj的意思是"树叶"，作为数量词的classifier指扁平的可手拿的东西）表示"脸"。naa还有其他的一些语义功能，比如表示地点标记"前面/在……前面"，时间标记"接下来的"。蒂多雷语（Tidore）里gai"脸"既表示身体词也表示"在……前面"，toma mina mi-gai（字面意思"在她脸上"）就会有两种意思，一个是"在她脸上"，另一个是"在她前面"（Staden，2006：327）。伍铁平（1987：65）发现有些语言也用人体的两种器官的名称喻指人体某个部位的名称。如苏联高加索的奥塞梯语的coesgom（面孔）是由coest（眼睛）和kom（嘴）构成的，苏联高加索东部的阿瓦尔语的berkal（面孔）是由ber（眼睛）和kla（嘴）复合而成的。萨沃萨沃语里"脸"是nitonyolo，是一个复合词，由nito"眼睛"和nyoko"鼻子"构成（Wegener，2006：346）。

因为"脸"能够显现最细微的情感反应，能够传递人们内在的情感，所以在"脸"和人的内在感情之间就产生了转喻（Vainik，2011；Yu，2001），比如在爱沙尼亚语（Estonian）中（Vainik，2011：54—55）"脸"和情感的联系如下。

1）nasty vales minema 直译为"脸变白了"，意思是"害怕"。

2）puna tõuseb palgesse（redness is rushing to the face）直译为"红色冲上了脸"，意思是"羞愧"。

3）näost hall olema 直译为"脸是灰色的"，意思是"关心"。

4）pikka nägu tegema（to draw a long face）直译为"拉着长脸"，意思是"失望"。

5）nägu krimpsutama（to make a wry face）直译为"歪斜的脸"，意思是"厌恶"。

6）nägu särab（the face is shining）直译为"脸在发亮"，意思是"幸福"。

中文里（Yu，2002：344），脸红指"羞愧"，红脸指"生气"，绷脸指"不高兴"，脸热指"羞愧"，等等。英语中"red face"（红脸）指"耻辱或愤怒"，"white face"（白脸）指"害怕"。

Hollenbach（1995：174）总结了Mextecan里"脸"的语义变化："前面"（front of），"顶部"（top），"在……前面"（in front of），"在……顶部"（on top of）,"在……面前"（in the presence of）,"代替,取代"（in place of）,"比"（than）,"地点"（place）,"时间"（time）,"当……时候"（when）,"如果"（if）。Hollenbach 总结：一般的语义变化路径是从具体到抽象。通过隐喻和借喻而产生的语义变化：①身体词→物体的一部分→凸出的空间。②空间→时间→逻辑蕴含。③空间→逻辑蕴含。通过重新分析和泛化（generalization）而产生的句法变化：名词→介词→连词。

在哈尔魁梅林语（Halkomelem）里（Gerdts & Hinkson, 2004: 235），①"脸"经常作为一个后缀"-as"，跟在其他词后面表示方位和方向,如 təh = as（təh"这"）"朝这个方向"，x̌ʷtaʔ= əs-əm（x̌ʷtaʔ"向"）"面朝"。②后缀"-as"可以代指整个人，这是部分指代整体。例 ʔiy=əs（ʔəy̓"好的"）"开心的"，qil = əs（qəl"糟糕的"）"伤心的"，tʷə́lq=əs"轻浮的人"。英语、汉语也可以这样转指,比如英语的"new faces"（新面孔,新人），汉语的"新面孔"。

国内目前只是对脸的语义研究进行对比研究,如张建理（2003）对比英汉"face"和"脸""面"发现,这些词为基本人体词,因此使用频率高。英汉的派生方式都是呈现辐射和连锁的综合类型。英汉引申词义在反映人类的基本认知方面基本相同,而在进一步引申反映较复杂的人际关系认知方面,汉语相应词的义项比英语使用频率高且复杂。文旭、吴淑琼（2007）分析了英汉"脸、面"词汇的隐喻认知特点,英汉"脸、面"都可以映射到方位域、情感域、社会关系域；同时方位域可以映射到"脸、面"；颜色域可以映射到"脸、面"等。文中还提到了"脸、面"映射到动作域,如："面壁、面对、面向、面临"；英文里 face south（朝南）, face up to（勇敢面对）等。向二兰（2007）分析和探究了汉语里"脸"所衍生的隐喻概念,指出"脸"可以指：①情绪；②性格；③身份、地位、体面、尊荣等。谢慧珍（2011）比较了汉英"脸面"义类词汇的隐喻相似性,总结了6条相似性：①容器化隐喻；②工具化隐喻；③处所化隐喻；④指情绪；⑤指性格；⑥指社会关系。黄树先（2012）发现"脸"和"鼻""口"都有语义上的联系。

5.3.8　口（mouth）

Enfield（2001: 157）提出,老挝语里 paak 翻译成"嘴",它本来用作指唇和嘴外面的部分。

Heine（2012: 290）发现"嘴"（身体部位）可以发展出"前面"的含义。

可以找到的比较早的研究是伍铁平对"口"和"河口"的研究。俄语 ycTa（口）＞ycT（河口）；法语 bouche（口）＞ embouchure（江河的口）；德语 Mund（口）＞ Mundüng（河口）；丹麦语 mund（口）＞ munding（河口）；瑞典语 mun（口）＞ mynning（河口）。另外，英语的 mouth、荷兰语的 mond、意大利语的 bocca、土耳其语的 ağiz 兼有"口"和"河口"两层含义。

1)"口"可指像嘴巴（口）的事物。

英语 jaw（颚），复数形式可指"口"，引申为"山谷、水道等之狭窄入口"。德语 Mund 指"口，嘴，嘴巴；洞口"。荷兰语 bek 指"鸟嘴，喙；（动物的）嘴；（人的）嘴；喷嘴，喷口；钳口"。荷兰语 muil 指"（动物的）嘴，口；入口，孔，门"。法语 bouche 指"嘴，口；入口，孔，穴；（江、河、海峡）口"。西班牙语 boea 指"嘴，口；出入口；窟窿"。

2)"嘴"和"脸"。

法语 bouehe（嘴）起源于拉丁文 bucca（面颊）。德语 Fresse 指"嘴巴；脸，面孔"。法语 gueule 指"（动物、鱼的）嘴；（人的）口；脸"。西班牙语 hoeieo 指"（牲畜、兽类的）嘴巴；人的嘴；脸"。

3) 嘴和鼻子。

英语中 snout 的含义为"鼻子；猪嘴；烟草；鼻口部；口吻状物"。Beak 的含义为"鸟嘴；鹰钩鼻子"。Muzzle 的含义为"动物的鼻口"。

黄树先（2012b: 225）发现"口"可以发展出以下语义：①"口"与"脸"（汉语，藏文，印尼语，泰语，缅语，法语，捷克语）。②"口"与"口子"（汉语，英语，法语，印尼语，西班牙语）。③"口"与"语言"（汉语，印尼语，英语，法语）。

5.3.9 舌头

很多语言都用"舌头"表示"语言"，如拉丁语的 lingua，希腊语的 glôssa，印地语的 zaban，英语的 tongue，丹麦语的 tunge，西班牙语的 lengua，意大利语的 lingua，法语的 langue，捷克语的 jazyk，芬兰语的 kieli，匈牙利语的 nyelv，土耳其语的 dil，哈萨克语的 til，汉语的"舌"，越南语的 thiêt（舌）和 thiet chen（舌战）。

黄树先（2012b: 232）发现"舌"与以下语义有联系：①"舌"与"板"（汉语，

英语）；②"舌"与"舔"（汉语，英语，德语）；③"舌"与"语言"（汉语，拉丁语，印尼语，英语，葡萄牙语，俄语，塔吉克语）。

5.3.10 牙

赵德学（2011）发现"牙"可以发展出以下语义："牙齿"与"年龄"；"牙齿"与"口味"；"牙齿"与"言语"；"牙齿"与"情感"。如英语的 bare its teeth，对应汉语的"龇牙咧嘴"，表示凶残；grind one's teeth，对应汉语的"咬牙切齿"，表示痛恨；"grit one's teeth"，指"咬紧牙关"，表示愤怒；have teeth，指"具有强大威力，有杀伤力"。

黄树先（2012b: 230）发现"牙"可以发展出以下语义：①"牙"与"咬"（汉语，印尼语，英语）。②"牙"与"芽"（汉语，葡萄牙语，西部苗语）。

5.3.11 手指、手和胳膊

Majid（2006, 2010）和他的同事们调查了跨语言的身体部位词指称意义的变异。他们发现语言对于身体上什么部位被挑出来命名是不同的。例如，荷兰和日本都有单独的词表达"手"和"手臂"。然而，当被调查者在身体图上画一条线表示本国语里的"手臂"时，一半说荷兰语的人把手画进去了，但日本人画的线不太可能包括手。相比之下，当被要求标记"手"时，荷兰人总是从指尖标到手腕，而日本人将标记扩展到了肘部，甚至到了肩膀。

Devylder et al.（2020）调查了法语、日语、印尼语对于上肢的命名，发现法语和日语使用相同类型的命名系统来指代上肢，其特点是：①缺少整个上肢的通用术语；②存在两个不同的术语，它们在语义上是连续的，并且在层级上彼此独立；③遵守"腕关节边界规则"：这两个不同术语的语义扩展并不超出由手掌和腕关节构成的人体区域之外。印度尼西亚人对上肢使用一种独特的命名系统，其特点是：①整个上肢有一个通称；②缺少两个在语义上连续且在层级上相互独立的不同术语；③违反了"腕关节边界规则"：上肢术语的语义扩展超出手掌和腕关节以外。同时这三种语言都遵守"肩关节边界规则"：法语、印尼语和日语没有一个通用的上肢术语，该术语延伸到由锁骨、颈阔肌和三角肌（即肩关节）构成的上肢区域。总之，在有限的语言样本中，研究者同时发现上肢身体部位命名系统的多样性和跨语言共享模式。

5.3.11.1 手指和手

Heine（2012: 224）指出：①"手"（身体部位）＞施事；②"手"（身体部位）＞"五"；③"手"（身体部位）＞方所格；④"手"（身体部位）＞"有"，领属。

表 5-7 "手"和"手指"相同/不同的表达方式（Brown, 2005a）

表达方式	语言数
一个单个的词同时表示"手"和"手指"。	72 种
一个词表示"手"，另一个用不同的词表示"手指"。	521 种
	共 593 种

如何切分手（从手指到手腕）和手指？表 5-7 显示了语言词汇上如何区分"手指"和"手"的两种主要表达方式的分布。"手"定义为上肢的一部分，从指尖到手腕；"手指"指手的 5 个附属部分。

Andersen（1978: 356）提出在罗马尼亚语里 deget 既表示"手指"又表示"脚趾"，但是如果没有更多语境信息，deget 就指"手指"。也就是"手指"的含义是无标记义。科诺语（Kono）bóó"手，胳膊"，名词＞后置语，领属标记。班巴拉语（Bambara）bólo"手"，名词＞"有"，领属标记。埃维语（Ewe）le ame así me"在某人的手中"＞ le ame así"有"，"拥有"，"领有"。赞德语（Zande）bé"手臂"，"手"＞系动词，领属标记。埃及语 m-ʿ.'i"在手上"＞"拥有"，"掌管"。Heine & Kuteva（2002a: 67）认为这样的例子只在非洲语言中能够找到，认为这可能是只在某些地区发生的语法化过程。这个语法化过程背后似乎有隐喻机制在起作用，即用短语"在……的手上"表达"为……所领有"。

5.3.11.2 手和胳膊

在 Witkowski & Brown（1985）调查的 109 种语言里，55 种语言的"手/胳膊"是多义词，这些语言是：Diegueño [霍卡语（Hoken）的一种]，Tequistlatec（琼塔尔语），Kiowa（基奥瓦语），Luiseño，Mayo（梅奥语），Papago-Pima，Tarascan（塔拉斯坎语），Mixtec（米斯特克语，居住在墨西哥地区的印第安人的语言），Chatino, Zapotec（萨巴特克语），Mixe（索克诸语），Sayula Popoluca（萨尤拉语），Tzelatal, Huave, Totonac（托托纳克语），Cayapa（卡亚帕语），Colorado（科罗拉多语），Quechua（盖丘亚语），Hawaiian（夏威夷语），Maori（毛利语），Nukuoro（努库

115

奥罗语），Ambrym（安布里姆语），Eddystone，Kusaiean，Marshallese（马绍尔语），Mokilese，Woleaian，Yapese（雅浦语），Bontok Igorot（伊果洛特语），Manobo（马诺博语），Palauan（帕劳语），Muyuw，Tifal，Yareba（亚伦语），Chrau，Sedang（色登语），Ahi，Kham（康巴语），Tibetan（藏语），Mandarin Chinese（汉语普通话），Japanese（日语），Mongolian（蒙古语），Finnish（芬兰语），Kotia Oriya，Serbo-Croatian（塞尔维亚—克罗地亚语），Latvian（拉脱维亚语），Irish（爱尔兰语），Armenian（亚美尼亚语），Amharic（阿姆哈拉语），Galla（盖拉语），Congo（刚果语），Kikuyu（基库尤语），Efik（埃菲克语），Ibo（伊博语），Dyola。Witkowski & Brown（1985）仍用文化的视角来解释不同的表达法和纬度之间的关系。大面积穿着衣服的存在负面地影响了上肢同义词的出现。覆盖在胳膊上的衣服的出现极大地提高了胳膊这一部分的区分，使它们用不同的词来标记。因此没有"手"和"手臂"区别的语言分布在赤道附近。但是 Brown 的解释并不令人满意，因为俄罗斯的气候比意大利寒冷，然而俄罗斯用一个词表示"手"和"胳膊"，意大利用两个词。

在最新的更大语料的调查中，Brown（2005a）发现其中 228 种语言用一个词既表示"手"又表示"胳膊"；389 种语言用一个词表达"hand"，另一个不同的词表达"arm"，如表 5-8。这个表显示了不同的语言在词汇上辨认人体上肢的切分主要有两种方式。上肢概念的切分有手"hand"（从手指到手腕）和手臂"arm"（从手指或从手腕到肩膀）。Brown 认为类型 1 多靠近赤道。

表 5-8 "手"和"胳膊"相同/不同的表达方式（Brown, 2005a）

表达方式	语言种类
一个单个的词同时表示"手"和"胳膊"。	228 种
一个词表示"手"，另一个用不同的词表示"胳膊"。	389 种
	共 617 种

5.3.11.3 手、手指和胳膊

Brown（2005a, 2005b）发现还有一些语言用一个词来表示三个指称：手指、手和胳膊。12% 的语言（593 种语言中的 72 种语言）使用相同的词表示手和手指，37% 的语言不区分手和胳膊（617 种语言中的 228 种语言）。Brown 认为没有"手"

和"手指"区别的语言一般都是传统的狩猎采集社会或农耕游牧团体使用，没有"手"和"手臂"区分的语言分布在赤道附近。Brown 是从文化习俗视角进行解释的，但反例是有的，例如俄罗斯的气候比意大利寒冷，但俄罗斯语用同一个词表示"手"和"胳膊"，而意大利语用两个词。

"手"的语义发展：①财产是手；②帮助是手；③工作是手；④能力是手。"手"的语义演变的方向性是：手＞拥有物的工具＞力量＞控制（hand ＞ instrument of "possession" ＞ power ＞ control）。

"手指"的语义发展：①狭长物；②用手指触碰，抚摸；③一指之宽（表示容量，指杯中酒的深度）；④转指整个人，这是部分指代整体。

5.3.12 脚/腿

5.3.12.1 脚和腿

Witkowsk & Brown（1985: 201）调查的 109 种语言中，49 种语言里的"脚/腿"（foot/leg）是多义词。

"脚"和"大腿"（upper legs）是身体上不相连的两部分：脚并不是大腿的一部分，但是大腿是腿的一部分，脚又是腿的一部分，最后大腿和脚产生联系。

产生这种语义联系的原因是什么？Ullmann（1962: 218）认为身体词的命名更多时候是依据空间上的相邻而不是"部分"关系。Bloomfied（1933: 427）认为古英语 cēace 到现代英语 cheek 也是基于相邻的转移，类似的有汉语中的"脚"与"底部"、"脚"与"根"、"脚"与"腿"、"脚"与"行走"及其他动作。

5.3.12.2 脚趾/手指和人

Andersen（1978: 351-352）总结道："在一种语言里如果有一个单独词来命名脚趾，一定会有单独的词来命名手指。反之却并非如此。"表明在语言里手指是非标记的，脚趾是标记的。

Brown & Witkowski（1981: 602）调查了 118 种语言，其中 42 种语言有"脚趾/手指"与"人"的隐喻现象。有趣的是在印欧语言里少有这种隐喻，因为印欧语言倾向于用单个的词而不是复合词来表达不同的手指。

117

表 5-9 "手指/脚趾"与"人"的隐喻（Brown & Witkowski, 1981: 602）

Puget Salish	"老的手指"＝拇指
Biloxi	"老的脚"＝大脚趾，"老的手"＝拇指
Dakota	"手的母亲"＝拇指
Choctaw	"脚的母亲"＝大脚趾，"手的母亲"＝大拇指，"脚"的儿子＝小脚趾，"手的儿子"＝手指
Central Sierra Miwok	"老女人"＝大拇指
Lake Miwok	"老手指"＝大拇指
Wappo	"手的老人"＝大拇指
Diegueño	"脚的父母"＝大脚趾
Yana	"男人的大哥哥"＝大拇指，"男人的小弟弟"＝手指
Shoshoni	"脚的祖父"＝大脚趾，"手的祖父"＝大拇指
Mexicano	"脚的孩子"＝脚趾，"手的孩子"＝手指
Mixe	"脚的孩子"＝脚趾，"手的孩子"＝手指
Zoque	"脚的母亲"＝大脚趾，"手的母亲"＝大拇指，"脚的孩子"＝小脚趾，"手的孩子"＝手指
Huastec	"脚的母亲"＝大脚趾，"手的母亲"＝大拇指
Tzeltal	"脚的母亲"＝大脚趾，"手的母亲"＝大拇指，"脚的婴儿"＝小脚趾，"手的婴儿"＝手指
Huave	"脚的母亲"＝大脚趾，"手的母亲"＝大拇指，"脚的孩子"＝小脚趾，"手的孩子"＝手指
Totonac	"母亲手指"＝大拇指
Cayapa	"孩子脚趾"＝小脚趾，"孩子手指"＝小手指
Ocaina	"脚的孩子"＝小脚趾，"手的孩子"＝手指
Aguaruna	"脚的成人或老人"＝大脚趾，"手的成人或老人"＝大拇指，"脚的小男孩"＝小脚趾
Quechua	"母亲手指"＝大拇指
Maori	"老人父母"＝大脚趾或大拇指
Nukuoro	"脚的父母"＝大脚趾，"父母手指"＝大拇指
Mokilese	"老人手指"＝大拇指
Woleaian	"孩子或婴儿"＝脚趾或手指
Bontok Igorot	"手的父亲"＝手指
Manobo	"母亲"＝大拇指或大脚趾

续表

Maranao	"手的父亲"=大拇指
Tiruray	"腿的母亲"=大脚趾，"胳膊的母亲"=大手指
Tifal	"脚的母亲"=大脚趾，"手的母亲"=大手指
Pintupi	"父亲"=大脚趾或大拇指
Chrau	"孩子手指"=小拇指，"孩子手指"=小拇指
Katu	"手的母亲"=大拇指
Thai	"头母亲手指"=大拇指
Mandarin Chinese	"母亲手指"=大拇指
Japanese	"父母手指"=大拇指
Kotia Oriya	"女性动物手指/脚趾"=大拇指或大脚趾
Amharic	"主要的家庭手指"=大拇指
Kikuyu	"父母手指"=大拇指
Ibo	"脚的首领"=大脚趾，"手的首领"=大拇指，"脚的孩子"=脚趾，"手的孩子"=手指
Yoruba	"脚的孩子"=手指
Mende	"脚的男性"=大脚趾，"手的男性"=大拇指

黄树先（2012b: 252-255）也发现在很多种语言（包括现代汉语、黔东苗文、印尼语、彝语等）里"拇指"与"母"有语义上的联系。

Majid（2015）发现大多数日耳曼语里"脚"的语义扩展非常类似，但弗里斯兰语里"脚"的语义扩展不太一样。foet（脚）从弗里斯兰语里扩展来命名"小腿"和"大腿"。基于对弗里斯兰方言进行详细的调查后发现，这种语义的延伸与弗里斯兰语"腿"的语义转为贬义有关。"腿"主要用于指动物的腿，而不是人的，所以 foet 成为一种中立的表达方式。古斯堪的纳维亚语术语 fōtr 也指整个肢体（Buck, 1949: 242）。同样的，在冰岛，fótur 偶尔用来指小腿和膝盖；fótleggur（腿）是形态上的复合词，由"脚"和原指肢体空心骨一词复合在一起。

Schladt（1997）调查了东非语言发现 18 种语言里有 15 种语言的"脚趾"源自"手指"，且用"脚/腿的手指"（finger of the foot/leg）来表达。

Ahlner（2008: 8）总结了不同语言里命名手指和脚趾的规律。①用不同的词来命名手指和脚趾，如瑞典语 finger 和 tå，芬兰语 sormi 和 varvas，法语 doigt 和 orteil。

119

②用同一个词来命名手指和脚趾，如捷克语 prst，西班牙语 dedo，希伯来语 etzba。
③手指和脚趾源于同一个词根。如玛雅语 aal k'ab 和 aal ook，汉语"手指"和"脚趾"，韩语 son—garak 和 bal—garak，塔加拉族语（Tagalog）daliri sa kamay 和 daliri sa paa。
④一个基本可分的词用来指"手指"，"脚趾"从"手指"派生而来。如 Hausa（豪萨语）yātsǎ 和 yātsǎ kafǎ，马来语 jari 和 jari kaki，匈牙利语 ujj 和 lábujj，Yoruba 语 ika 和 ika esẹ̀，Tamil 语 viral 和 kālviral。

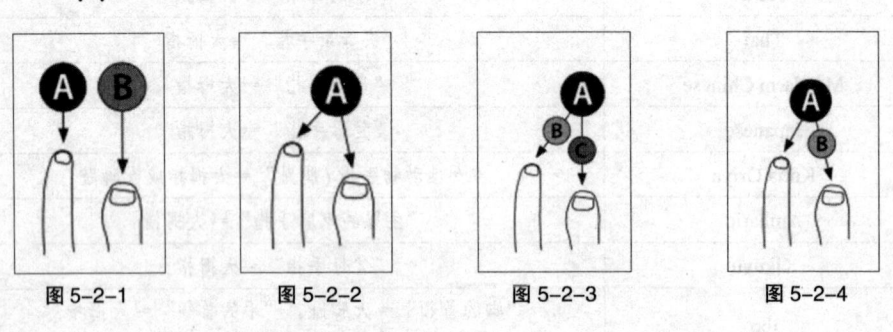

图 5-2-1　　　　图 5-2-2　　　　图 5-2-3　　　　图 5-2-4

5.3.13　皮肤

Urban（2012: 15）发现"皮肤"可以与"皮毛""鱼鳞""羽毛""皮毛"等语义相联系：①人、动植物的表皮和硬壳；②野兽、爬行动物的皮；③鱼鳞；④植物的茎皮。

5.3.14　骨

Schapper（2022）发现世界范围内"骨"与下列词共词化：①"胫"（卡图贾拉语、卡西奥语、瓜亚韦罗语、中部 Tunebo 语和八种大西洋—刚果语）；②"脊柱"（Rumanyo, Upper Chehalis, Maca, Kumyk, Takia）和"背部"（Tabriak, Lau, Walade, Vano, Flinders Island, Kalali, Miminy），"肋骨"（Tuamotuan, Alorese, Kula, Paliu, Bolewa, Mang'an B），"肩胛骨"（Upper Chehalis, Yavitero, Avar）。

5.3.15　背

Heine（2002a:46）发现"背"可以发展出如下含义：①在……之后；②在……后面；③原因；④早些时候；⑤然后；⑥向上（空间）。

Svorou（1994: 74-76）发现"背"作为后部区域标记有 15 种语言，作为顶部区域标记有 3 种语言，作为底部区域标记有 1 种语言。原因是人类可能依据拟人

(anthropomorphic)模型（对应于一个直立的人背部就是后面），也可能依据兽形（zoomorphic）模型（对应于动物四条腿站立背部就是顶部）。"背"是指"人体背部（自颈项至臀部之背后部分）"，人类先认识了自己的身体"背"，然后指物体的类似位置"刀背"，接着获得空间隐喻的含义"背后"，再获得时间隐喻的含义"后"。同时由于"背"朝向的方向与人行走的方向相反，因此获得了"离开、逃避"的隐喻意义；人的背后是人无法察觉的地方，因此"背"又有"私下，暗地里"的隐喻意义。

邹学娥（2011: 91）总结了汉英中作为身体词的"背"的共同语义发展规律：①后面、背面；②违反、违背；③隐瞒；④离开、舍弃；⑤身体不适。

5.3.16 胸

Heine（2012:81）发现"胸"可以发展出"前面"（front）的含义。

5.3.17 臀部

Heine（2012: 81）发现"臀部"可以发展出如下含义：① buttocks＞在……后面；② buttocks＞向下。上古汉语也有这种语义联系："臀"＞"底部"。

5.3.18 心

Heine（2012: 231）指出 heart＞"在……内"（空间），这个演变的例证可以从下列语言中找到：汉语"心"＞"中心"；阿兹特克语言（Aztec）yōllòtli"心"＞"中心"，"在……之内"；阿卡底亚语"心"＞"内部"；伊蒙达语"心"＞"……的中间"。Bowden（1992: 36）发现6种大洋洲语言里名词"心"有演变为"在……内"（in）标记的倾向。

Pérez（2008: 25-44）从类型学角度对5种语言（法语，意大利语，西班牙语，英语和德语）中"心"的隐喻进行了研究，发现在这5种语言中"心"有共同的隐喻义：①"心"是感情的载体："心"是"爱"的居所；"心"是"真诚"；"心"是"担忧"；"心"是"悲哀"；"心"是"欲望"；"心"是"勇气"。②"心"是物质："心"有"物质属性"；"心"有大小；"心"有温度。③"心"是活的器官。④"心"是"心智"的所在地。⑤"心"是"中心"。⑥"心"是"胃"。

Matisoff（1986）是从"比较词汇语义学"（comparative lexical semantics）的角

度来研究东南亚语言和英语中"心"的语义发展。很多年来哲学家们在我们的"心智"（mind）和"身体"（body）之间建立了联系。人们在感受到害怕、愤怒和激动时都会感觉到自己的心跳加速，这个会使人们认为心脏是感情的所在地。很多语言里区分精神上的心病和身体上的心病。例如英语里 heart disease（心脏病）只能指身体上的问题，而 heartsick（字面意思"心病"）却是一个心理概念，指"沮丧的，忧伤的，不高兴的"。汉语里"心脏病"是指身体疾病，"心病"只指心理上的概念"担忧"。拉祜语里 ni-ma nà ve（字面意义"心脏受伤"）只能指"悲痛的，沮丧的"。藏语里 snyiŋ na-ba 和它的名词派生词 snyiŋ-nad 既可以指"心脏病"也可以指"心病"。Matisoff 从 14 种角度来研究"心"的搭配义：①尺寸／形状；②高度；③硬度；④温度；⑤湿度；⑥速度；⑦数量；⑧重量；⑨尖锐；⑩颜色；⑪味道；⑫压缩；⑬距离；⑭道德价值。"心"还可以与"手"组合形成新的含义，如藏语里 blo-gsal-lag-bde（心—亮的—手—灵巧的）"聪明的和熟练的"。缅语里 cit-hran-lak-hran（心—长—手—长）"耐心的"；cit-kôŋ-lak-kôŋ（心—好—手—好）"心智健全的"；cit-ê-lak-ê（心—冷—手—冷）"放松的"；cit: khyâm-sa: lak[51]: khyâm-sa（心—开心的—手—开心的）"幸福的，和平的"。汉语里"心灵手巧"，"心狠手辣"。"心"还可以与"身／肉体"搭配形成新的含义，如藏语 sems-sgyur-lus-sgyur（心—变—身—变）"完全地改变自己"。汉语"心宽体胖"，"心惊肉跳"。缅语 cit-pa-kuiy-rok（心—愿意—身—进入）"完全进入到一个业务中；全身心投入"；cit-puiŋ-kuiy-kûi（心—拥有—身—依靠）"坚定的自信"；cit: khyâm-sa: kuiy: khyâm-sa（心—开心的—身—开心的）"开心的，平和的"。泰语 dii-nya-dii-caj（好—肉体—好—心）"开心的"；tìd-nya-tɔŋ-caj（连接—肉体—抓住—心）"喜欢，着迷"；dyad-nya-rɔɔn-caj（煮沸—肉体—热的—心）"担心的，心烦的"。"心"可以与其他身体词搭配，如泰语 klaj-taa-klaj-caj（远离—眼睛—远离—心）"在……视野之外"；klûm-ʔòg-klûm-caj（沮丧的—胸—沮丧的—心）"担忧的，沮丧的"；kháb-ʔòg-kháb-caj（紧的—胸—紧的—心）"沮丧的，受限的"；dii-ʔòg-dii-caj（好的—胸—好的—心）"开心的"；chyyn-ʔòg-baan-caj（开心的—胸—开花的—心）"开心的"。藏语 snyiŋ（心—骨）"勤奋；坚持"。汉语中就更多了，"心胸"，"心血"，"心头"，"心腹"，"心肠"，"心肝"，"心目"，"心眼儿"等。

Enfield & Wierzbicka（2002）发表了很多有启发性的跨语言研究成果，同时

Sharifian, Dirven, Yu & Niemeier（2008）向建立一个系统跨语言的比较表示"心"的词语描述情绪的作用迈出了一步。

Yu（2008:140）认为汉语里"心"既是情感同时也是认知活动的所在地，总结"心"的语义发展为：①"心"是感情的容器，如"一把火猛然袭上心头，他也火大起来"。②"心"可以引申为其他容器，如"我把环保种子撒播在他的心田里"。③"心"是思想和观点的中心，如"这个问题一直压在他心头"。④"心"是真实自我的所在地，如"她做什么都很细心"。齐振海、覃修桂（2004）将汉语"心"的隐喻分为实体、空间、容器及其他4个认知域。"心"为固态的，可分为动态、易碎、存在、属性、重量、温度、颜色、数量、质量等子域。"心"具有实体属性，可分为好、坏、软、硬等，这些属性反映在"心"上，就有了"好心，坏心，心软，心硬"等意义。"心"为重量实体，因此汉语有"掉以轻心"，英文有"a light heart"（心情轻松）、"a heavy heart"（心情沉重）等。物体具有温度，于是有了"热心，寒心"。物体具有颜色、形状、数量和质量等特点，因此有了"丹心，黑心"等。"心"为液态的分类，"心"为气态的分类，"心"为空间的范畴化，"心"为容器的范畴化，"心"为其他类别的范畴化。

与"心"有关的隐喻一般是根据：①它居中的位置和极端的重要性构成，如：heartland（心脏地带），the heart of the city（城市中心），the heart of a cabbage（卷心菜的卷心），the heart of the matter（事情的实质）。汉语里有"中心""圆心""手心"，并把自己亲爱的人或事物称为"心肝儿"。② Heart 的形状构成，如 purple hearts（紫心片，一种吸毒用品的名称）。衣服的"V"形领子称为"鸡心领"等。③它可以看成人类"思维器官"和"感情"的所在地。④"心"是与"物"相对的"哲学词语"。⑤它可以转指整个人，相当于部分代替整体。如英文"sweetheart"（爱人），中文"甜心"，"心肝"等。波兰语 serce、西班牙语 corazon 都用"心"来表示"爱人"的称呼。

Urban（2022）以424种语言为样本，对身体的三个主要内脏器官即"心脏""肝脏"和"肺"的命名进行了类型学比较研究。虽然共词化模式相对不受约束，但数据显示在复杂的形态学术语上有所倾斜："心脏"和"肝脏"通常在复杂的词语中充当核心名词来表示"肺"，但相反的情况很少。另一个反复出现的现象是，两个器官——有时是"心脏"和"肺"，但更常见的是"肝脏"和"肺"——共享它们的核心名词，并用指代它们最显著特征的修饰语来相互区分，如阿塞拜疆语中 aɣ ʒiyær（白色+

ʒiyær)＝"肺"和 gara-ʒiyær（黑色+ʒiyær）＝"肝脏"。一些语言里如巴尔干半岛、土耳其和高加索地区的语言里，"肺"和"肝"的表达都基于同一词根，但用修饰语来区分，修饰语分别用"白"表示"肺"和用"黑"表示"肝"。

5.3.19 胃（belly）

Heine（2012）发现"胃"可以发展出如下语义：①"在……之内"（空间）。有这种语义扩展的语言包括纳马语（Nama）、豪萨语（Hausa）、莫雷语（Moré）、苏皮儿语（Supyire）、班巴拉语（Bambara）、阿科里语（Acholi）、巴卡语（Baka）。②"在……之内"（时间）。③"洞"。

5.3.20 身体词和无生物

身体词也可以用来表示与身体无关的无生命的物体，主要是因为形状的相似性而产生的概念转移。例如"鼻子"用来指"尖的末端或有尖锐凸面的末端"或"三维深度的凸出物"。"嘴巴"用来指"二维平面的边缘或轮廓"或"三维空间的环"或"孔"。"脖子"指狭长的部分。"耳朵"指"扁平的凸起物"。"头"指"有柔和曲线的凸出物"。"腿"指"相比较而言大的凸出物"。

在蒂多雷语（Tidore）里，身体词都系统地应用到房子、船、家庭关系中。房子和船都用 gai "脸，前面"，gumuru "腰，中部"，dulu "背，后面"，ma-yora "脊柱，房梁，龙骨"。ma-yora 还有"祖先"的含义。

身体词用来表示与身体无关的无生命的物体更加具体地表现为人类很多语言都是根据形状上的相似性用人体各部位的名称来描绘各种地理实体的形状和特征。

表 5–10　身体词和地理实体

汉语	英语	法语	德语	转义
头	head	tête	Kopf	顶部、顶端
口	mouth	bouche	Mundung	河口、出入口
舌	tongue	langue	Zunge	舌状物
喉	gorge	gorge	Schlund	深渊
颈	neck	cou	Hals	火山颈
心	heart	coeur	Herz	中部
脊	ridge	crête	First	山脉、山脊
脚	foot	pied	Fuss	山麓、山脚

5.3.21 身体词和疾病

黄树先（2013）一文调查了汉语、英语、泰语、意大利语、保加利亚语、葡萄牙语、西班牙语、俄语、印尼语等语言，发现身体部位名可以派生出对应的疾病名，如"颠"是"头、头部"，"癫"是头部疾病。该文对头部、四肢、脏腑的部分疾病名的命名进行探讨，发现如下 21 类身体部位词和对应的疾病名称共词化的命名特征：头与头部疾病；唇与唇部疾病；牙与牙齿疾病；面与面黄肌瘦；鼻与鼻衄；颈与颈部疾病；舌与舌部疾病；手与手部疾病；爪与爪部疾病；腕与腕部疾病；脚与脚部疾病；肢体与肢体疾病；踵与足肿；肢体与殴伤；阴部与部位疾病；皮肤与皮肤病；皮肤与疲劳；脏腑与脏腑疾病；脏肠与脱肛；心与心病；骨与骨病。

5.3.22 人体词转指人体部位相应的动作行为

人体词转指人体部位相应的动作行为，如：head 为"用头顶，朝……方向移动"；nose 为"用鼻子，嗅，拱"，nose about 为"打探，搜查"；eye 为"定睛地看，注视，审视"；mouth 为"装腔作势地说"；tooth 为"给……装齿；啮"；face 为"面对，正视"；ear 为"听见"；brain 为"打……的头部"；back 为"支持"；arm 为"武装起来"；neck 为"变狭窄"；shoulder 为"扛，挑"；hand 为"传递"；knee 为"用膝盖碰"；palm 为"藏于手掌内；握手"；finger 为"用手指拨弄，触摸"；elbow 为"推挤"；belly 为"鼓起"；foot 为"步行"；toe 为"用脚尖走"。

人体名词取象特征可以归纳为三种基本类型：形貌特征、空间位置特征、功能特征。人体是人认识世界的起点，人体器官和人体部位首先是占据三维空间的、离散的物理实体，这个实体的形貌特征自然是人的认知经验中最容易凸显的特征之一。人体器官作为人体的构成单元，各个部位之间的空间位置关系也极易凸显。功能特征的具象性较差，不易从视觉感知获得。

5.3.23 人体词指长度单位

古代拉丁语中的固定长度单位都与人的肢体或跬步相关（黄碧容，2010: 54）。例如肘（cubitus）约 44 厘米；步（passus）约 1.5 米；"十"+"足"（decempeda）约 3 米；"千"+"步"（mille, passuum）约 1.5 千米；拇指（pollex）约 2.5 厘米；掌（palms）约 7 厘米；手（hand）约 3—4 英寸；大拇指（thumb）约 1 英寸；手指（finger）约 3/4 英寸；手掌（palm）约 3—4 英寸；步（foot）约 12 英寸；足尺（pes）约 30 厘米；

"掌"＋"足"（palmipes）约37厘米。

5.3.24 身体词与空间关系

正如前文在所有相应的身体词里引用的，很多跨语言的类型研究来自 Svorou（1994）对 55 种语言的研究和 Claudi & Heine（1989）、Bowden（1992）对很多非洲语和大洋洲语的研究。前部区域关系往往是由人体前部和上部的身体词来表示，如"眼睛、脸、额头、嘴、头部和胸部"，而后部区域关系是由人体背部和下部的身体词来表示，如"臀部、肛门和腰部"。在 Yucatec 语里（Heine, 1997: 38）pàach 表示"背"，pàach（il）意思是"在……之后"。táan 表示"身体前部"，táan（il）意思是"在……前面"。ich 表示"眼睛"，ich-il 意思是"内部"。ts'u' 表示"骨髓"，ts'u' 意思是"在……里面"。例如表 5-11 中 Tzotzil 语的身体词大多可以用来表示方位词。

表 5-11 Tzotzil 中身体词表示方位词（León, 1992: 584）

Tzotzil 中的身体词	身体词含义	方位意义
ba	额头	在……之上
ni'	鼻子	在……前面
ti'	唇	边缘
pat	背	外面
chak	臀	在……后面
xokon	胁腹	旁边
y-ok	腿	脚
chikin	耳朵	角落

在豪萨语里也有身体词与空间词对应，如表 5-12。

表 5-12 豪萨语里身体词与空间词的对应（Pawlak, 2010: 275-276）

身体词	空间词
Cikìi 胃	ciki 内部
gàba 身体前面	gàba 前面
ba 背	ba 后面
kâi 头	kâi 顶部
ge 肋	ge 边
jìki 身体	jìki 固体

在 Acholi 语里由于语音的侵蚀身体词演变成表示方位的介词。例如 ic 表示 "肚子", i 意思是 "在……里面"; ŋec 表示 "背", 有 "在……后面" 的意思; Wic 表示 "头", wi 意思是 "在……上面"。(Malandra, 1955: 127)

在 Maasai 语里也有由于语音的侵蚀身体词演变成表示方位的介词的例子: en-korioŋ 表示 "背", orioŋ 意思是 "在……后面"; en-dukuya 表示 "头", dukuya 意思是 "在……前面"; o-siadi 表示 "肛门", siadi 意思是 "在……后面"。(Tucker & Mpaayei, 1955: 43)

在 Abkhaz 语有 4 个词表示内部区域都源于身体词: a-gʷə 表示 "心", a-gʷə + la 意思是 "在……里面"; a-ɣra 表示 "胃", -a-ɣra 意思是 "在……里面"; a-çʹə 表示 "嘴", -çʹə 意思是 "在……里面"; à-xʷda 表示 "脖子", -a-xʷ + la 意思是 "在……里面"; a-yʷnə 表示 "房子", a-yʷnə + cʼqʼa 意思是 "在……里面"。(Svorou, 1994: 88)

在 Luwo 语里, tar núm "额头", núm "在……前面"; wʌŋ "脸, 眼睛", wʌŋ "前面"; ŋác "背", ŋac "后面"; wíc "头", wíi "上面"; thár "臀部", thár "下面"。(Storch, 2014: 215)

在 Yoruba 语里, orí "头", "顶部"; inú "肚子", "在……里面"; èhìn "背部", "在……后面"; apá "手臂", "边"; ojú "脸", "表面"; etí "耳朵", "边缘"。

在 Manambu 语里 (Aikhenvald, 2013), muta:m "脸, 前面", ba: g "背, 在……后面"; ba: n "脊柱, 在……后面", ta: m "鼻子, 凸出部分", ma: l "肋骨, 边"; maen "腿, 脚", ab "头, 顶部"。

在 Zapotec 语里 (MacLaury, 1989: 129), "头" 有 "在……之上" 的含义, "脸" 有 "在……前面" 的含义, "背" 有 "在……后面" 的含义, "脚" 有 "在……脚下" 的含义, "胃" 有 "在……里面" 的含义。

Heine (1991a: 157) 总结的单向性原则: 人 (person) ＞物 (object) ＞过程 (process) ＞空间 (space) ＞时间 (time) ＞特性 (quality)。

Heine (1997: 44) 也总结了身体词慢慢演变成空间词的阶段: ①表示身体部位。②表示无生命物的部位。③表示与一个物体有连接的部位。④与物体脱离的区域。

5.3.25　身体词与反身词

Schladt (2000: 104) 收集了 150 种语言并进行了比较研究, 大多数语言都是从身体词发展出反身的含义（占78%），来自于头部的占14.6%；总体来说，身体词作为源域频率更高。非洲语言比其他地区的语言的反身词更多来自"身体"（body）和"身体部位"（body parts）。而且非洲语言相比于亚洲和欧洲的语言更倾向于选择"身体"而不是"头"，而北美洲的语言只使用"身体"作为反身词的源域。

表 5-13 反身词的源域统计（Schladt, 2000: 110）

源域	非洲		美洲		亚洲		大洋洲		欧洲		总数	
	名词	百分比	名词	百分比	名词	百分比	名词	百分比	名词	百分比	名词	百分比
身体	60	84.5%	9	47.4%	14	45.4%	3	20.0%	3	30.0%	89	60.1%
人/自己	5	7.0%	8	42.1%	6	18.2%	4	26.7%	3	30.0%	26	17.6%

表 5-14 身体词作为反身词源域的占比统计（Schladt, 2000: 112）

名词源头	频率	百分比
身体	71	79.8%
头	13	14.6%
其他身体部位	5	5.6%
整体	89	100%

5.3.26 身体词与情感

按照 Kövecses（1991, 1995, 1999）和 Lakoff（1987）已提出"某种情感的生理结果代表这种情感"的转喻概念，人体所展示的各种身体状况反映出人情感的生理状况，人体内部器官也概念化为相应的感情。汉语里"脾脏"与"生气"相连，"肝脏"与"生气"和"悲哀"相连，"肠"与"焦虑"和"悲哀"有关，"胃"和"焦虑"有关，"肺"与"伤心"有关。Matisoff（1986）发现在老挝语里经常使用"心"或"肝"描述情感。在蒂多雷语（Tidore）里，nyinga gola（痛苦的心）意思是"嫉妒"，gate gola（痛苦的肝）意思是"思念某人"（Staden, 2006: 324）。Koptjevskaja-Tamm（2012）认为身体部位用语在固定用法中描述情绪和心理状态，这是全世界的现象。

Yu（2002）发现在汉语里情感的表达与身体部位词联系紧密。身体部位词可分为两类：一种是表示外部身体部位词，另一种是内部身体部位词。人体外部身体词一般采用借喻的方法表达感情，用外部可观察的身体事件和过程来表达感情。一旦规约化，这些表达式也可用作隐喻的方式。而内部身体部位词大部分是通过隐喻来表达感情。

Kövecses（2002）总结了可作为喻体的13种类型。其中"人与人体"是其中非常重要的一种。语料库中用"人与人体"作喻体的共99例，占总数的17.43%；用身体部位和身体内部器官作喻体的共37例，占总数的6.5%。

5.3.27 一个身体词与其他一个身体词

Heine（1997:134）指出有两种方式用一个身体词来命名另一个身体词。一种是自上而下的方式（top-down strategy），也就是经常用身体的上半身来命名身体的下半身。可能是因为上半身更凸显。例如有些语言将"脚趾"（toes）命名为"脚的手指"（fingers of the foot），但绝没有语言将"手指"（fingers）命名为"手的脚趾"（toes of the hand）。Yorùbá语里ika既可指"手指"又可指"脚趾"，不过多用来指手指；"脚趾"表达为ikaesè，意思是"脚的手指"。手指甲是èékánná，脚指甲是èékánnáesè，意思是"脚的手指甲"。很多东南亚国家将"脚踝"（anklebone）命名为"脚眼"（foot-eye），但绝没有语言称"眼睛"为"头的脚踝"（anklebones of the head）。德语用Hinterbacken（后面的面颊）表示"臀部"，还有更多的例子，包括"脸"用来指"胫骨"，"手指"用来指"脚趾"，"手指甲"指"脚指甲"，"头"用来指"臀部"，"脖子"用来指"脚踝"，"鼻子"用来指"手指，脚趾"，"手腕"用来指"脚踝"。在大多数马来语里和很多中美洲语（Mesoamerican）里脚踝（ankle）被称为"脚的脖子"（neck of foot）或"腿的脖子"（neck of leg）。很多马来语里膝盖（knee）被称为"head of lower leg"（小腿头）。在Tzeltal语里"乳头"被称为"胸的鼻子"；"膝盖"被称为"腿的头"。自上而下的方式（top-down strategy）的另一个形式是用身体的前面的部位词来指身体的后部位词。在Schladt（1997）所统计的数据中，18种语言里有15种（占83%）语言中的"脚趾"来源于"手指"，经常被命名为"脚的手指"。还有一种方式是用身体词的部分来命名整体。Wilkins（1996）发现了"脚底"用来指"脚"；"脚"用来指"腿"；"指甲"用来指"手指"；"手指"用来指"手"；"肚脐"用来指"肚子"；"肚子"用来指"身体"；"身体"用来指"人"；"眉毛"，"嘴"，"唇"，"眼睛"用来指"脸"；"脸"，"头发"，"耳朵"用来指"头"。在Halia语里，"眼睛/脸"用一个词mata；梵语里"嘴巴/脸"用一个词múkha；古英语里"前额/脸"用一个词frons；在Navajo语里"头/头发"用一个词 'atsii；在Karok语里"胸/心"用一个词 iθvá:y,-ŋ；在Bari语里

129

"背/躯干"用一个词 ki'diŋ；在 Maasai 语里"脊柱/背"用一个词 enk-orioŋ。

表 5-15　基于从上到下策略的身体词的概念转移（Andersen, 1978）

源域	目标域
脸	胫部
手指	脚趾
手指甲	脚指甲
头	臀部
脖子	脚踝
鼻子	手指，脚趾
手腕	脚踝

表 5-16　基于从部分到整体策略的身体词的概念转移（Wilkins, 1996）

源域	目标域
脚跟	脚
脚	腿
指甲	手指
肚脐	肚子
肚子	身体
身体	人
眉毛，嘴，唇，眼睛	脸
脸，头发，耳朵	头

Heine（2014）总结过主要身体词向其他概念域扩展的情况，如表 5-17。

表 5-17　主要的身体词向其他概念域的转移（Heine, 2014: 29）

主要的身体词	目标域
背；头；眼/脸；腹；心	空间
身体；头	指称
手；手指	数字
手；头；膝盖；舌头；脚	动态情景
心；头	社会关系
心；胃；头；肝；胆汁；胆	感情

5.4 数字

数量的概念离不开具体的东西。很多语言直接用自己的手和脚进行计数。例如英语 digit 有两种含义：手指，脚趾；数字。

Heine（1997: 19）发现很多语言中的数字系统基本以人的身体词为基础：如数字"5"——"手"；数字"10"——"两只手"；数字"20"——"手和脚"（整个人）。五进制、十进制、二十进制都是手指计数的反映。Heine 对 Mamvu 语（一种中部非洲的 Nilo-Saharan 语言）数字系统的研究发现，该语言的数字系统都是基于人的身体词"手"或"脚"，再用"加上"（seize）、"减去"（spare）构成复合词表示。Heine & Kuteva（2002a: 166）认为，在世界语言中"表示手的名词"可能为数字 5 提供了最广泛的来源。有些语言中数字 6 用"一只手加一根手指"（a finger passes hand）表示。有些语言中 16 用"两只手，一只脚和一根手指"（two hands, one foot and one finger）表示。

表 5-18　Mamvu 语的数字系统（Heine, 1997: 20）

数字	意义	字面意义
relí	1	/
juè	2	/
jenò	3	/
jetò	4	/
jimbu	5	/
elí qodè relí	6	手抓一（the hand seizes one）
elí qodè juè	7	手抓二（the hand seizes two）
jetò. jetò	8	四．四（four.four）
elí qo σ ò relí	9	手分出一个（the hand spares one）
elí σ òsí	10	两只手（all hands）
qarú qodè relí	11	脚抓一（the foot seizes one）
qarú qodè juè	12	脚抓二（the foot seizes two）
qarú qodè jimbu	15	脚抓五（the foot seizes five）
qarú qodè màdyà	16	脚抓六（the foot seizes six）

续表

数字	意义	字面意义
múdo ngburú relí	20	一整个人（one whole person）
múdo ngburú relí, íjuní qa relí	21	一整个人再加一（one whole person, above there is one）
múdo ngburú relí, múdo-ná-qiqà elí σòsí	30	一整个人，另外一个人，所有的手（one whole person, another person, all hands）
múdo ngburú juè	40	两整个人（two whole persons）
múdo ngburú jimbu	100	五整个人（five whole persons）

在Api语里不需要新的词来表达6—9的概念，因为6就表示"一只手再新加一个"，9就表示"一只手再新加四个"。见表5-19。

表5-19　Api语里的数字表达（Heine, 1997: 21）

数字	意义	字面意义
tai	1	—
lua	2	—
tolu	3	—
vari	4	—
luna	5	手（hand）
otai	6	新的一个（new one）
olua	7	新的两个（new two）
otolu	8	新的三个（new three）
ovari	9	新的四个（new four）
lua luna	10	两只手（two hands）

Heine（2014: 24）指出在Zulu语的数字表达中isithupha表示"6"，字面意思"大拇指"；isikhombisa表示"7"，字面意思"中指"；isishiyagalombili表示"8"，字面意思"留下两个指头"；isishiyagalolunye表示"9"，字面意思"留下一个指头"。在Sotho语中用动词形式selɛla或者taβɛla（本意都是"跳"）来表示"6"，因为"6"的概念就是"从一只手跳到另外一只手"。

Luwo语里6是àbIIc bí cíɛl "5+1"，7是àbIIc bí ríɔw "5+2"，8是àbIIc bí dák "5+3"，9是àbIIc bíŋwɛɛn "5+4"。20是dháànhɔ à-dvvnɔ，字面意思是"完整的人"，其中dháànhɔ是"人"，dvvn是"完整的"；21是dháànhɔ à-dvvnɔŋwɔŋ = ɛácíɛlɔ，

132

字面意思是"完整的人加一"；30 是 dháànhɔ à-dvvnɔŋwɔŋ-ɛàpààr，字面意思是"完整的人加十"；40 是 jé-ríɔw，字面意思是"2 个人"；50 是 jé-ríɔwŋwɔŋ-ɛàpààr，字面意思是"2 个人加 10"；60 是 jé-dák，字面意思是"3 个人"；70 是 jé-dák ŋwɔŋ-ɛàpààr，字面意思是"3 个人加 10"；80 是 jé-ŋwɛɛn，字面意思是"4 个人"；90 是 jé-ŋwɛɛn ŋwɔŋ-ɛàpààr，字面意思是"4 个人加10"；100 是 jé-bIIc，字面意思是"5 个人"；200 是 jé-bIIcáríɔw，字面意思是"2 个 5 人"；1000 是 jé-bIIc àpààr，字面意思是"10 个 5 人"。（Storch, 2014: 109）

不少语言的数量概念来自人的手指，因此一些民族使用五进位，一些语言使用十进位，另一些语言使用二十进位（手指加脚趾）。例如澳大利亚的皮库布语，5 的本义是一只手，10 的本义是一双手，20 的本义则是手之外再加一双脚。在 Comrie（2011）调查的 196 种语言中，125 种是十进制，另外 42 种或者是以 20 为基数的一个系统，或者是一个混合的 10—20 系统。

伍铁平（1985a）发现在许多斯拉夫语中，表示"阅读"的词与表示"数数"的词在词源上同词根。如俄语 читать（读）、считать（计数）、число（＊чит-сло 数目）同源，乌克兰语的 читати（读）和 чотки（念珠）、щот（计算）也同源。保加利亚语的 чета 表示"读"，同源词 число 和民间语言中的 чет 表示"数目"。捷克语的 počitati 的意义是"数"，počet 的意义是"数目"，počty 的意义是"算术"。波兰语的 czyćta 表示"读"，czcionka 表示"铅字"（词源上的同根词 po-czet 在口语中表示"数目"）。与英语 tell 同源的英语词 tale（故事）的古义也是"计算、总数"。

5.5 通感

英语 synaesthesia（通感）一词源于希腊语，syn 意思是"一起"，aesthesia 意思是"感知"。通感可被看作是一种生理现象，即由一种感知模态（sensory modality）的刺激引起另一种感觉的感知现象。从某一感官范畴的认知域（cognitive domain）转移到另一感官范畴的认知域。通感也可被看作是一种心理现象，大脑相应部位的神经细胞受到刺激产生共鸣或是指运用属于某一感知（perception）类别的词语来描述其他感知类别的隐喻。对于通感隐喻来说，本来表示某种感觉的词语，由于经常被用来描述其他种类的感觉，便逐渐获得了表示其他感觉的意义，词义由此扩展，

133

形成固定的新义。如汉语中的"冷眼",英语中的 sour look(厌恶的表情)、a loud dress(艳丽的衣服)、sharp tastes(辛辣的味道)。法语中有 sons criards(尖锐的声音),couleurs criardes(显眼的颜色),lumière douce(柔和的光线),propos acides(刻薄话)。德语中有 scharfe Augen(锐利的眼光),eine beiβendde Kritik(尖锐的批评),kalte Farben(冷色),warme Farben(暖色)。

历史上的通感研究最著名的莫过于 Ullmann(1957: 280)对通感隐喻规律的总结,他从 12 位西方诗人和作家的文学作品中归纳整理出了 2000 多个通感例句,其中包括拜伦(Byron)、济慈(Keats)、郎费罗(Longfellow)等。他通过调查发现通感隐喻发生不是任意的,通感现象内部呈等级分布(hierarchical distribution)。这 2000 多个通感例子中感觉的移动方向有 80% 呈现由低级感官向高级感官移动的趋势,由较简单向较复杂感官移动的趋势,反之则不行。他的调查包括六种感官,由低级、简单到高级、复杂,顺序依次如下:触觉、温觉、味觉、嗅觉、听觉、视觉。他提出感官词从低级到高级的语义扩展的层级。其中视觉和听觉在促使认知发展方面比起其他感官要优越得多,因此语言学家们称其为高级感官。而触觉在人类感觉系统中属于最低级的感官。因此表示触觉、温觉的词常常修饰表示视觉、听觉、嗅觉和味觉的词。这种通感现象几乎是所有语言中普遍存在的现象。通感映射的方向刚好与我们的身体化特征相对应,也就是说,总是借助体现身体化特征较多的感知来描写体现身体化特征较少的感知。

Ullmann 提出的感知词的模式引来很多学者(例如 Lehrer, 1978; Popova, 2003/2005; Shen, 1997; Sweetser, 1990; Viberg, 1983; William, 1976)在这个领域的研究,有些拓展了他的思想,有些是来验证他提出的语义层级。

芝加哥大学的语言学教授 William(1976)在《通感形容词:语义演变的可能规则》中从历时的角度讨论了英语感知形容词跨感觉范畴迁移的规律。他的语料包括所有英语中现存的感知体验的形容词。他从《牛津英语词典》和中古英语词典中选取了 100 个英语形容词从它们第一次出现一直到现在的语义。这些词包括触觉形容词 hot(热的),sharp(尖的)等;味觉形容词 sweet(甜的),sour(酸的)等;嗅觉形容词 pungent(刺鼻的),acrid(刺激的);视觉上感知的维度形容词 high(高的),low(低的);颜色形容词 bright(亮的),dark(暗的);声音形容词 loud(大声的),quiet(安静的)等。文章不仅讨论了英语,还列举了印欧语系、日语,也算是跨语言的类型学角度的研究。他的研究成果可以表述为：①触觉可与味觉（如 sharp taste，sharp 既是触觉词也是味觉词）、色觉（dull color）及听觉（soft sound）相通。但有一个例外，触觉不转移到视觉或不直接转移到嗅觉。②味觉不转移回触觉或不转移到维度或颜色，但味觉可与嗅觉（sour smell）及听觉（dulcet music）相通。③在英语中没有主要的嗅觉词转移到其他的感官词。④维度可以转移到颜色（flat color）或声音（deep sounds）。⑤色觉只能转移到听觉（bright sounds）。⑥听觉词可以转移到色觉词（quiet colors）。这表明触觉、空间感觉、色觉是最基本、最低级的感觉，高一级的感觉把低一级的感觉融合了；视觉是最复杂的感知，融合着空间感觉、触觉、色觉、听觉等多种感知。不太发生的转移（至少在英语中）是声音到维度如 loud heights，色觉到味觉如 bright tastes。

William（1976）的研究证实了 Ullmann 的推论，同时还证明了一个基本的模式：在隐喻转移中，触觉是最大的单一的源域，声音是最大的单一的接受者。他在原有的五大感官（触觉、味觉、嗅觉、听觉、视觉）基础上，又将视觉进一步细分为色泽范畴（红、黄、绿、明亮、昏暗、清晰、模糊等）和空间范畴（大小、高低、宽窄、厚薄）。图 5-3 描述了各个知觉之间的转化。

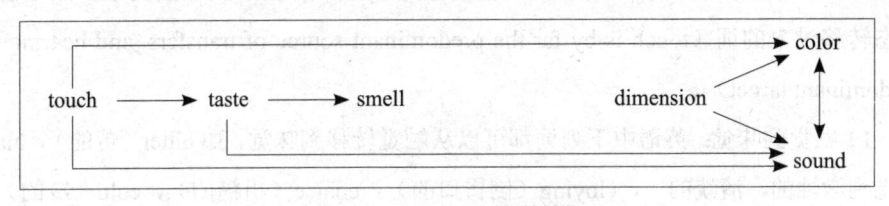

图 5-3　各种知觉之间的转化

在 William 所描述的感官迁移规律中，迁移方向总是单向进行、不可逆转的，个别词语的迁移如果违背了这一规律则不会成为当代标准英语，而且大多在运用中消亡。例如听觉词 shrill（尖声的）曾经转向形容触觉和味觉的范畴，但都没有留存下来。而该词转入视觉的色泽范畴组成的搭配——shrill light，因符合迁移规律而被沿用至今。现在留下来的只有 thin 表味觉词；pungent 表嗅觉词。Dull 这个词一旦从触觉范畴如 dull razor（钝的剃刀）转移到色泽范畴，就只会继续转移到听觉范畴 dull sound（不清楚的声音），而不会向空间范畴逆转，也不会再调头向味觉及嗅觉范畴转移。他认为大多数形容词都遵循通感转移的语序而进行语义变化。

Viberg（2008）讨论了瑞典语中的知觉词，重点在知觉词的主要形式和动词

känna（感觉，知道）指知觉和认知的意义的组合。Viberg 比较了瑞典语与丹麦语、挪威语、冰岛语、德语、英语和荷兰语里的知觉动词，最后认定瑞典语里的动词 känna（感觉，知道）的大多数语义扩展都是瑞典语中独特的。Känna 可以指身体内在的知觉和扩展义，包括将认知元素与情绪和身体感受结合起来的混合空间。除了 känna，他还介绍并比较了动词表示闪光、嘎嘎吱吱的物体的视觉和听觉效果及身体感知和疼痛（如疼和瘙痒）。Viberg 表明除了对知觉感受性的精细描述的感觉，评估和强度也是不同的感觉和知觉的意义的重要方面。

5.5.1 触觉向其他范畴的投射

触觉在心理学上被认为是皮肤的感受（压力、温度、痛苦），也被称为体感受（somaesthesia），或者被称为触觉学（haptics），也就是通过手或者其他身体部位去获得信息。物体的厚度、硬度和颤动，人们都是通过触觉获得的。在判断物体的质地时触觉超过了视觉。Revesz（1950）认为触觉在空间感知方面与视觉是一样重要的。Streri（1993）的研究表明两个月大的婴儿对感知特性（例如，形状和大小的对象）的区分通过操控与通过视觉是一样获得的。Ullmann（1957:266）认为触觉语义场提供了最大量的词语转移到其他的感知模态，听觉语义场接受最多其他感知模态转移过来的词（touch is by far the predominant source of transfers, and hearing the predominant target）。

1）触觉到味觉：英语中下列词都可以从触觉转移到味觉，如 bitter（苦的），bland（无刺激性的，清淡的），cloying（倒胃口的），coarse（粗糙的），cold（冷的），cool（凉的），dry（干燥的），piquant（刺激的，辛辣的），poignant（锐利的，辛辣的），sharp（尖锐的），smooth（光滑的，醇和的）。印欧语词根 *(s)ker-t-（砍）> 立陶宛语 kartus（苦的）；印欧语词根 *afri-（尖锐的）> 拉丁语 ācer（有苦味的）；爱尔兰语 gēar（尖锐的）> gēar（酸的）；希腊语 pikrós（尖锐的）> pikrainō（使……变苦）；梵语 tiktá-（尖锐的）> tiktá-（苦的）；梵语 çuc-（灼伤）> çuktá-（酸的）。汉语的例子如"味轻""味重"。

2）触觉到色觉：如 dull（钝的，暗淡的），light（轻的，淡色的），warm（温暖的，暖色）。印欧语词根 *tep-（温暖的）> 梵语 tap-（鲜艳的）。印欧语词根 *dheguh-（灼伤）> 爱尔兰语 dedol（曙光）。汉语的例子如"冷色""寒光""暖色""色彩柔和""厚重的色彩"。

3）触觉到听觉：grave（重大的，暗淡的），heavy（重的，强节奏摇滚乐的），rough（粗糙的，刺耳的），smart（有力的，轻快的），soft（软的，悦耳的）。汉语的例子如"冷嘲热讽""冷寂""冷言冷语""冷静""热闹""温和的声音""柔声柔气""软绵绵的声音""语气很硬""沉闷的声音""声音厚重""尖声尖气""刺耳""粗重的声音""轻柔的语调"等。

4）触觉到空间：印欧语词根 *pij-（尖锐的）＞英语 peak（顶峰）；印欧语词根 *kent-（刺痛）＞希腊语 kentron（中心）；拉丁语 pungo（刺痛）＞ punctum（空间里的点）。

5.5.2 味觉向其他范畴的投射

1）味觉到嗅觉：acrid（刻薄的；辛辣的；苦的），sour（酸的，有发酵味道的），sweet（甜的；芳香的）。

2）味觉到声音：brisk（刺鼻的，辣的；味浓的；尖刻的），dulcet〔（古语）有香味的，香喷喷的，美味的，可口的；悦耳的，美妙动听的〕。

汉语中味觉向听觉投射的例子，如："甜甜的声音""涩音""酸楚的声音""热辣的歌声""冷淡的语调"等。

Lievers（2015）在《通感：基于语料库跨模态方向的研究》（"Synaesthesia: A Corpus-Based Study of Cross-Modal Directionality"）一文中做了有关英国和意大利两国通感词的比较研究。他研究了通感转移的趋势，从低级如触觉词、嗅觉词、味觉词到高级如视觉词和听觉词。他发现两国语言都符合这一趋势。他认为"方向原理"（direction principle）只反映了语义联系类型的频率，而不代表通感转移的共性的限制（reflecting frequency tendencies, not absolute constraints）。人类认知的属性和语言因素都能解释在通感中观察到的频率趋势。

还有学者对不同语言中属于同一语义场的成员对应性进行了探讨。如伍铁平（1989）在《不同语言的味觉词和温度词对客观现实的不同切分——语言类型学研究》一文中，对汉藏语系、印欧语系、阿尔泰语系、南亚语系、马来—波利尼西亚语系语言中的味觉词和温度词进行了比较分析。研究发现，"酸""咸""苦""辣"不同词的语言占所调查的语言或方言的多数（共 36 种，占 63.1%），"咸/苦"同词的语言有12种，"苦/辣"同词的语言有6种，"咸/辣"同词的和"苦/酸"同词的语言各有3种，"酸/咸/苦/辣"同词的语言只有1种。伍铁平选取4种味觉的不同方式作为参项（parameter）得出结论：一方面，语言类型分类与谱系分类是不一致的。"咸/苦"同词的语言分属汉藏语系、阿尔泰语系和南亚语系；"咸/辣"同词的语言分属汉藏语系、印欧语系。另一方面，谱系相同的语言也可以表现出类型上的相似。英、德、俄语都从表示"锐利"的词派生出"辣"的意义。伍铁平还总结到"酸""咸""苦""辣"不同词的语言占调查语言（58种）的多数，共37种，其中少数民族语言占23种；"咸/苦"同词的语言5种；"咸/辣"同词的语言共3种；"苦/酸"同词的语言有2种；"苦/酸/辣"同词的语言有3种。不同语言对客观存在的温度连续统的切分方法也不一致，如"温泉"在英语和德语中分别为hot spring、heiße Quelle（热泉），在俄语中却是горячи источник（烫泉），在中文和日语中都是"温泉"。汉语的"热血动物"在英、德、俄语中分别是warm-blood animal、warmblütiges Tier、теплокровное，都是用"温血动物"表示。人类对世界的认知是通过人类的认知加工而来的，不是对客观世界图景的镜像反映。

5.6 时间

5.6.1 表示"明天"和"昨天"

表示"明天"的词或者与表示"早晨"的词相同，或者从表示"早晨"的词派生。

表5-20 表示"明天"和"昨天"的词（伍铁平，1993：89）

				早晨	明天
印欧语系	斯拉夫语族	东语支	俄语	утро	завтра（副词）
			乌克兰语		завтра
			白俄罗斯		заўтра
		西语支	波兰语		jutro
			捷克语	jitro（名词）	zitro
			斯洛伐克语		zajtra
		南语支	保加利亚语	утро, сутрин（名词）	утре（副词）
			塞尔维亚语	јутро（名词）	сутра（副词）
			斯洛文尼亚语	jutro（名词）	jutri（副词）

第 5 章　具体的范畴词研究

续表

				早晨	明天
印欧语系			英语	morrow（古）；morn[诗]	tomorrow（由 to + morrow 构成）
			德语	Morgen（阳性名词）	Morgen（中性名词），morgen（副词）
			荷兰语	morgen（阳性名词）	morgen（副词）
		北语支	丹麦语、挪威语	morgen	imorgen（i 表示"在……的时候"）
			瑞典语	morgon	morgontag（字面意思是"旦日"）
	罗曼语族		法语	matin	demain（mane"早晨"）
			意大利语	mattino（a）；mane（文）	domani
			葡萄牙语	manhã	amanhã
			西班牙语	mañana（阳性名词）	mañana
阿尔泰语系	突厥语族	北语支	柯尔克孜语	erteŋ menen	erteŋ
			哈萨克语	tæŋerteŋ（tæŋ 为黎明）	erteŋ
			鞑靼语（塔塔尔语）	jertɛ 或 irtɛ	jertɛgɛ 或 irtɛgɛ，ertɛn
		东南语支	维吾尔语	ətə ətigən（ə 弱化，变为 i）	ətə
			撒拉语	er（或 eddisi）	eddisi
汉藏语系	藏缅语族		汉语	旦；朝；明	明旦；明朝；明日；明天
			景颇语	phot 或 japhot（ja 为前缀）	photni [phot$_{55}$ni$_{55}$]（ni 的意义是"日""天"）
		彝语支	白语	ma^{21}pa^{42}	ma^{21}pa^{21}
其他			日语	あさ（朝）	あした（明日）

表示"明天"的词可分为 3 种类型：

1）表示"早晨"的词同时表示"明天"。属于这一类的语言有德语、荷兰语、苏格兰语、古英语、西班牙语、日语。

2）表示"明天"的词从表示"早晨"的词派生，如英语、俄语、乌克兰语、捷克语、斯洛伐克语、塞尔维亚语、丹麦语、挪威语、瑞典语、意大利语、葡萄牙语、日语、突厥语、撒拉语、保加利亚语、斯洛文尼亚语。

3）用复合词的方法表示"明天"，在表示"早晨"的词后面加上表示"日"或"旦"的词，如瑞典语。

表示"昨天"的词的来源可以分为 4 种：

1）表示"夜晚"的词同时用来表示"昨天"，如土耳其语、乌兹别克语和撒拉语。

2）表示"昨天"的词从表示"夜晚"的词派生，如斯拉夫语、柯尔克孜语、哈萨克语。

3）用复合词的方法表示"昨天"，如维吾尔语。

4）通过语义引申表示"昨天"，如日耳曼语族的多种语言中表示"昨天"的词都是从表示"另一天"的词派生来的。

摩尔根说："人类的经验所遵循的途径大体上是一致的；在类似的情况下，人类的需要基本上是相同的；由于人类所有种族的大脑无不相同，因而心理法则的作用也是一致的。"

表 5-21　表示"夜晚"和"昨天"的词（伍铁平，1993：96）

				夜晚	昨天
印欧语系	斯拉夫语族	东语支	俄语	вечер（名词）	вечер（副词）
			白俄罗斯语	вечер（名词）	учора（副词）
			乌克兰语	вечір 或 вечер（名词）	учора（副词）
		西语支	波兰语	widczor（名词，副词）	wczoraj（副词）
			捷克语	večer（名词）	včera（副词）
			斯洛伐克语	večer（名词）	včera（副词）
		南语支	保加利亚语	вечер（名词）	вчера（副词）
			塞尔维亚语	вечер, вечер（名词）	јуче（副词）
			斯洛文尼亚语	večer（名词）	včeraj（副词）
阿尔泰语系	突厥语族	西南语支	土耳其语	dün（古语），gece	dün
		西北语支	柯尔克孜语	ketʃ（夜晚），tyn（夜）	ketʃee
			哈萨克语	keʃ（夜晚），tyn（夜）	keʃ
		东南语支	维吾尔语	ketʃɛ（夜晚），tyn（夜）	keʃə
			乌兹别克语	ketʃɛ（夜晚），tyn（夜）	tynygun
			图佤语	dyn	dyy
			撒拉语	geʃ, gedʒ, gedʒe（夜晚），dyn（夜）	gedʒe
汉藏语系			汉语（包括古汉语及其方言）	夜，昔	夜儿（个），夜个，夜来；昔者，今昔

140

从表 5-21 可以看出：①表示"夜晚"的词可以直接用来表示"昨天"，如土耳其语。②或是通过派生的手段来表示"昨天"，如在表示"夜晚"的词基础进行格变；或是加后缀来表示"昨天"。③或用复合词的方法来表示"昨天"，如维吾尔语、汉语。

5.6.2 表示"中午"的时间词和表示"南方"的方位词

在法语、俄语和古斯拉夫语中表示"中午"的词都同时表示"南方"的含义，如表 5-22。

表 5–22　表示"中午""南方"的词（伍铁平，1984：1）

法语	midi	中午	南方
俄语	полденъ	中午	南方
古斯拉夫语	юг	中午	南方
匈牙利	dél	中午	南方
西班牙语	mediodía	中午	南方
意大利语	mezzodi	中午	南方
葡萄牙语	meio-dio	中午	南方
拉丁语	meridies	中午	南方
乌克兰语	південь	中午	南方
保加利亚语	пладне	中午	南方
德语	Mittag	中午	南方（诗歌中）

表示"半夜"的词同时表示"北方"。如俄语的 полночь，罗马尼亚语的 miázănoápte 和德语的 Mitternacht。

5.7 空间

Johnson（1987）认为，基本关系存在于概念之先，规约着我们的经验，使现存的概念进一步规约化。空间关系就是这样一种基本关系。3000 多年前，甲骨文中就有"东、南、西、北、内、外、上、下、左、右、中、后"等方位词，说明人类很早就有了空间的概念。空间概念比较具体，时间概念比较抽象，时间概念都是在空间概念的基础上形成的。例如俄语中表示时间的前置词都来自表示空间的前置词。其他语言中也有很多例子。

类型学的空间研究希望弄清楚：①在空间域里，语言范畴和非语言概念关系本质是什么？是否存在空间基本表征的多样性或空间多通道表征？②在空间域里，不仅在表达形式，而且在基本语义参数方面，存在多少语言多样性？假设存在多样性，什么样的语言普遍性可以在这个领域里得以解释？③来自空间域的语言与人类思维关系的普遍意义是什么？

Levinson（2008）的空间参照框架包括：内在参照框架（intrinsic frame of reference）、相对参照框架（relative frame of reference）和绝对参照框架（absolute frame of reference）。内在参照框架的基本特征是：内在空间关系是二向的（binary），带有自变量图形和背景；坐标系统的起源点总是位于背景中心线上。相对参照框架是一个三向的（ternary）空间关系，涉及观察者的视角、图形和背景。绝对参照框架是指由太阳的位置和地球的磁场所提供的固定方向作为背景的空间参照系统。

崔希亮（2002）在《空间关系的类型学研究》一文中对古代汉语、现代汉语、日语、韩语、泰语、越南语、俄语、芬兰语和英语中的空间方位关系进行类型学考察，把空间关系的表达分为5类：①用介词标引空间方位，如英语；②用介词、方位词标引空间方位，如汉语；③用格助词来标引空间方位，如日语；④用介词、名词的屈折变化（词尾）来标引空间方位，如俄语；⑤用名词、方位词尾来标引空间方位，如芬兰语。空间方位关系是与存在相关的基本范畴，不同的语言有不同的表达手段。崔希亮认为空间方位关系是一种物理关系，这种物理关系是以人类自身的认知为基础的，因此不同类型的语言在空间关系的隐喻方面存在着很强的一致关系。这种一致关系说明人类认知心智活动的共性。物理空间与心理空间之间的对应使得语言编码可以由物理空间引申到心理空间。与此同时，该文还考察了汉语空间方位表达的发展历史，对介词结构的前置和后置进行了功能上的解释。

表示"上"的方位词表达：在 Papago 语里空间概念"前""边"和"里面"用的是拟人模型（anthropomorphic model），"背"用的是兽形模型（zoomorphic model）。在一些非洲语言里，"上"是通过身体词"背"表达的，"前"是通过身体词"头"来表达的，"后"是通过"臀部"来表达的。在 Heine（1997：41）调查的语言里87%的非洲语言和61%的大洋洲语言都使用"头"来表示"上"，4.3%的非洲语言和14.6%的大洋洲语言使用"脸"表示"上"，4.3%的非洲语言和10%的大洋洲语言使用"肩"表示"上"。在 Svorou（1994：70）调查的55种语言里，有 18 种语言用身体词表示"上"，其中 15 种语言用"头"，3 种语言用"背"。

表 5-23　使用拟人模型（anthropomorphic model）的语言（Svorou, 1994: 75）

身体部位	空间	代表性的语言
脸，眼睛，额头，嘴，胸	前面	Abkhaz, Bari, Bihari, Car, Halia, Haka Isl. Carib, Karok, Papago, Melanesian, Pidgin, Tigre, !Kung
背	后面	Bari, Basque, Guaymi, Haka, Halia, Island Carib
头	前部	Abkhaz, Car, Chalcatongo Mixtec, Ewe, Finnish, Tigre
臀部，脚	末端	Bari, Chalcatongo Mixtec, Halia, Navajo, Shuswap
耳朵，肋，心	边	Abkhaz, Bari, Basque, Korean, Papago, Tigre
胸，腰	中部	Margi, Ossetic
心，胃，血	内部	Abkhaz, !Kung, Papago, Tubatulabal
额头，嘴	边缘	Ewe, Margi, Papago, Tarascan

表 5-24　使用兽形模型（zoomorphic model）的语言（Svorou, 1994: 76）

身体词	空间区域	代表性的语言
头	前	Navajo, Maasai
臀部	后	Papago, Maasai, Shuswap, Vai, Isl. Carib
背	顶部	Chacobo, Chalcatongo Mixtec, Shuswap
肚子	末端	Chalcatongo Mixtec

表示"下"的方位词表达：84.6% 的非洲语言使用"臀部"表示"下"。15.6% 的非洲语言使用"腿/脚"表示"下"，55.6% 的大洋洲语言使用"腿/脚"表示"下"。

表示"前"的方位词表达：52.8% 的非洲语言和 72.1% 的大洋洲语言使用"脸"表示"前"。15.7% 的非洲语言使用"眼睛"表示"前"。6.7% 的非洲语言和 11.8% 的大洋洲语言使用"胸"表示"前"。8.9% 的非洲语言和 2.9% 的大洋洲语言使用"额头"表示"前"。

表示"后"的方位词表达：77.7% 的非洲语言和 95% 的大洋洲语言使用"背"表示"后"。22.3% 的非洲语言使用"臀部"表示"后"。

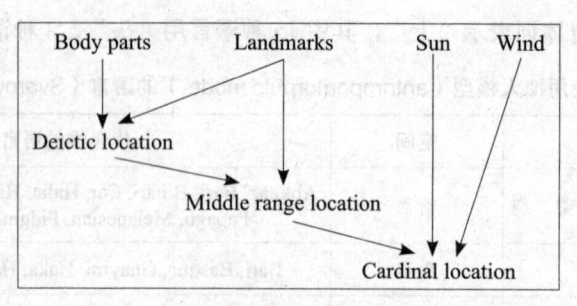

图 5-4　方位词的来源（Heine, 2002b: 386）

身体词和地标是指示方位词的来源，地标是中间范畴方位词的来源，太阳和风是基本方位词的来源。

Brown（1983）调查了 127 种语言，发现了方位词的语义扩展的跨语言的规律。其中，①58 种语言中"东"与"上升的太阳"有关；②59 种语言中"西"与"日落"有关；③13 种语言里"南"与"天体"词或事件有关；④8 种语言里"北"与"天体"或事件有关；⑤17 种语言里"北"与"北风"有关；⑥15 种语言里"南"与"南风"有关；⑦15 种语言里所有的基本方位都与"温度""天气"或"季节"有关。⑧27 种语言里所有的基本方位都与"上""下"等有关。⑨6 种语言里"东""北""南"与身体的左或右有关。⑩8 种语言里所有的基本方位都与水流有关。12 种语言里所有的基本方位都与具体的环境特征有关（如松树，多石的地方）。

并非所有的语言都有基本方位词，有这些词的语言并非都有"西""东""北""南"4 个基本方位词（Brown, 1983）。比如，在 28 种语言里 24 种语言有"东"和"西"，只有 14 种语言有"北"和"南"。因此有"北"和"南"的语言一定有"东"和"西"，反之并非如此。这个就表明很多语言在"南"和"北"之前就编码了"东"和"西"，表明日出日落对人类的重要性。而"东"更是在"西"之前编码。伍铁平（1984）发现欧洲很多语言用"中午"表示南方，用"半夜"表示北方。

表 5-25　127 种语言里的基本方位的语域来源（Brown, 1983）

概念域	西	东	北	南	总共	百分比
太阳	59	58	1	13	131	57.2%
指示方向	9	12	12	13	46	20.1%
风			17	4	21	9.2%

续表

概念域	西	东	北	南	总共	百分比
地标[1]	2	2	7	10	21	9.2%
其他		1	6	3	10	4.3%
总共	70	73	43	43	229	100.0%

5.8 植物

5.8.1 树

人类学语言学家 Brown & Witkowski 在 20 世纪 80 年代从跨语音的角度寻求词义理据的规律，并写了一系列的文章。他们不仅有实证的观察，并且寻求规律的解释，他们寻求的经常是文化因素。

Witkowski et al.（1981）在调查的语言中发现 2/3 的语言"木"（wood）和"树"（tree）出现共词化。为什么会出现共词化？Brown（2001）认为"树"在概念上是与"木"相关的，因为"树"是"木"的来源（the source of wood）。这种多义词的出现就是从一个高凸显的指称（the high salience referent）的术语"木"扩展到低凸显的相关的指称"树"。指称的凸显包括自然的凸显和文化的重要性。有的语言通过明显标记（overt marking）的方式将二者联系起来。比如印尼语 kaju（木）前加一个修饰语 pohon（源头），构成一个复合词 pohon kaju 表示"树"。

Witkowski et al.（1981）认为所有当代的语言都编码了"树"，而且"树"总是在植物里最先编码的，接下来才是"草""藤本植物""灌木"。

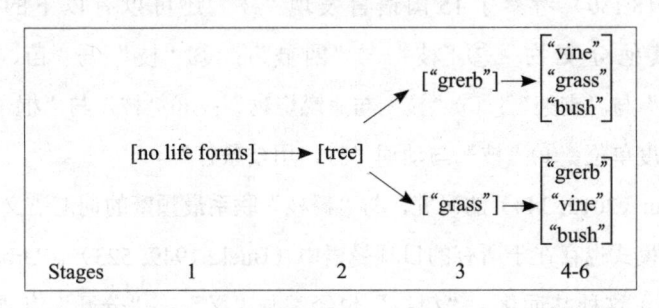

图 5-5　植物词的标记顺序（Witkowski et al., 1981: 2）

---

[1] 其中地标包括河流、山、海、树等。

Brown 认为"树"在命名过程中经历了 4 个阶段：阶段 1，语言没有植物词。阶段 2，"树"和"大的植物"被编码。"树"在早期被认为使用范围更广阔，包括"木本的灌木丛"（ligneous bushes）和"灌木"（shrubs），甚至还包括"木质藤本植物"（woody vines）。阶段 3，"香草"（grerb = grass + herb）和"草"都被编码了。阶段 4，更加具体的植物分类出现了，如"藤本植物""灌木"等。他调查了 66 种语言，发现 2/3 的语言都将"树"和"木"编码为同义词。

Berlin et al.（1973）认为"树"经常从指称的扩展（expansion of reference）而来，这个包括从指"一棵具体的树"到统称"所有的树"。因为在很多语言中统称的"树"和某棵具体的"树"是同义词。指称的扩展经常沿着"种属"路径（a "kind" of path）前行：一种特别的草的种类是"草"；一棵"三叶杨树"（cottonwood）是"树"。还有很多语言用"木"＋修饰语的方式来表示"树"。在这种情况下，一般"木"是非标记的，而"树"是标记的。

Urban（2012: 473）调查发现，正如人们所预料的，"森林"与"树"或"木材"在语言上的联系最频繁，无论是通过共词化还是形态上的组合。在 6 种语言里"森林"与"树"是共词化。"树皮"（bark）和"皮肤"（skin）有语义上的联系（Urban, 2012: 422），在调查的 82 种语言里，有 55 种有共词化的类型。

5.8.2 树枝

Heine（2012: 80）归纳出"树枝"＞量词，分类词。例如在乌力蒂安语（Ulithian）中的 se-raa（树枝），名词＞数字性分类词。基利维拉语（Kilivila）中 sisila（树枝）＞ sisi（分类小品词）。上古汉语"枚"；"树干，枝条"，名词＞分类词。

张莉（2018:130）考察了 15 国语言发现"枝"还可以有以下的语义联系：① "枝"与其他分支物；② "枝"与"四肢"；③ "枝"与"苗、芽"，"子孙"；④ "枝"与"支架"；⑤ "枝"与"燃烧物"；⑥ "枝"与"棍子，手杖"；⑦ "枝"与长度单位；⑧ "枝"与动词"打，用枝条打"。

根据 Urban（2012: 344）的研究，与"树枝"联系最频繁的词汇语义是"胳膊"，"手"，这种模式也存在于所有的日耳曼语中（Buck, 1949: 523）。Urban 调查的 29 种语言里发现了这种共词化。"树枝"也经常与"叉"，"分开"有语义联系。在豪萨语（Hausa）和科伊科伊语（Khoekhoe）里，"树枝"和"子孙"有语义联系。

5.8.3 森林

语言学家一直认为"森林"是最基本的概念：Swadesh 200 词表包括词项"森林"（woods）。随后的几项比较词汇研究也同样如此认定，如 Dyen et al.（1992）和 Ringe et al.（2002）。这种推理的前提是，用英语表达的概念"森林"（woods/forest）对于各语言来说是一个自然的概念，它应该是跨语言可翻译的。然而 Burenhult et al.（2017）认为与树木覆盖有关的基本语言范畴在不同语言的语义编码原则上存在很大差异，从跨文化可译性的角度来看，森林是一个具有挑战性的范畴。语言使用哪些语义原则和参数来分类"森林"？"森林"是普遍认同的范畴吗？不同语言的语义策略如何不同？该文收集的文献确实暗示了不同语言如何对树木覆盖进行词汇化所使用有趣的多样性的表达。例如低地 Chontal 语是墨西哥瓦哈卡高度濒危的土著语言，它有一个表达"森林"的词 Muña，该词除了有类似于英语"森林"或"丛林"的含义外，还包括"灌木丛""杂草丛生的荒野"或"任何类型的杂草或垃圾"的含义。另一个语义模式的例子来自澳大利亚太平洋地区的几种土著语言。这些语言里"树""柴火"和"火"只用一个术语表达很常见（Schapper et al., 2016）。例如，在新几内亚使用的巴布亚语 rowa 相当于英文的 forests（森林）。rowa 的含义延伸到了使用火的工具，如"火柴"和"打火机"。澳大利亚约克角半岛的两种帕玛语—尼昂语，Wik-Ngathan 中的 thuma 和 Guugu Yimithirr 中的 yugu 也有类似的含义（Evans, 1992）。这些概念之间的语义联系是显而易见的：燃料（柴火）及其主要材料来源（木材/树木）与燃料的燃烧（火）具有相同的词汇表达。欧洲语言有时会在语义连续体的某些部分显示出共词汇化的痕迹，例如作为土地覆盖物的树木和作为材料的树木，在英语中分别表达为 wood/woods，在法语中共词化为 bois。

Burenhult et al.（2017）共调查了 6 种语言中"森林"的含义，在西非加纳东南部 Volta 地区的 Akwapim-Togo 山脉南部的 8 个村庄，大约有 15000 名自给自足的农民定居在这里。他们的语言属于尼日尔—刚果语系的克瓦语（Kwa）分支。lìŋwàfù 相当于英语的"森林"，有 3 个组成部分：前缀 lì，它指定了该类别所属的名词类别；词根 wàfù，可以将其分析为动词 ŋwà "清除灌木"（或者相应的名词 aŋwà "一种多刺的藤蔓"）；fù，其含义不得而知。liŋwàfù 是该语言中唯一一个表示树木覆盖区域的词，因此在翻译上似乎相当于英语"森林"，然而，树木的存在并不是其意义的核心，因为它可以用来指有草、灌木或树木生长的任何未开发或未开垦的地方。因此，liŋwàfù 更合适的英文翻译可能是"灌木"或"荒野"。这 6 种语言中没有一个术语与英文的 forest（森林）具有相同的含义，只有两个术语接近：Lokono 语的 konoko 和 Makalero 语的 alah。这两个术语都需要树木覆盖和适用于任何树木密集的环境。Umpila/Kuuku Ya'u 语的词语 maalatha 和 thungkuyu 也指树木覆盖，但它们代表的细粒度与英语有区别。它们如这里所定义的那样，都可能被定义为森林的实体，但该语言缺少一个将森林作为整体表达的术语，而忽视树木覆盖的环境这样的具体特征。Avatime 语的 liŋwàfù 就减弱了这个意思，因为它不需要树木的存在，而指更一般意义上的"灌木"或"植被覆盖的荒野"。Duna 语的 hi 和嘉海语的 hüp 完全从树木和植被概念中抽象出来，两者都带有"户外""室外"或"室外的范围"这些更一般的空间含义。样本语言在如何命名"森林"时似乎是沿着一个连续统展开的，一端是高度具体的"树"这一编码意义，另一端是更一般的、表示抽象的空间意义。

5.9 动物

5.9.1 动物和肉（meat/animal）

Greenberg（1963）在《非洲语言的一些区域特征》（"Some Areal Characteristics of African Languages"）一文中指出，在非洲语言里"动物"和"肉"是一个词。如 Ngbandi 语 sà 表示"动物，游戏，肉"；原始 Gbaya 语 sàdì 表示"肉，动物"。在斯瓦希利语（Swahili）里 nyama/nyama 表示"肉"，m-nyama/wa-nyama 表示"动物"。在马孔德语（Makonde）里 inaáma/dinyaáma 表示"肉"，ny-nyaáma/vá-nyááma 表示"动物"。

Matisoff（1978: 138）认为对于大多数当代西方语言来说，它们用不同的词来表达"动物"和"肉"。但是在以狩猎文化为背景的语言里（东南亚国家），这两个概念经常用同一个词表达，比如拉祜语（Lahu）šah 表示"动物，肉"；景颇语（Jinghpaw）shàn 表示"肉，鹿，动物"。

Wierzbicka（1992: 8）认为在澳大利亚的土著语言 Warlpiri 里，没有一个统一的词表达动物，"可以吃的动物"与"不可以吃的动物"用不同的词表达，"可以吃的动物"与"肉"为同一个词。根据 Boyeldieu（2008）的研究，"肉"和"动物"共词化的语言还包括：乍得语的一支 Laal；班图语的一支 Makonde；恩班迪语（Ngbandi，乌班吉语群，尼日尔—撒哈拉语系）；乌班吉语群中的一支 Ngbugu；原始班图语（proto-Bantu）。

Urban（2012: 418）认为"肉"和"动物"因邻接关系而产生了共同的语义联系，因为动物是人类所消耗的肉的来源。这种共词化在以下的非洲语言里都存在：埃菲克语（Efik），豪萨语（Hausa），ngambay（在乍得东南部，喀麦隆东北部，尼日利亚东部的 yiy），诺丽（Noni），约鲁巴语（Yoruba），Gurindji（澳洲北部原住民语言），Yir Yoront（澳洲原住民语言，2005 年已灭绝），Abzakh Adyghe（阿迪格语），索拉语，Yanomámi（在委内瑞拉南部和巴西东北部的一种语言）。

5.9.2　动物与活着的生物

在法语里 animal 来源于拉丁语 anima（呼吸，生命）。德语 Tier 原义是指"呼吸的生物"（德语词根 *deuza 来源于印欧语词 *dheusó-）。在一种爱斯基摩语言（Eskimo-Aleut）里，Inuit（动物）来源于词根 uuma-，意思是"活着的，有力量的"。

5.10　自然界

Chiara（1986）调查了 60 种语言，发现 28 种语言（47%）中"风"和"气"为多义词。Brown（1979）调查了 221 种语言，发现 80 种语言（36%）中"风"和"气"语义上是联系的。80 种语言中有 6 种是通过明显标记来联系的，例如捷克语的"风"字面含义是"流动的气"。

Georgakopoulos et al.（2016）用语义图模型研究与"土壤/土地"（soil/earth）相关的多义模式，对 9 种属于印欧语系和亚非语系的古代语言的不同语言的 20 个词的语义空间进行了可视化的图解。不同语言的共同语义图揭示了所研究的词素所覆盖的语义空间往往彼此不同，尽管可以检测到共同的模式。最后利用认知语言学文献中的各种类型的语义变化，指出个别词的某些意义是隐喻、转喻和泛化等机制作用的结果。

5.11 动词类

各种动词的跨语言研究有很多，如"给"（give）和论元连接（Haspelmath, 2005a; Kittilä, 2006）。Haspelmath（2005a）不仅为双及物动词"给"专门绘制了世界语言编码地图，而且还与 Malchukov, Haspelmath & Comrie（2010）合作主编了《双及物句研究比较手册》（*Studies in Ditransitive Construction: A Comparative Handbook*），收录了世界四大洲25种语言（其中非洲6种如 Xun, Emai, Yorùbá, Baule, Jóola Banjal, Tima；欧亚8种如 Telkepe, Vafsi, East Caucasia, Tungusic, Ket, Chintang, Belhare, Thai；澳洲和新几内亚4种如 Teiwa, Mian, Teop, Jaminjung；美洲7种如 Yupik, Halkomelem Salish, Hupa, Ojibwe, Tlapanec, Itonama, Mapudungun），总结了当前双及物句的跨语言研究情况。双及物结构在各种语言里的共性和差异主要体现在三个方面，即编码特征（coding properties），行为特征（behavioral properties）和词汇分裂（lexical splits）。

表5-26　双及物动词"给"在378种语言中的编码情况（Haspelmath, 2005a）

	客事（T）	受事（P）	接事（R）	举例
间接宾语编码 （189种，50.0%）	T	= P	≠ R	送一本书给他。（后置词） 给他送礼。（前置词）
第二宾语编码 （84种，22.2%）	T	≠ P	= R	to rob somebody of sth. 我把书送给了张三。
双宾语编码 （66种，17.5%）	T	= P	= R	To give him a book. （给他一本书。） 给一本书他。 （汉语南方方言）
混合编码 （39种，10.3%）	兼用两种及两种以上的编码			英语、汉语普通话均属混合编码

给予义动词＞致使标记/致使助词/致使补语标记。动词"给"在东南亚语言（如越南语 cho，泰语 hai/hây，克伦语 phílân）中做致使标记。澳大利亚土著语言阿拉瓦语（Alawa）的动词 muta（给）、马来语的动词 bagi（给、让、被）、南尼罗语族的楠地语的动词 ka（给）也都能虚化为致使标记。"给"在汉语官话和汉语南方方言

中作致使标记较为常见。藏缅语族彝语支部分语言的动词"给"也可做致使标记，如拉祜语 pî（给），毕苏语 bi（给），哈尼语 bi^{33}（给）（黄成龙，2014：12）。

动词类的另一个重要的研究领域是"要"（want）与表意愿的结构（desiderative structure）（Haspelmath, 2005b; Khanina, 2005）。

Viberg（2006）对欧洲语言动词的语义做出了出色的比较研究，同时还详细比较了瑞典语的 fã（获得）和英语的 get（获得）。该文提供了基于目前在瑞典出版作品中的翻译语料的动词的词义结构类型对比图，简要回顾了欧洲语言中的基本动词。该文的主要部分是讨论最常见的动词的最基本的语义领域，如姿势、位置、运动和占有。该文还讨论了一些语法化的案例，比如 Gå（走）作为"可能性"的特定类型的一个语法标记。

表 5-27　欧洲语言的基本动词分类

A. 反映共性的趋势：the nuclear verbs						
motion（位移）	possession（拥有）	production（产出）	verbal（言说）	perception（感知）	cognition（认知）	desire（意愿）
go	give	make	say	see	know	want

5.11.1　位移动词（motion verbs）

关于运动动词，Talmy（1985）研究的重点在不同语言的动词中系统编码的运动事件的组成部分。Wälchli（2006）研究的是 100 多种语言中的运动事件，由于运动域结构多样，通常是由许多不同的语言手段编码，一般会拆分成更小的语义域。莫斯科语言学家 Maisak & Rakhilina（2006）详细讨论了 40 种谱系、结构和地域不同的语言中的水中运动（aqua-motion）动词。

5.11.2　相遇类动词

易焱（2013）将词汇类型学的研究方法引入英汉语的"相遇"类动词的对比研究后发现，英语 meet 和汉语"相遇"类动词词汇化的共性有："相遇—对称"，"相遇—及物"，"相遇—空间"，"相遇—社会/心理"共词化。英汉语将空间意义的"相遇"和社会及心理意义上的"相遇"用同一个词位表达，表明 Sweetser（1990）发现的物理世界的概念经常扩展到社会世界和心理世界这种扩展机制是有共性的。

5.11.3 切割和破坏类（Cutting and Breaking，缩写为 C&B）动词

Guerssel（1985）研究了英语、Berber、Warlpiri 和 Hocak［Winnebago，内布拉斯加州和威斯康星州的苏族（北美印第安人的一族）人的语言］中的 C&B 类词，是从动词语义和句法的角度进行的研究，发现英语中的"破坏"类的成员都可以参与到致使—起动交替（causative-inchoative alternation），但是"切割"类不行。这两类词的句法属性的不同是源于语义价的不同："破坏"类动词是一价的，"切割"类动词是二价的。

2001 年马克斯·普朗克心理语言学语言所的研究者们主持了"事件代表项目"（Event Representation Project），对 C&B 类词的词汇化和论元结构进行了一系列的研究，例如 Bohnemeyer（2001）。2007 年在《认知语言学》刊物上专门有一期特刊来介绍这些研究成果，具体文章如下：

1）Majid et al.（2007a），《切割类和破坏类动词的语义范畴：跨语言的视角》（"The Semantic Categories of CUTTING and BREAKING Events: A Crosslinguistic Perspective"）。

2）Majid（2007b），《语义范畴在紧密相关的语言里是相似的吗？切割类和破坏类动词在 4 种日耳曼语里的比较》（"How Similar Are Semantic Categories in Closely Related Languages? A Comparison of Cutting and Breaking in Four Germanic Languages"）。

3）Bohnemeyer（2007c），《切割类和破坏类动词的形态词汇透明度和论元结构》（"Morpholexical Transparency and the Argument Structure of Verbs of Cutting and Breaking"）。

4）Narasimhan（2007），《印地语和泰米尔语里的切割类、破坏类和撕扯类动词》（"Cutting, Breaking, and Tearing Verbs in Hindi and Tamil"）。

5）Levinson（2007），《在 Rossel 岛的巴布亚语里的切割类和破坏类动词》（"Cut and Break Verbs in Yélî Dnye, the Papuan Language of Rossel Island"）。

6）O'Connor（2007），《在 Lowland Chontal 语里的切割类和破坏类动词"砍，撕碎，折断"》（"'Chop, Shred, Snap Apart': Verbs of Cutting and Breaking in Lowland Chontal"）。

7）Essegbey（2007），《Sranan 语里的切割类和破坏类动词》（"Cut and Break Verbs in Sranan"）。

8）Ameka & Essegbey（2007），《在埃维语里的切割类和破坏类动词和致使交替结构》（"Cut and Break Verbs in Ewe and the Causative Alternation Construction"）。

9）Lüpke（2007），《Jalonke 里的切割类和破坏类动词》（"'Smash it Again, Sam': Verbs of Cutting and Breaking in Jalonke"）。

10）Gaby（2007），《描述库塔语里的切割类和破坏类动词》（"Describing Cutting and Breaking Events in Kuuk Thaayorre"）。

11）Chen（2007），《"他割断了绳子"：中文里编码和范畴化切割类和破坏类动词》（"'He Cut-Break the Rope': Encoding and Categorizing Cutting and Breaking Events in Mandarin"）。

12）Enfield（2007），《老挝语分离动词和语言事件范畴的逻辑性》（"Lao Separation Verbs and the Logic of Linguistic Event Categorization"）。

13）Staden（2007），《"请打开鱼"：在西印尼巴布亚诸语言里的一支蒂多雷语里的分离动词》（"'Please Open the Fish': Verbs of Separation in Tidore, a Papuan Language of Eastern Indonesia"）。

14）Palancar（2007），《奥托米语里切割类和破坏类动词：词汇具体化的例子》（"Cutting and Breaking Verbs in Otomi: An Example of Lexical Specification"）。

15）Brown（2007），《"她刚刚打破了她的头"：特兹尔托语里的切割类和破坏类动词》（"'She had just Cut/Broken off her Head': Cutting and Breaking Verbs in Tzeltal"）。

16）Taylor（2007），《切割类和破坏类动词的语义范畴：一些最终的想法》（"Semantic Categories of Cutting and Breaking: Some Final Thoughts"）。

Majid et al.（2007a）召集了 24 位研究者调查了 28 国语言[1]中 C&B 事件的语义范畴，

---

[1] 土耳其语（Turkish），Biak，Kilivila，Tiriyó，Tamil，荷兰语（Dutch），英语（English），德语（German），印地语（Hindi），Punjabi，西班牙语（Spanish），瑞典语（Swedish），Tzeltal，Yukatek，Ewe，Jalonke，Likpe，Otomi，Kuuk Thaayorre，汉语普通话（Mandarin），老挝语（Lao），蒂多雷语（Tidore），Miraña，Sranan，Chontal，日语（Japanese），Touo，Yélî Dyne。

他们先让受试者看录像,然后让他们就录像中不同种类的 C&B 类词的动作用动词来描述。研究者认为 C&B 类词是人类共有的一个活动,人类可能有共同的表达方式来表达这种事件。他们想解决的问题是 C&B 的范畴是否是一致的。在区分 C&B 事件的维度上有相当大的跨语言一致性,但在范畴化数量和边界位置上有差异。例如,所有的语言区分事件都是依据破坏物分裂点是否可测,例如英语中"切割"更可测,"破坏"不容易预测。语言对"切割"和"破坏"事件的范畴化可能存在显著差异。例如,英语 break(破坏)后可接各种各样的物体(如盘子、棍子、绳子),而说基切人(K'iche)必须根据破坏的物体属性从一组"破坏"类动词中进行选择。例如,-paxi:j 打碎岩石、玻璃或粘土东西(例如盘子);-q'upi:j 切割其他种类的硬物(例如棍子);-tóqopi'j 弄破一条长且有弹性的东西(例如绳子)。

Majid et al.(2007b)调查了英语、德语、荷兰语和瑞典语,看看这些语言中 C&B 的范畴是否一致。他们通过受试者描述的 C&B 事件,最后发现这 4 种日耳曼的语言在范畴的数量方面、边界和各范畴之间的关系方面是不一致的。虽然这个结论与 Majid et al.(2007a)有那么一些不一致,但是这篇文章是为了说明即使是在关系很紧密的语言中(例如都属于日耳曼语系),语义范畴的划分也会不太一样。Majid et al.(2008)指出不同的语言都享有一个能够被不同的维度来区分的语义空间,这些维度揭示了 C&B 范畴的一个共同概念域。

为了验证 Guerssel(1985)的假设,Bohnemeyer(2007)讨论了 17 种语言中 C&B 的论元结构,他通过调查认为,C&B 的论元结构的一致性是依据语素词汇的透明度和完整的连接原理进行重新分析,而不是具体的动词类别。研究的目的是调查人们如何用动词来范畴化这类事件:假定不同语言的说话者在如何标记有共同事件概念的事件时是一致的。结果表明不同语言中如何区分时间的维度是有极大的一致性的。这表明人类事件范畴是有很强的限定的,变异只是在有限度的语义空间内进行。

Brown(2007)描述了玛雅语里的特兹尔托语(Tzeltal)表示 C&B 的词汇,这一概念的动词在任何语法意义上并不是单属一类;C&B 的动词在形式上与其他及物的状态变化动词是无法区分的。但他们很好地揭示了特兹尔托语这类动词语义特征的特性:C&B 对行动的细分化根据主位(theme object)的空间和结构的属性来区分,它们一般没有上位的术语来表示"切割"或"破坏"。该文描述了这些动词的语义,并显示,在绝大多数情况下,它不预测其论元结构。

俄罗斯语对 C&B 词汇的区分：rvat'（撕，对象是柔软的物体，用手）；rubit'（劈，对象是硬物，用斧头或类似的工具，劈成两半或劈成块）；rezat'（切，对象是适度柔软的物体，用工具刀片切，特别是刀或剪刀）；toloč'（磨，对象是小的硬物，用石磨或研钵磨成均匀的粉末）；šinkovat'（对象是蔬菜，用刀或短柄的小斧剁成很小的块）（Kaškin, 2010）。

5.11.4 感知动词（perception verbs）

人类的基本感知是视觉、听觉、嗅觉、味觉和触觉，通常用知觉动词来表示。亚里士多德最早讨论了 5 种感官的顺序："看"—"听"—"闻"—"尝"—"触"，他认为触觉是最主要的感官，视觉是最高级的，味觉是一种特殊的触觉，能够转移到其他感官形态的形容词中触觉形容词最多。词义类型学是从某一概念入手，描述各语言在表达同一概念时用什么样的语言形式；同时比较各语言对该语域的切分方式的异同及归纳限制可能语言变异的共性。具体到知觉域，当代语言学家着手解决两个问题：①各种语言是如何概念化感知动词的；②感知动词是如何语义扩展的。

Viberg（1983）调查了跨语言的知觉动词的规律：从视觉动词词义可以扩展到其他知觉动词，相反则不行，看（see）＞听（hear）＞尝（taste）＞闻（smell）。Viberg（1983, 2001）通过二手数据（来源于词典、单词列表和更详细的描写）来进行感知词的研究。Viberg（1983）调查了 53 种语言，他鉴别了 5 个感知动词的语义扩展结构和方向，他给出了一个感知动词的共性层级模型。同时他总结：在层级模式左侧的感知词属于较高层级，它更有可能获得包括较低层级的感知词的扩展义，也就是视觉词会比嗅觉词更具多义性。

Viberg 根据感受者（experiencer）[1]的动词（这时感受者是主语）和依据现象的动词（刺激为主语，感受者不是论元）将感知动词分成三类：感受（experience），活动（activity）和感官系动词（copulative）。"活动"（activity）是指一个有意识地受人类施事（human agent）控制的无限制的过程，而"感受"（experience）是指不受控的状态。Viberg 同时根据动词的主语分成基于感受者的（experiencer-based）

---

[1] 论元（argument）结构一般将主位角色（thematic role）分为施事者（agent）、感受者（experiencer）、受惠者（benefactive）、客体（patient）、处所（location）、起点（source）、终点（goal）、工具（instrument）、使役者（causer）等多种种类。

和基于现象的（phenomenon-based），前者将具有一定心智感受的生命物作为主语（感官感受类动词和感官活动类动词都属于此类），后者将被感受到的实体作为主语（感官系动词）。在英语中区分施事和经验的"look at"（看）/"see"（看到），"listen"（听）和"hear"（听到），但有些语言就不区分。但是没有哪种语言是用一个动词表示"look at"（看）和"see"（看到），却用两个单独的词区分"listen"（听）和"hear"（听到）的。依据感知者的动词进一步分成活动（感知的施事动词，如 look, listen）和感知（感知的非施事动词，如 see, hear）。比如说 listen 能够用来修饰，因此被划分为主动的施事动词（agentive verb）；而 hear 前不能加"故意地"，表明它是一个体验动词。

表 5-28 感知动词分类（Viberg, 2001: 1295）

	依据感受者（experiencer-based）		依据现象（phenomenon-based）
	活动（activity）	感知（experience）	
看	彼得在看鸟。 Peter was looking/looked at the birds.	彼得看到了鸟。 Peter saw the birds.	彼得看起来很开心。 Peter looked happy.
听	彼得在听收音机。 Peter was listening/listened to the radio.	彼得听了收音机。 Peter heard the radio.	彼得听起来很悲伤。 Peter sounded sad.
摸	彼得摸了布（来看它是否柔软）。 Peter felt the cloth（to see how soft it was）.	彼得感到他的脚下有块石头。 Peter felt a stone under his foot.	这个布感觉很柔软。 The cloth felt soft.
尝	彼得尝了食物（来看是否可以吃）。 Peter tasted the food（to see if he could eat it）.	彼得尝了汤里的大蒜。 Peter tasted garlic in the soup.	汤尝起来很好。 The soup tasted good of garlic.
闻	彼得闻到了食物的味道（来看是否可以吃）。 Peter smelled the food（to see if he could eat it）.	彼得闻到了汤里的大蒜。 Peter smelled garlic in the soup.	汤闻起来很好。 The soup smelled good of garlic.

第一组称为主动的感知动词（active perception verbs），由人类施事掌控。在第二组状态中，主语不控制刺激物，它指一种状态或始发的完成（a state or inchoative achievement），是通过相关的感官，如眼睛、耳朵、皮肤、鼻子和嘴（taste buds）感觉到的。

在瑞典语中，"看"和"听"都是基本的体验，如果一个物体标记为介词"på"（在……上），那么这个动词可以用作活动。

第 5 章 具体的范畴词研究

例 1：Jag hör på radion.（我在听收音机。）

例 2：Jag hör grannens radio.（我能听到我邻居的收音机。）

第一个例子是指一个控制的活动，然而第二个是指一个不能被控制的活动。

På 作为活动的间接宾语标记代表了一个在瑞典语中已确立的模式，用来显示非结果的活动或是一个未完成的活动。

是否在每种语言中五种感官词都被词汇化了？在 Setswana（在 Botswana、南非、Namibia 部分地区讲的一种班图语）里五种感知动词只有两种词，一种是视觉词 bona，另一种用 utlwa 表示其他四种非视觉的感官词。

	ǂHaba		G|ui and G||ana	
	AC/EX	CP	AC/EX	CP
SIGHT	móò	ʔn̄	múǔ	ʔn̄
HEARING	kúḿ		kúḿ	
TOUCH				
TASTE	||ám̀	||ām̀	(||ám̀)	||ām̀
SMELL				

图 5-6　Khoe 语中感知词的词汇化划分（Nakagawa, 2012: 404）

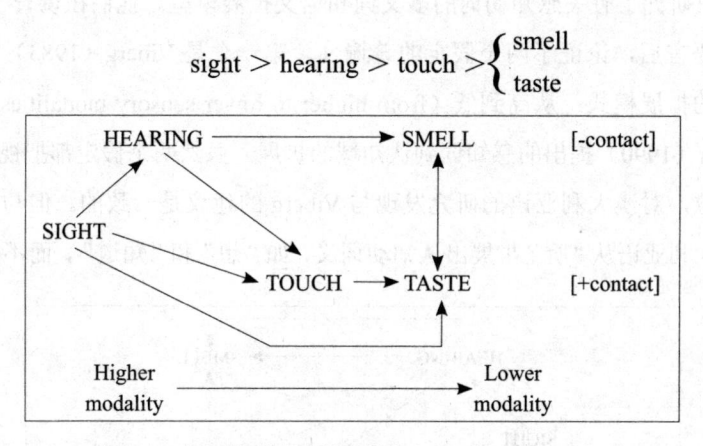

$$\text{sight} > \text{hearing} > \text{touch} > \begin{cases} \text{smell} \\ \text{taste} \end{cases}$$

```
         HEARING ──────→ SMELL        [-contact]
           ↗  ↘          ↑
    SIGHT          ↘     │
           ↘        TOUCH ──→ TASTE   [+contact]
            └─────────────↑

    Higher                    Lower
    modality ──────────────→  modality
```

图 5-7　感知动词的语义扩展模式（Viberg, 1983: 147）

图 5-7 展示了所有的相邻和不相邻的语义扩展，除了嗅觉和味觉之间是双向的，所有的都是从高到低。

Sweetser（1990: 38）考察了印欧语言中的感知动词在词源和词义引申方面的规律。感知动词的词源之一是指感知器官的词，如英语 to eye（看）<eye（眼睛），拉丁语

157

audire（听见）<（耳朵）。Sweetser 分析了五大感知动词的语义投射：视觉动词获得隐喻义"知晓"（Knowing is seeing.）；听觉动词获得隐喻义"接受、服从、听从"；而嗅觉喻"反感"；味觉喻"喜恶"；触觉动词主观性强，其引申义常与情感有关，并且表味觉的词多引申出与个人喜好相关的含义。Sweetser 研究发现了"以身喻心"这一普遍现象，即从身体域向心理域的隐喻投射。视觉的客观性强，触觉、味觉的主观性强，所以视觉跟知识相联系，触觉、味觉跟感情相联系。对"看"（see）、"听"（hear）、"感觉"（feel）的研究发现，是视觉动词"看"（see）而不是听觉动词"听"（hear）能扩展出"理解、明白"（knowing, understanding）的词义，也就是更高层级的动词（verbs of higher intellection）。如"知道"和"思考"主要来源于视觉；听觉动词扩展出"听从"义，触觉、味觉动词扩展出感情义。Sweetser 认为语义演变就像语音演变一样是有规律的，"以身喻心"受认知方式制约，不会反过来"以心喻身"，同时揭示语义的单向性对于词义类型学的研究来说非常有意义，因为它给什么是可能的语义演变加了限制。

Evans & Wilkins（2000）在《头脑里的耳朵：澳大利亚语言里感知动词的语义扩展》这篇文章里研究了有关感知动词的多义词和语义扩展模型。他们在调查了大概 60 种澳大利亚语言后，论证了两个假定的普遍性。第一个是 Viberg（1983）提出的感知词单项性的扩展模式：从高到低（from higher to lower sensory modalities）。第二个是 Sweetser（1990）提出的感知词到认知域的扩展。虽然两个假定都把视觉放在所有感知的首位，对澳大利亚语的研究发现与 Viberg 的建议是一致的。但与 Sweetser 不同的是澳大利亚语从"听"扩展出认知动词义，如"想"和"知道"，而不是从"看"。

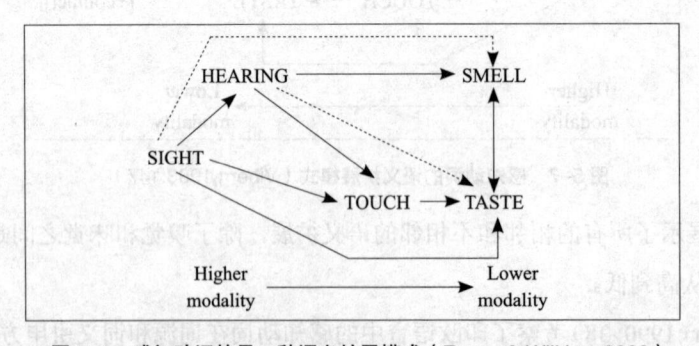

图 5-8　感知动词的另一种语义扩展模式（Evans & Wilkins, 2000）

Evans & Wilkins（2000）在调查了澳大利亚语言后又加了两根虚线，表现从视觉到嗅觉、从听觉到味觉的语义扩展。这种语义扩展事实上也是从高到低的顺序。

表 5-29　Khoe 语中感知词的语义扩展：① ǂHaba；② ǂHaba，G|ui and G‖ana；
③ ǂHaba，G|ui and G‖ana（Nakagawa，2012：408）

层级	AC/EX	层级	CP	层级	CP
视觉	móò	视觉	ʔīi	视觉	ʔīi
听觉	kúm̀	听觉		听觉	lām̄
触觉	lám̀	触觉	lām̄	触觉	↑
味觉 嗅觉	lám̀	味觉 嗅觉	lām̄	味觉 嗅觉	lām̄

Nakagawa（2012）调查了 Khoe 语的三种语言 ǂHaba，G|ui and G‖ana 里的知觉词后发现，与 Viberg 提出的结构相比，在 Khoe 里最高的一级仍然是视觉。但是与 Viberg（1983）提出的不符的是从味觉到触觉的扩展和从味觉到听觉的扩展。

Ibarretxe-Antuñano（1999a）在其博士论文《跨语言研究的感知词的多义词和隐喻》中对英语、巴斯克语和西班牙语感知动词的多义性进行了共时的类型学及历时的词源学研究，探寻了五类感官词如何形成并限制由物理的感官域向抽象概念的认知域进行隐喻映射。他指出感官动词的语义延伸是基于我们对这些感官模态的概念化过程，而特性选择是限制从始源域向目标域映射的主要原因。

Whitt（2010）通过对英语和德语的考察，在 viberg（1983）分类基础上把感官动词分为主体导向（subject-oriented）动词和客体导向（object-oriented）动词两类，指出：前者是及物动词，后者是不及物动词；前者句子主语是感知施事或感知经验者，后者句子主语不是感知者而是感知对象；前者强调感知活动中感知者的重要性，后者强调说话人对感知对象的推断或估测。英语和德语中都只有视觉动词和听觉动词区分主体导向施事感官动词和主体导向经验者感官动词，而其他感知动词不区分这两种类型。

Georgakopoulos et al.（2021）使用数据库研究了感知和认知的语义域中共词化模式所显示的普遍结构和区域结构。研究者使用多种方法，包括加权语义映射和相关分析，识别相关领域中的共词化模式，并评估这些模式在何种程度上是属于特定区域的。他们将共词化分为普遍的共词化和区域受限的共词化。

159

5.11.4.1 视觉词

（1）国外视觉词的类型学研究

是否存在普遍的感官等级（universal hierarchy of the senses），是否某些感官（例如视觉）更易于被意识到及比其他感官词（例如气味）有更多的语言描述？视觉词在所有感知词中的位置问题，很多研究者都有论述。Matisoff（1978: 161）认为眼睛是我们最高级的、最有智慧的感官。Viberg（2001）总结了视觉词的优势地位："看"在大多数语言里词化为一个单独的词。"看"有更高的文本频率（textual frequency）；"看"显示出更大的形态和句法灵活性；"看"在多义的模式里是占优的；有更大的可能被语法化；"看"在一语和二语习得中会更早习得。心理学和神经心理学中已有很多实验证明视觉在感知中占主导地位。心理学家认为估计约有 80% 的感知是视力所致（Dodwell, 1994）。

Viberg（2001: 1297）提到了 Djaru（澳大利亚 Pama Nyungan）的例子，在这个例子中，hear "听到"是用"看"相同的词根（即 ɲaŋ-）和扩展名 -an（听：ɲaŋ-an；看：ɲaŋ-）实现的。根据结构编码标准，ɲaŋ-an 的形态比 ɲaŋ- 多，前者被认为比后者更具标记性。由于未标记的概念应该出现在层次结构的更高位置，这样的示例支持视觉优先于听觉。

Winter et al.（2018），Stokes & Biggs（2015）都认为视觉词在所有的感知词中具有主导地位，与视觉相关的动词更多，相比其他知觉词说话者使用视觉动词更频繁。Van Putten（2020）调查了 Avatime 语，试图回答在动词和语法结构中感知模式是如何编码的；感知词同时还可以编码其他什么含义。

San Roque et al.（2015）调查了 13 种语言的自然讲话中各感知动词的使用频率发现：视觉总是主要的感知词，各感知词的层级在跨语言中表现是一致的；同时其他感知词的相对频率在跨语言中是不一样的，例如在 Semai 中嗅觉词是高频词。这表明在感知词中既有普遍的限制又有文化的塑造。综上所述，语言学家和心理学家都认为听觉词的主要地位是由人类的生物基础决定的，人类 50% 的大脑皮层都与视觉功能有关。该文证实了视觉模态占主导地位的观点，但它们的数据表明，其他模态的排名因样本语言而异。至于听觉，它对触觉、味觉和嗅觉的支配是一种趋势。

Majid et al.（2018）调查了 20 种语言（包括英语，Farsi，土耳其语，Dogul Dom，

Siwu，粤语，老挝语，马来语，Semai，Kilivila，Mian，Yélî Dnye，Umpila，Tzeltal，Yucatec，Zapotec，Yurakaré，美国手语，英国手语，Kata Kolok）里感知词的不同编码发现。

但几个反例挑战了以上假设，即视觉始终是主导形态。这样的一个反例来自Kolyma Yukaghir，在该反例中，听觉构式到感知的历时语义扩展正在进行中（Maslova，2004; Brenzinger & Fehn, 2013; Nakagawa, 2012）。

事实上有关五种感官动词的层级问题一直在接受挑战，居住在马来半岛的雨林里的嘉海语使用者过着打猎为生的生活，他们发现嗅觉词和视觉词一样容易表达。

另一个值得关注的是感知词域间的语义扩展，对此各种研究结果却相互矛盾。Sweetser（1990）认为认知首先与视觉有关，她提倡身体概念隐喻，由身体外部自我和内部自我之间的相关性驱动，包括：认同就是知道，倾听就是理解。但Sweetser补充道"对于一个表示'听到'的动词来说，发展一个表示'知道'而不是'理解'的用法是很新奇的，而这种用法对于表示'看'的动词来说是很常见的"。Evans & Wilkins（2000）对69种澳大利亚语言进行研究后，对上述说法提出了质疑，表明澳大利亚语言认知的基本来源是听觉感知，而不是视觉感知。Vanhove（2008）通过来自6个语系的25种语言的数据，强化了我们精神生活的智力方面更频繁地与听力感知联系的观点。Guerrero（2010）在对乌托—阿兹特坎语系的大量语言样本的研究中进一步支持了听觉与认知的联系（Aikhenvald & Storch, 2013）。Ibarretxe-Antuñano（2013: 324）提出了一个更普遍的方案认知是感知隐喻（类似于Sweetser的身体隐喻），其表现形式因文化而异：在英语（印欧、欧亚）中"认知即看到"，在Warluwarra（澳大利亚Pama Nyungan）和Nunggubuyu（澳大利亚Gunwinyguan）中"认知即听到"，在嘉海语（澳大利亚语，帕普尼西亚语）中"认知即闻到"（Caballero & Ibarretxe-Antuñano, 2009: 277-278; Evans & Wilkins, 2000: 572）。

Sweetser（1990: 21）认为潜藏在深处的、无处不在的隐喻连接我们的自然感知和我们的智力和知识；认知的一定的语义子域是另外一些子领域的历史源头。Sweetser（1990: 45-46）认为："通过语义变化路线的历史分析，它是可能阐明词汇域之间共时的语义联系；同样地共时连接可能有助于澄清过去语言学史的意义转变的原因。"印欧语中的词根 *weid-（看）成为希腊词 eidon（看），但是在表示完成体 oida 时意思是"知道"。源于此词根的还有拉丁语 video（看），爱尔兰语 fios（知识）。

"听"可以发展出"注意""听从""理解"的意思。视觉动词的主要语源域来自于：①视力（光，眼睛，面部运动）的物理属性。②视觉的隐喻：a. 视觉＝身体的接触、控制；b. 视觉的监控＝控制。视觉动词的目标域：从视觉动词经常发展出抽象的头脑活动。总结来说，视觉动词词义的演变趋势如下：

1）具体意义向抽象意义演变，揭示了印欧语系中表示"看"的词根 *weid- 是如何经过希腊语 eidon 及其完成时态 oida 进入英语形成 idea、wit 和 witness 等词。研究发现这些单词在大多数英语本土语言使用者中已经完全没有了视觉含义。"以身喻心"的表现就是由感官义向心智义、精神活动义的引申顺序存在于印欧语系的多种语言中。听觉动词的主要源域是身体域，比如"耳朵"。Buck（1949）发现源于印欧听觉动词的名词短语并不代表声音，而是代表听到言行的内容。表示声音的词都有一个拟声词。

2）"外在自我"比喻"内在自我"，这一隐喻普遍存在于不同文化中。表达社会/生理的外部域与表达情感/心理的内部域很多是通过隐喻的方式连接起来的，其中表生理感觉的词汇为始源域，表心理感受的词汇为目标域。

Van Putten（2020）发现 Avatime 里视觉动词 mɔ́ "看"与认知有重要联系，但不仅仅与客观知识领域相关，还具有表达个人意见、信念和情感的主观功能。

Aikhenvald & Storch（2013）主编的《语言和文化里的感知和认知》（*Peception and cognition in language and culture*）是基于 2010 年 12 月在德国科隆大学（University of Cologne）成立的"感知和认知"国际工作坊汇编成的。他们用类型的（typological）、实证的（empirical）方法来考察感知动词。Aikhenvald（2013: 27-28）指出"看"可以转移到"社会域"，比如"监管"（overseeing, overlooking）。"看"也可以指"遇见某人"。在 Lha'alua 和 Tsou 里（两种相近的 Formosan 语言里），see 也被用作拜访某人。Tariana 采用一个使役的形式来表达"遇见"。"看"还可以扩展到"拿，抓"，在很多语言里"抓"能扩展到"理解"义。

Ibarretxe-Antuñano（1999a）比较英语、巴斯克语、西班牙语中"看"的语义扩展的比较如下：

表 5–30 "看"在英语、巴斯克语、西班牙语中的语义扩展（Ibarretxe-Antuñano, 1999a: 64）

	意义	英语	巴斯克语	西班牙语
智力组	理解	√	√	√
	预见	√	√	√
	想象	√	√	√
	考虑	√	√	√
	修改	√	√	√
社交组	遇见	√	√	√
	拜访	√	√	√
	接受	√	√	√
	出去	√	√	√
确保组	确定	√	√	√
	确保	√	√	√
	照顾	√	√	√
目睹		√	√	√
参考		√	√	√
陪伴		√		
带来，持续		√		
忍受			√	
卷入				√

Haser（2003: 177）在寻找语义变化中的隐喻时发现"看"与以下语义相联系："看"与"拜访"；"看"与"小心"；"看"与"照料"；"看"与"等待"，"期待"。

1）"看"与"拜访"。例如，英语中"去看某人"（to see somebody）意思是"拜访"（visit）。匈牙利语 lát 意思是"看"；meglát 意思是"看见"；meglátogat 意思是"拜访"。土耳其语 görmek 意思是"看"，"拜访"，"经历"。韩语 pota 意思是"看"，"拜访"。印度尼西亚语 tilik 意思是"看"，"拜访"。玛雅语 il 意思是"看"，"拜访"。纳瓦特语 iitta 意思是"经常拜访某人"；frequentative of itta 意思是"看某人"，"看某物"。

2）"看"与"小心"。例如，英语中 watch out 意思是"小心"，其中 watch 是"看"的意思。匈牙利语 vigyáz（小心）词源意思也是"看"。土耳其语里 basiretli 意思是"清晰可见","小心",其中词干 basir 意思是"看";又 basira 意思是"视力","眼睛"。蒙古语 charach 意思是"看","小心","监管"。印尼语 menindjau 意思是"看";bertindjau-tindjauan 意思是"小心"。原始班图语 *-kéb- 意思是"看","照顾"。斯瓦希利语 angalia 意思是"看","当心"。

3)"看"与"照料"。例如,英语中 look after 意思是"照料",其中 look 是"看"。埃及语 nw 意思是"看","照料"。芬兰语 katsoa 意思是"看","照料"。匈牙利语 Hungarian néz 意思是"看","照料","考虑"。土耳其语 bakmak 意思是"看","照料"。蒙古语 charach 意思是"看","照料","监管"。越南语 nhin 意思是"看","照料"。马绍尔语(Marshallese)lale 意思是"看","照料"。

4)"看"与"等待","期待"。例如,英语中 expect(期待)的词根 -pect 的意思是"看"。

Treis(2010)调查了埃塞俄比亚语支(Ethiopiansprachbund)[1] 的感知词,其中坎巴语(Kambaata)[2] 里"看"(see, look at)的语义可以演变为下列含义:"检查";"考虑";"意识,理解";"拜访";"感知"(感情上的)。像坎巴语(Kambaata)一样,其他的埃塞俄比亚语里也发现了这种语义转变的模式,如"看"与"检查"。阿姆哈拉语[3](Amharic, Semitic)ayyä 意思是"测试,检查"。"看"的语义扩展到"拜访"的语义更普遍。"看"与"情感上经历",如阿姆哈拉语(Amharic)ayyä 意思是"经历(痛苦、困难)",mäkärawan ayyä 意思是"悲惨的"(字面含义"看见不幸")。

Viberg(1983)发现了一个感知动词语义扩张单向的路径,"看"(see)可以发展出第二个意思"听"(hear)或"闻"(smell),但从来不会出现相反的路径。

(2)国内视觉词的类型学研究

汉语中感官动词的共时与历时表现也证实了 Viberg 的等级序列。汉语中视觉动词有专门的视觉感知动词"见",还有视觉动作动词"看",也就是说只有视觉感官动词区分为感官动作动词(activity)与感官感知动词(experience)。另外,"看"具有的虚化功能其他感官动词不一定具有,其他感官动词具有的功能"看"一定具有。还可以进一步推断,当感官动词开始虚化为某一功能时,总是"看"最先虚化并获

---

[1] 属于亚非语系(闪米特,Cushitic and Omotic)和各种尼罗—撒哈拉语系语言。
[2] 班图语支,尼日尔—刚果语族。
[3] 闪语族,亚非语系。

得该功能，然后再类推到其他的感官动词，因为视觉动词是这一范畴中的显赫成员。"看"的两种虚化具有相同的演变路径：第一种，通过隐喻词义发生变化。隐喻的途径都是由物质世界到心理世界。感官感知动词"看"由视觉感知隐喻为心理感知"认识到""意识到"。第二种，通过转喻吸收语境中某格式的逻辑语义。感官动作动词"看"进入无条件复合句中吸收该格式意义，进一步虚化为表示无条件逻辑关系的标记；视觉感知动词"看"进入因果关系的复合句中，获得因果逻辑关系意义，进一步虚化为因果小句标记。从广义上来说，条件句与因果句是同一格式，条件复合句前一小句引出某条件，后续小句引出结果；因果复合句前一小句引出某个原因，后续分句引出结果。条件和原因都可以看作前提，即都是"前提—结果"的模式（高再兰，2012：497）。

5.11.4.2 听觉词

（1）国外听觉词的类型学研究

Sweetser（1990:43）认为视觉词是最高一级的知觉模态，因此它的语义能转移为"知道""理解"和"思考"。听觉动词只是与"理解"相关的具体的交流方面有关系，而不是整体上与"思考"相关。但是 Evans & Wilkins（2000）指出澳大利亚土著语言里的听觉动词就与"思考域"（the domain of intellection）建立了语义联系，而视觉词的扩展与"欲望"（desire）、"性的吸引"（sexual attraction）、"监管"（supervision）有关。在澳大利亚，听觉是整个大陆上（调查的60种语言无一例外）唯一的一个总映射到认知域的感知模态。听觉经常扩展到"想"，"知道"和"记住"，"理解"和"遵守"。这个模式跟印欧语系的不一样。在如何解释这种现象时，学者们认为除了认知的因素，文化的因素也不可缺少。Evans & Wilkins（2000:580-585）提供了6种因素来解释为什么在澳大利亚语言里"听"比"看"与认知更相关：①在有选择性地把注意力放在听觉上时个人选择发挥作用。②不同的交流风格。对话时盯着对方会被认为是一种冒犯。③描述感知眼前的缺席的对象情景时是用听而不是用看。④通过听积累有关"国家""神话"等的知识。⑤在社会化过程中听力的作用。⑥口头传统显示听的重要性。

表5-31 "听"在英语、巴斯克语、西班牙语中的语义扩展（Ibarretxe-Antuñano, 1999a: 68）

意义	英语	巴斯克语	西班牙语
注意	√	√	√
听从	√	√	√
被告诉，被通知	√	√	√
理解	√	√	√
被教育		√	
达成协议		√	

Meeussen（1975: 4-5）认为在非洲语言里是"听"而不是"看"表示其他所有的知觉。Heine & Zelealem（2007）赞同这种观点，认为在非洲语言里"听"也表示其他的知觉，如"闻""感到""尝""理解"，这可能是非洲语言的一个特色。Haser（2003: 176）发现"听"有"听从"义。英语obey（听从）来自于拉丁语oboedire，由ob-（朝向）＋audire（听）构成。埃及语sdm意思是"听"，"听从"。豪萨语ji意思是"听"，"听从"。芬兰语kuulla意思是"听"，"听从"。土耳其语dinlemek意思是"听"，"听从"。日语kiku意思是"听"，"听从"。韩语tut.ta意思是"听"，"听从"。

表5-32 听觉词和心智的感知（Vanhove, 2008: 355）

语言	Heed（注意）	Obey（听从）	Understand（理解）	Know（知道）	Learn（学习）	Think（思考）	Remember（记住）
英语	listen	listen	hear	hear	hear		
德语	hören	hören	hören	hören	hören		
法语	écouter	écouter	entendre	entendre			
意大利语	ascoltare	ascoltare		sentire	sentire	sentire	
俄语	*I.E.(s)keu-slušat'sja	slušat'sja	cuvstvovat'				
阿拉伯语		samiʃa	nasata				
Beja	maasiw	sinaakir					
Sar		òō	òō			òō	
Yulu		ɲāagō	ɲāagō	ɲāagō			
Gbaya		(zéí)	zéí				
Kasem	cōgī		nì	(nì)			
Makonde			kwíigwa				
Swahili			kusikia				

续表

语言	Heed（注意）	Obey（听从）	Understand（理解）	Know（知道）	Learn（学习）	Think（思考）	Remember（记住）
Tswana		utlwa					
Vili			kúkúù				
Wolof		dégg-al	dégg	dégg			
Araki				（dogo）			
Lakon		roñ		roñ			
Mwotlap		yonteg	yonteg	yonteg			
Olrat		roñ		roñ			tâlâ
Nêlêmwa			tâlâ				
Inuit	naalak						
Yupik		niiqur					
Tamang	1ngjan-pa						
Palenquero		kuchá					

（2）国内听觉词的类型学研究

覃修桂（2009）认为听觉作为一个概念域，其基本词语至少应该包括：①表示听觉器官及其功能的名词，如"耳、听觉"；②表示听觉行为的动词，如"听、闻"等；③表示听觉效果的形容词，如"聪、聋、聩"等。

表 5-33　英汉语中听觉范畴隐喻投射分布（"＋"表示存在，"—"表示不存在）

隐喻投射	英语	汉语
1."耳"喻"能力"	＋	＋
2."耳"喻"关注、重视"	＋	＋
3."听"喻"接受、服从"	＋	＋
4."听"喻"允许、同意"	＋	＋
5."听"喻"理解"	＋	＋
6."听/闻"喻"闻知、知道"	＋	＋
7."听"喻"等待"	＋	＋
8."听"喻"判断、治理"	＋	＋
9."聪"喻"聪明"	＋	＋
10."听"喻"斥责、谴责"	＋	—

续表

隐喻投射	英语	汉语
11."闻"喻"闻名、著称"	—	+
12."聋/聩"喻"糊涂、愚昧、无知"	—	+

5.11.4.3 嗅觉（smell）

嗅觉在五种感官里一直以来被认为是层级的低级，60%的嗅觉功能是处于不活跃的状态。Sperber（1974: 115）认为"虽然人类可以区分数以千计的气味，但是很少有语言能够像分类颜色那样来分类气味"。Henning（1916: 66）认为："将嗅觉词抽象化不太可能，我们可以轻易抽象化颜色词，但是很难抽象化嗅觉词。"当描述嗅觉词时，说英语者会寻求来源—描述物（source-descriptors），在印欧语里相比其他感官词，嗅觉词较少。

Asifa Majid 是荷兰奈梅亨马克斯·普朗克心理语言学研究所的研究员，他和同事一起调查了多种语言并证明在非印欧语的某些语言里是有非常丰富的词汇来描述嗅觉的。Burenhult & Majid（2011）介绍亚斯里语社区（Aslian-speaking communities）里嗅觉词异常丰富，以气味为导向的思想体系（odor-oriented ideological system）调查亚斯里语里的一支嘉海语。游牧式嘉海人是靠打猎为生的聚集者，住在马来半岛和泰国之间，他们大约有 12 种基本气味术语，显示为静态动词。它们通常不会显示主语一致（与动态动词不同），但是可以被否定和名词化。尽管可以将它们作为动词进行分析，但译成英语时最好翻译成表语形容词（"是香的""是发霉的"等）或所有格结构（"有刺鼻的气味"）。大多数当代嗅觉动词在历史上是无关联的词，尽管某些词可能源于相同的词根。这种嗅觉词的丰富词汇可见于很多当代南亚语系，并且超越了文化和环境的界限。这些词可能来自于同一原始母语。

Majid & Burenhult（2014）继续用实证方法研究嘉海语。他们使用的基本嗅觉词具有以下特征：是单个词位的并且心理上是凸显的；同时不使用气味来源进行描述。比如 ltpit 描述的是各种花和成熟的水果、香水、肥皂等的味道，Cŋɛs 描述的是汽油、烟、蝙蝠的粪便和蝙蝠洞穴等的味道。可以证实的是，嘉海语有很丰富的嗅觉词，几乎与颜色词一样丰富。Majid 和同事对 10 名母语为嘉海语的受试者和 10 名说美式英语的受试者进行了"一刮即嗅"测试，让他们分别给一组相同的颜色和气味命名。分析发现说嘉海语的受试者可以像命名颜色那样对气味进行命名，但说英语者很难做到，他们基本使用气味来源描述（如闻起来像香蕉一样）或给出评价性的描述（闻起来真恶心）。嘉海人的表现，是出于他们的生态环境（热带雨林），还是他们的语言（亚斯里语）、他们维持生活的方式（依靠狩猎和采集生活）？为此 Majid & Kruspe（2018）进行了后续的研究，他们发现生活方式是最重要的影响因素。研究比较了两个民族，一个是塞莫克贝里（Semaq Beri），另一个是塞梅莱（Semelai）。他们说的语言非常接近，同住在马来半岛的热带丛林；他们参加了控制组的气味和颜色命名实验。研究发现园艺种植者塞梅莱人命名气味比命名颜色困难。但是对于狩猎者塞莫克贝里人来说命名气味与命名颜色一样容易，表明狩猎者认为气味非常特殊。Majid et al.（2018）调查了30个嘉海人和30个荷兰人，调查者先让受试者闻单分子气味剂，然后让受试者为气味命名，同时记录受试者的反应时间、使用的气味描述词和呈现的面部表情等。结果显示荷兰人对气味的命名依赖具体的描述词，他们会寻求气味来源，例如气味像柠檬，而嘉海人对气味使用抽象的单词来命名。两组受试者对气味有同样的最初表情反应。

有关嗅觉词向其他语义域扩展的语义联系，Sweetser（1990）认为语义变化的路径是单向的，是通过隐喻将外在的身体域与内在的感情心理域相连。她发现与视觉相比，嗅觉跟心智域的隐喻联系较少，只有两个投射在嗅觉域建立了映射。

1）坏的气味意味着坏的性格或让人讨厌的特性。

He is a stinker.

他是一个令人讨厌的人（发恶臭的人）。

2）对这种特性的察觉。

I smell something fishy about this deal.

我感觉到了一些可疑的事情。

因此，Sweetser 认为嗅觉与其他的感官相比，少了一些向其他域的语义扩展。Ibarretxe-Antuñano 选择了英语、巴斯克语和西班牙语来证实 Sweetser 的推论是否正确。

表5-34 "嗅觉"在英语、巴斯克语、西班牙语中的语义扩展（Ibarretxe-Antuñano, 1999a: 82）

意义	英语	巴斯克语	西班牙语
Trail sth	+	+	+
怀疑	+	+	+
猜测	+	+	+

续表

意义	英语	巴斯克语	西班牙语
调查	+	+	+
轻视	+	—	—
腐败	—	+	—
预言	—	+	—
没注意	—	+	—

Ibarretxe-Antuñano（2013:632）发现巴斯克语（Basque）在嗅觉词的语义扩展方面非常丰富。

表 5-35　巴斯克语（Basque）中的嗅觉词（Ibarretxe-Antuñano, 2013: 633）

动词	"味道"	怀疑	猜测	调查
usaindu	+	+	+	—
usain egin	+	+	+	—
usain hartu	+	+	+	—
usainkatu	+	—	—	—
uanatu	+	+	+	—
usmatu	+	+	+	—
sumatu	+	+	+	—
susmatu	—	+	—	—
susmo hartu	—	+	—	—

表 5-36　西班牙语中的嗅觉词（Ibarretxe-Antuñano, 2013: 634）

动词	气味散发	认知	怀疑	猜测	调查
oler	+	+	+	+	—
olfatear	—	+	—	—	+
husmear	—	+	—	—	+

表 5-37　英语中的嗅觉词（Ibarretxe-Antuñano, 2013: 637）

动词	气味散发	认知	怀疑	猜测	调查
smell	+	+	+	+	—
sniff	—	+	—	—	+

表 5-38　三种语言中的嗅觉词比较（Ibarretxe-Antuñano, 2013: 640）

意义	英语	巴斯克语	西班牙语	属性
1. 自然的味道—发散	＋	－	＋	－
2. 自然的味道—感知—主动	＋	＋	＋	
3. 自然的味道—感知—感知者	＋	＋	＋	
4. 跟踪某事情	＋	＋	＋	
5. 调查	＋	＋	＋	
6. 猜测，怀疑	＋	＋	＋	
7. 建议	＋		＋	

Ibarretxe-Antuñano（1999b, 2006, 2013）发现在这三种语言中嗅觉的语义扩展比 Sweetser（1990）声称的要多。Aikhenvald（2013: 26）指出在 Luwo 语里，"闻"有"知道""理解"的含义。在 Korowai 语里动词 dai-/da- 指"听，听到，获得知识"。在 Dongolawi 语里，"闻"有"听"的意思。在 Manambu 语里 wukə 涵盖了很多意思，包括"听，听到，想，理解，担心，想念"，也表示"闻"。在 Tsou 里"闻"表示"找到"，两个动词的区别通过不同的态的标记（voice marker）来表示。在 Nunggubuyu 里，"闻到某东西"意思是"发现，感知到"。

5.11.4.4　味觉（taste）

（1）国外味觉词的类型学研究

Winter（2016）将味觉和嗅觉放在一起研究，认为味觉词和嗅觉词在表示情感的短语搭配中出现的频率更高，同时认为味觉和嗅觉在行为和神经上是统一的。情绪处理与对气味和味道的感知具有相似的神经基础，嗅觉和味觉刺激似乎在很大程度上根据其情绪内容进行处理。味觉和嗅觉在语言上的表现也是相似的。对"味道"的感知来自味觉和嗅觉的相互作用，气味也要通过口腔后部到达嗅球。进食必然涉及嗅觉，毫不奇怪；味觉和嗅觉在神经上是整合的，共享重叠的大脑网络。Kuipers（1991）是从人类语言学的视角研究 Weyéwa（生活在印尼岛上的松巴人使用的一种南岛语）中的味觉词。

Viberg（2001）提出拉丁动词 sapere 主要与"味道"有关，但也可以表示"知道""明智"的含义，也许是依据"品尝"和"精细的区分"之间的联系。在西班牙语中动词 saber "知道"仍然与"品尝"的含义一起使用，但在法语中 savoir 只有"知道"

171

这一基本含义。

Nakagawa（2012: 409）发现 Khoe 里有两种扩展与 Viberg 的研究不一致，一个是从味觉义可以扩展触摸义，另一个是从味觉义扩展到听觉义。同时在 Khoe 里除了三个基本的味觉词 /qárē/ "是甜的"、/qháū/ "是酸的"、/qxáū/ "是苦的"，还有一类语域 "详尽的味觉词"（elaborate taste verbs），里面至少包含 20 个独立的词位，这些词的主语是食物、饮料或在口里尝的东西。此语域的其中一个特征是意义的特指性，这些动词经常特指某些传统食物的味道，或者一组食材具有相同的味道等。另一个特征是这些动词在词位上拥有独立的地位，它们在语义上与一定的食材如动植物相关，但词源上没有关系。这两个特征表明在 Khoe 里味觉词词汇化较丰富，显示了味觉词在该语言中的重要性。

Treis（2010）考察了 Kambaata 里的味觉词，味觉体验的来源被编码为动词 "听"（maccoocc-am-，"品尝" 字面意思是 "被听到"）的被动式的主语，味觉体验的感受者是宾语后缀附着在动词上或者是作为独立的与格代词短语。"我尝了尝味道" 字面含义就是 "味道被我听到了"。描述味觉体验的句子经常是评价性的陈述，如不说 "我尝到了汤里的大蒜" 而说 "汤里的大蒜是美味的" 或者 "汤里的大蒜是不美味的"。在 Kambaata 里没有单个词位表示 "尝"，如果要表达 "彼得尝了尝食物"，那么这里的 "尝" 用的是一个多词位的结构。在埃塞俄比亚的文献中有关味觉表达的词汇数据是非常缺乏的。Kambaata 里的基本味觉词与酸甜苦辣咸并不一致，它只有一个总体的评价性词位 xi'- "味道好的" 而无论味道是酸甜苦辣咸；但是该语言没有对应的表示否定的品尝动词。

表 5-39　英语、巴斯克语、西班牙语里的味觉词

意义	英语	巴斯克语	西班牙语
感知	＋	＋	＋
产生一种感觉	＋	＋	＋
知道	－	－	＋

Haser（2003: 176）发现在很多语言中有 "尝试" — "尝（味道）" 这样的语义发展。比如在芬兰语里 maistaa 有 "尝" 和 "试图" 的意思。日语里 tamesu 意思是 "尝试"、"测试"、"尝（味道）"。波纳佩语（Ponapean）sor 意思是 "尝试"，"试

图"，"尝（味道）"。Tagalog（塔加拉族语）aio ＋ -um-/-in，sûbok 意思是"尝试"，"测试"，"尝（味道）"。马达加斯加语（Malagasy）manàndrana 意思是"尝试"，"尝（味道）"。斯瓦希里语（Swahili）onja 意思是"尝试"，"测试"，"尝（味道）"。纳瓦特尔语（Nahuatl）yecoa:tla 意思是"做事情"，"尝试"，"尝一道菜或食物"。盖丘亚语（Quechua）mali- 意思是"尝试"，"尝（味道）"。玛雅语（Maya）tumtah 意思是"尝试"，"尝（味道）"。

Raffaelli & Kerovec（2015）比较了克罗地亚语和土耳其语，试图找到在这两种语言中味觉词的语义扩展的精确的粒度的分析（fine grained analysis）。在克罗地亚语里 kus/kuš 是动词 kušati（尝）的词根，通过前缀化可以组成各种动词：pokušati（尝试）、iskušati/iskušavati/iskusiti（尝试，经历）、prokušati se（试，实验）、okušati se（u/kao）（实验）。在土耳其语里 Tat（尝）是名词，动词是 tatmak（品尝）；动词短语 tadını görmek（尝尝），字面含义是"看看（see）味道"；tadına bakmak（尝尝），字面含义是"看看（look at）味道"。这种用法与克罗地亚语不同的是，视觉动词可以用来词汇化味觉感知（taste experience）和味觉活动（taste activity）。土耳其语与克罗地亚语相同的是味觉义都可以扩展到抽象的体验域：tadını görmek 意思是"体验生活"（字面含义"看看生活的味道"）。tatlı 字面含义是"带有味道"，意思不是"美味的"而是"甜的"，tatlı 与一系列开心的经历（感情，天气，活动）搭配；tatsız 意思是"不美味的"，同时 tatsız 也有"不开心的""令人烦恼的"的意思。

Neagu（2013）发现在英语、罗马尼亚语、法语中味觉义可以扩展到"经历"和"享受"义。

（2）国内味觉词的类型学研究

郑贵友（1999）讨论了"味觉感知"类句子中的动宾双系形容词状语及相关的句法、语义问题。味觉词在句子中多表示主语的某种味觉选择，其在宾语前做定语是常位，而在动词前做状语是一种易变形式。味觉词所表示的不同味觉状态，可体现主语的"积极"或"消极"选择。特别的是当味觉词表示"恶性味觉形态"时，该词就不能易位到动词前做状语。

缑瑞隆（2003）对汉语感觉词的隐喻义进行描写，证实了语义发展的普遍规律是从身体域向精神域的映射。两种独特的味觉词隐喻观点："品尝是鉴赏"和"香甜是美好""苦臭是不好"。他认为：用舌去感受食物的味道需要用心去体验。我

173

们鉴赏精神领域的食物,也需要用心去体会,反复琢磨。这两者都与心理体验有关,于是"尝"等味觉词发展出"鉴赏"的意思。结论是味觉隐喻与智能有关,体现了由初级神经活动向高级精神活动发展的轨迹。

1) ①"尝"的"试着"义多见于施事为说话人或第一人称的未然用法,属自谦式表达。②"试着"义也见于施事为听话人或第二人称的未然用法,这种情况下"试着"义有的已经不明显,主要表示一种委婉的建议。③"试着"义也少量用于第三人称的未然用法。

2)"尝"的"经历"义中的"试着"义的痕迹。这些"经历"义中的"试着"义的痕迹进一步强化了"试着"义和"经历"义的语义联系。

3)"尝"的"试着"义的体貌意义。经历体是从"试着"义发展而来的。"试着"义接近于现代汉语动词重叠的用法。

"尝"从本义来看是少量地食用某种食物以辨识整个容器内食物的味道;从引申的实义来看,"尝试"是初步地进行某种行为,并获得某种结果,从而做出选择全部行为的合适方式;从引申的半虚义来看,"试着"的少量的含义主要体现在第一人称和第二人称的委婉用法上,委婉也就是减少"请求"或"要求"在量的方面的力度。在"尝"的虚化中,"少量"的含义一脉相承,有可能是其意义的核心成分,这也是"试着"义与"一度""歇""回""趟子"的相通之处:时间副词"一度"在虚化之前表示时量,是在时间上有明显边界的量,且两个边界之间的持续量也是一个相对较小的量。俄语的 po- 与汉语的动词重叠、"一度""歇""回""趟子"虚化前的意义及该文讨论的"尝"的"试着"义在语义和语法化程度上都很相近,都可以归为限量体(delimitative)。

刘道锋(2009)通过分析认为"尝"作为饮食类动词的一员,具有其他饮食动词不具备的一个语义特征:"试探性",而"试探性"这一语义特征在人们食不果腹且需要四处觅求野食的时代里,其重要性不言而喻,而作为祭祀礼仪的"尝"使"试探性"这一语义特征得到凸显,并且通过"隐喻"的认知模式,其语义由"饮食域"投射到"非饮食域",从而产生出"试探"的义位。他认为是先民们早期食不果腹的饮食生活和频繁的祭祀活动推动"尝"的词义演变进程,而"尝"的词义演变轨迹又如同生物体的基因一样,携带着先民们早期与生存环境互动的原初信息。他把"尝"的词义发展概括为:辨别滋味—祭祀祖先—试探—经历—曾经。

王继红、陈前瑞（2014）认为从"品尝"到"尝试"是从作为一种感官动作到适用于普遍动作的泛化，而且"品尝"是为了通过品尝食物一小部分的味道推知整个食物的味道，并继续做出下一步的决定。因此从"尝试"义到"试着"义是一种转喻，是从凸显行为本身到凸显行为方式的转喻。从"试着"义到"经历"义则是从动作方式到动作带来的经历或影响的转喻。他们认为"尝"向经历体的语法化发展过程如下：品尝→尝试→试着（限量体）→已然体→经历体。

根据戴庆厦（2012: 167）的研究，景颇语的貌词 ju^{33} 表示动作行为已经过去或表示"试一试"，该形式来自动词"看"。韩语的 pota 的原型义是"用眼睛感受外界事物"，其实义用法还有"见面""相亲""品尝""测试""达成""经历"等多种。这与汉语的"尝"有相似之处，同样体现了词义演变和语法意义演变的平行性。

伍铁平（1989）认为，同颜色词和温度词一样，味觉词也是一种典型的模糊词。味觉词构成一个连续统，中间没有截然分明的界限，彼此之间很容易转化。

5.11.4.5 触觉

（1）国外触觉词的类型学研究

Ibarretxe-Antuñano（1999a）研究了在英语、巴斯克语、西班牙语中"触觉"的语义扩展。

表 5-40　"触觉"在英语、巴斯克语、西班牙语中的语义扩展
（Ibarretxe-Antuñano, 1999a: 64）

意义	英语	巴斯克语	西班牙语
分享食物或饮料	√	√	√
影响	√	√	√
到达	√	√	√
处理	√	√	√
贷款	√		
考虑		√	
符合			√
劝说			√
相对			√

从表 5-40 可以发现，触觉动词不仅仅表示身体的接触，在这三种语言中触觉词

共同延伸出另外四种意思："分享食物或饮料"（to partake of food/drink），"影响"（to affect），"到达"（to reach），"处理"（deal with）。同时这些语料证实触觉域里的语义扩展远比 Sweetser（1990）的推论要多。

Gunnarsdóttir（2013）比较了英语和冰岛语里的感知词，提供了冰岛语里触觉词 snerta 的语义转移。①有"影响"义。如 Ég neita því ekki að leikritið snart mig djúpt.（我不否认那个剧深深地影响了我。）②有"对付，处理"义。Hann snertir ekki vín lengur.（他不再碰酒了。）③有"与……有关"义。Þetta mál snertir mig ekkert.（这个箱子与我无关。）

从人的体验来看，温度直接产生于身体的感受，是身体对外界环境变化做出反应的结果。人体对温度的感受不仅随着外界气温的变化而不同，也会随着体内的一些生理变化而变化。

（2）国内触觉词的类型学研究

张耀祥（1987）认为人体的单纯肤觉有四种：触觉、温觉、凉觉、痛觉，各由其觉点发出。皮肤温度是热力获得与丧失的平衡，皮肤获得外物的热力起温觉，丧失热力起凉觉。温觉与凉觉有时合称为温度觉，但两种感官的位置和构造显然不同。概而论之，温点只对温刺激生温觉，凉点只对凉刺激生凉觉，而温觉与痛觉混合而成的新觉叫作热，凉觉与痛觉合而为冷。身体各部分怕热和怕冷的程度并不相同。

任晓艳（2006）对现代汉语温度感觉词进行考察，从温度感觉词的"热""温""凉""冷"4个系列出发，从义系、词族、语义场的角度总结了温度词的特点，并将汉语中的温度感觉词与英语、日语、韩语的温度感觉词进行比较，发现温度感觉词作为人类共有的感受而产生的表达具有很多共性的特点：汉、英、日、韩的温度感觉词在意义上都经历了"温度现象→生理感觉→心理感觉→抽象概念"的语义发展，词的含义都可分为温度义、心理感觉义和抽象概念义这三种类型；而且它们都存在着比较一致的引申义，比如"冷色""暖色"等视觉刺激和"冷淡""热情"等心理感觉义上的一致性。这种一致性应该是由人类感官共同的生理机制决定的。

高航，严辰松（2008）调查了汉语温度词的四个范畴，包括"热""暖""凉"和"冷"。由于温度图式对人类生存非常重要，因此衍生出众多的概念隐喻。它们与以下八类范畴有关：疾病、色彩、兴趣与注意力、人或事物的活跃程度、性格或情感、社会地位与权势、困难或危险的处境、知识水平或理解能力。

彭传微（2009）调查了俄汉语温度词，发现它们的概念隐喻主要与以下范畴有关：

色彩、人的性格、情感和人与事物的活跃程度。

5.11.5 姿势动词"坐""站""躺"

研究者普遍认为"坐""站""躺"是身体姿势词,不是身体的移动,不属于位移动词(motion verbs)。

Bybee, Perkins & Pagliuca(1994:127)探讨了进行体的源头,在语料库里进行体形式包含方位因素的研究。方位概念既可以用动词辅助,还可以用前置介词或后置介词(postpositions or prepositions)表示方位。动词辅助词可能源于一个具体的姿势动词,比如"坐""站""躺"。

Kuteva(1999)调查了保加利亚语(Bulgarian)、丹麦语(Danish)、挪威语(Norwegian)、瑞典语(Swedish)、丹麦语(Danish)、曼丹语(Mandan)[1]、Kabyle(Berber:阿尔及利亚语里的一种语言)、伊蒙达语(Imonda)[2]、Kxoe[3](Khoisan:spoken in Namibia)、俄语(Russian)、古赫梯语(Old Hittite)、埃维语(Ewe)[4]、缅甸语(Burmese)的身体姿势动词"坐""站""躺"+and(和)+主要动词的结构,认为助词"坐""站""躺"+and(和)+主要动词是语法化的结果,含"and"(和)的短语结构能促进姿势动词语法化为体标记。结构为体标记的姿势动词的使用与作为物体的空间位置的非标记编码相关;用"坐""站""躺"提升相应的动词结构编码实体的空间位置。他还提出了这些词演变为持续体标记的四个语法化阶段:人类身体姿势动词>表示物体空间位置的常规编码形式>持续体(接无生命主语)>持续体(接无生命和有生命主语)。

表 5–41 "坐""站""躺"助词化的发展阶段(Kuteva, 1999)

阶段	特 征
I	1. 身体姿势词(单句) [生命度主语+动词(坐/站/躺)+副词] 2. 身体姿势词+同时的动词状况(双子句) [生命度主语+动词 V1(坐/站/躺)+and+[隐式共指主语+V2]]

---

[1] 曼丹语(Mandan),苏语诸语言,凯雷斯语群。
[2] 伊蒙达语(Imonda),瓦里斯语支,泛—新几内亚语族。
[3] Kxoe,科伊语支,科伊桑语系。
[4] 埃维语(Ewe),克瓦语支,尼日尔—刚果语族。

177

续表

阶段	特 征
Ⅱ	1. 物体的空间位置（单句） ［非生命度主语＋动词（坐/站/躺）＋副词］ 2. 下两类之间的歧义： 物体的空间＋同时的动词状况（双子句） ［非生命度主语＋动词V1（坐/站/躺）＋副词＋and＋［隐式共指主语主语＋V2］］ 连续体/持续体/现在体（单句） ［非生命度主语＋助词（坐/站/躺）＋副词＋and＋动词］
Ⅲ	连续体/持续体/现在体（单句） ［非生命度主语＋助词（坐/站/躺）＋and＋动词＋副词］
Ⅳ	连续体/持续体/现在体（单句） ［生命度主语/非生命度主语＋助词（坐/站/躺）＋and＋动词＋副词］

John Newman 发表与出版了一系列有关"坐""站""躺"的论文与图书。

1）Newman（2001: 203）在文章《在"坐"、"站"、"躺"结构中图形和背景的基于语料库的研究》（"A corpus-based study of the figure and ground in sitting, standing, and lying constructions"）中提出，"坐""站""躺"这些姿势动词除了动词本身的含义，它们还有如下用法：①方位动词，不仅受限于人的主语；②表示物体姿势或形状的助动词；③有时、体功能的助动词；④与名词使用时作为量词。

2）Newman & Rice（2001）合写了《在小的和大的语料库中的英语"坐"、"站"、"躺"》（"English sit, stand, and lie in small and large corpora"）。

3）Newman（2002a）的另一篇文章是《"坐"、"站"、"躺"姿势动词的跨语言综述》（"A cross-linguistic overview of the posture verbs 'sit', 'stand', and 'lie'"）。

4）Newman（2002b）还主编了《"坐"、"站"、"躺"的语言学》一书（详细内容见8.1.8）。

Newman（2002b: 19）认为"坐"与无生命度的物体搭配基本上有两种功能：①非活动（Non-activity）的"坐"，有一点细微差别表明实体是没有得到充分利用的、无用的等等，例如："书籍是坐在充满灰尘的架子上。"（The books are sitting on the shelf gathering dust.）②适合（Good-fit）的"坐"，它代表一个整齐排列或"适合"的位置，例如："Our house sits (snugly) between two adjoining ones."［我们的房子（紧贴着）位于两个相邻的房子之间。］

Viberg（2013: 163）根据 Newman（2002a）的调查发现姿势词有一个很强的趋势：

姿势词变成体标记来表示进行、继续和持续的含义。姿势动词也用在像系动词结构中，后带有形容词或过去分词做表语。在这种结构中，形容词（或分词）与主语的性和数一致。

5) Newman & Rice (2004) 在《认知语言学》（Cognitive linguistics）期刊上发表的论文《英语"坐"、"站"、"躺"的使用模式：基于语料库语言的认知引起的探寻》（"Patterns of usage for English sit, stand, and lie: A cognitively inspired exploration in corpus linguistics"）是关于 sit、stand、lie（坐、站、躺）这三个主要英语姿势动词的使用在语料库语言学中的认知探究。在 Mamvu 语、Kanakuru 语、意大利语、中古埃及语、Manam 等语言中，姿势动词原本表示姿势的意义已经失去，取而代之的是标记功能，即表示存在、位置、时态、语态、指示和分类及社会地位。不像其他的一些语言，英语基本姿势动词没有语法化。然而就频率方面、固定搭配、时体标记和参与者的选择，特别是主语方面，它们表现出了与姿势组群相关的功能性的症状。英语姿势词也可以表示方位的意义（locational senses），如："The house stood on the corner."（房子位于角落。）虽然英语姿势动词还没有语法化，但英语姿势词的研究为其他语言的姿势动词语法化提供了证据。该文主要调查了：①英语"坐""站""躺"的词频研究：sit、stand、lie 是主要的英语姿势词，其他姿势动词是次要的。②基于语料库的词语搭配使用频率研究，表明英语主要姿势动词具有表示位置和指示功能的语法倾向。而"坐""站""躺"（sit、stand、lie）与持续动词的搭配体现了这三个词体标记功能趋势。③语料库和语境研究相结合，在以非生命度为主语的句子中，三个词的词频顺序为：lie > sit > stand，这与生命度为主语的顺序相反。Sit 和 stand 趋向于做体标记，而 lie 趋向于表示存在和指示。Newman & Rice（2004）列举了这几个动词的语义扩展：如 sit（坐）作为进行体标记；现在体标记；惯常体标记；系动词；方位标记"在……里面"；方位标记"在……附近"；让步标记；反期待标记"还没"（not yet）。stand（静止动词）可以作为进行体标记；持续体标记；现在体标记；起始体标记（ingressive marker）；系动词；分配词。stand（运动动词）可以作为连续从句标记。lie（down）（静止动词）可以作为惯常体标记；进行体标记。

Heine（2012: 379）发现"坐"可以发展出以下的语义：①"坐"（坐，停留）> 持续体。在约尔奴语里，"坐"，静态动词 > 与主要动词连用时是延续体标记。津巴语

"坐",动词＞具有延续体功能的助动词。杰南语里的"坐"可以标记一个处于延续状态的事件。②"坐"(坐,停留)＞系动词。③"坐"(坐,停留)＞惯常体。

Heine(2012: 385)提出:①"站"＞持续体。②"站"＞系动词。

Heine(2012: 262)提出:"躺"＞持续体。

Nichols(2004)考察了80种语言中作者认为语义是不及物的动词如"坐""怕""笑""落"和它们对应的及物表达(共18组)。这18组动词清单考虑了各种已知或假定的与派生有关的参数(生命性、施事、力量抵抗)。其研究主要探讨:及物和对应的不及物是否相关?如果是的话,哪一组派生了另一组?是不及物动词通过使役形态派生出及物动词,还是及物动词在反使役形态过程中获得不及物动词?或者不及物动词和及物动词都是由同一不稳定动词编码,还是不及物动词和及物动词具有相同的状态?

Viberg(2006: 109)调查了瑞典姿势动词,发现它们在更大程度上是作为方位动词表示物体的位置,与它们在存在结构中(presentative)的用法相关。此外,它们也可作为进行体的标记。作为进行体的标志,瑞典姿势词同时标记"姿势"和"体"。动词经常出现在一种特别的结构中,这时就被称为"假并列句"(pseudo-coordination)。第一个动词重读,结构看起来与一定的语序规律出现异质性。在描述非生命度的物体时,姿势动词会比系动词更常用到。当物体垂直的维度凸显时,使用 stå(站),例如 Vasen står på bordet "The vase is standing on the table"(花瓶立在桌子上)。同样地,当物体水平维度凸显时,使用 ligga(躺)。在地点从句里,当某东西附属于另外一个物体时动词 sitta(站)用作参考点。

Enfield(2002: 28)没有发现老挝语里"坐""站""躺"有任何的扩展为语法标记(如体、态、存在等)的例子。在老挝语里,动词"到达"(arrive)、"获得"(acquire)、"完成"(finish)、"知道"(know)、"需要"(want)、"来"(come)、"去"(go)、"给"(give)、"保持"(keep)、"拿"(take)经常被用作体、态的标记。

Viberg(2013: 142)研究指出,在大多数情况下,瑞典姿势词与补足语(complements)结合表明方位,这时候主语是人。同时,姿势词还被用来表明非生命度的具体的物体(an inanimate concrete object)的位置。姿势词还可以用作存现结构(presentative constructions or existential constructions)。关于主语,人或非生命度的主语都可以。在调查瑞典存现句时，发现姿势词在存现结构中占 13%，另外两个动词 finnas（被发现）和 vara（是）占存现结构的 70%。表 5-42 是对瑞典姿势动词的主语的主要类型的频率的概述。

表 5-42 瑞典语里 ligga、stå、sitta 的搭配（Viberg, 2013: 145）

主语	ligga（躺）		stå（站）		sitta（坐）	
	N	%	N	%	N	%
人	353	43	653	61	736	90
动物	20	2	9	1	17	2
无生命度	381	47	258	24	58	7
写作	0	0	85	8	0	0
抽象的	65	8	65	6	9	1
总共	819	100	1070	100	820	100

无生命度的主语最突出的是动词 ligga（躺），有近 50% 的比例。而无生命度的主语与动词 sitta 搭配比例相当低，只有 7%。

表 5-43 瑞典语表示无生命度的位置的姿势动词之间的基本对比（Viberg, 2013: 146）

方向	姿势动词
水平维度凸显	ligga（躺）
垂直维度凸显	stå（站）
附属	sitta（坐）

Viberg（2013: 166）对日耳曼语进行了调查，指出所有的语言使用姿势动词作为方位谓词。在某种程度上，"lie"（躺）和"stand"（站）指能被人操控的物体的方向时有普遍的相似性，而把"sit"（坐）作为方位谓语时，密切相关的日耳曼语言也会表现出不同。

5.11.6 完结动词"死亡"

Botne（2003）调查了 18 种语言[1]中"死亡"对应的词语，指出"死亡"虽然是

---

[1] 印欧语系的英语（English），挪威语（Norwegian），法语（French）；乌拉尔语族的芬兰语（Finnish）；泰语（Thai），日语（Japanese），韩语（Korean），印第安人的 Assiniboine，Passamaquoddy；阿拉伯语（Arabic）；提格里尼亚语（Tigrinya），豪萨语（Hausa），Dinka，马塞语（Maasai），库阿语（Akan），约鲁巴语（Yoruba），Kinyarwanda（班图语的一种），Chindali（班图语的一种）。

指同样的人类事件，但是在不同语言中它们内在的时间（例如体）段结构是不一样的。"死亡"在 Vendler（1967）里的分类属于达成动词（有终点，有界，瞬间完成），因为它指的是标定的生命结束点。Botne 提出了 4 种"死亡"动词的区分：短时间完结的，起始的（inceptive），结果的（resultative），过渡的（transitional），这构成了所有完结动词的潜在范围。Botne 的研究表明，不同语言对导致死亡的过程有不同的词化阶段，反过来对于特定语言的相应的动词的内在体的分类有着重要的影响。Botne（2003: 276）做出的结论是："这个小型的探索性研究的成果表明，完结动词，虽然一致的核心是其瞬时性（punctuality）、完结性（culminative）的本质，但在不同的语言中，除去瞬时性的核心（punctual nucleus）以外，可能被概念化为持续前置编码，或后置编码。因此，'死亡'动词经常有一个复杂的时间结构，不只是一个转折点的编码。这个研究表明，这类动词的范畴包括了 4 种基本的时间结构，不同的语言可能选择编码变化状态事件（change-of-state）中的不同的体……这个研究表明，虽然相同的概念并不一定在每个语言里动用同样的阶段进行编码。因此，适当地对这类动词进行跨语言的比较和分析，需要对每种语言里的每一个特定的动词进行仔细分析。"

5.11.7　吃喝类动词

吃喝不是直接表示施动者或受动者本身的移动，也不属于位移动词（motion verbs）。Levin（1993）把"吃、喝"归入摄取动词（verbs of ingesting）。

Wierzbicka（1982）写了《为什么你可以喝一点而不能吃一点？》（"Why can you have a drink when you can't have an eat?"），这篇文章讨论了"have a +动词 V"类型不是异质的，而是受严格的语义原则制约的。

Haspelmath（1990: 41）在论述跨语言中被动形态的语法化时证明了卡利亚语（Kharia）[1]中有被动的后缀 -jom，jom 单独做动词时意思是"吃"。朱昂语（Juang）中也有被动的后缀 -jim，jim 单独做动词时意思也是"吃"。朝鲜语（Korean）是高度黏着语（agglutinating），其中一种表示被动标记是用 meg-，意思是"吃"。Keenan（1985: 259）指出在 Singhalese 里，"吃"可以作为被动标记，但词汇上高度受限。Heine（2012: 162）补充了汉语的例子，在上古汉语中"吃">近代汉语中"蒙

---

[1]　卡利亚语（Kharia）和朱昂语（Juang）都属于蒙达语族（Munda），是南亚语系。

受，遭受">被动标记。例如：①越王之穷，至乎吃山草。（贾谊《新书·耳痹》）②解事速说情由，不说眼看吃杖。（《敦煌变文集·庐山远公话》）③黄羊野马捻枪拔，虎鹿从头吃箭川（穿）。（《敦煌变文集·王昭君变文》）句①、句②、句③中的"吃"意思分别是"食"，"蒙受，遭受"，"被"。

Newman（1997）在文章《英语中"吃"，"喝"作为隐喻的源域》（"Eating and drinking as sources of metaphor in English"）里分析了表示"吃""喝"概念的扩展义：①吸进（空气）；②感情的滋养；③智力上的滋养；④接受观点；⑤体验生命；⑥获得拥有。

还有其他有关"吃"的研究，如：Family（2008）；Bonvini（2008）；Hénault（2008）；Boyeldieu（2008）；Pardeshi（2006）；Newman & Rice（2006）；Song（2009）；Wierzbicka（2009）。

5.11.8 动物声音的动词

Rakhilina & Parina（2017）将动物声音的隐喻用来表达人类声音进行了分类，即分为了非言语情境与言语情境。①非言语情境，包括不可控的生理声音和自发的反应。生理声音是生理过程（如消化时）的声音。对于这些声音，用"野生动物在胃里"的隐喻很常见，例如俄语中 určat（咆哮）或英语中 growl（咆哮）。这一类声音还包括打嗝、打鼾或各种呻吟声。生理声音也包括声音的属性。例如，保加利亚语用鹅或乌鸦的声音来表达嘶哑的声音。通常，鸟类的声音是描述人声特征反复出现的来源。自发的反应可以分为积极的反应如"笑"和消极的反应如"哭"。积极反应"笑"在俄语中可以用 ržat"嘶鸣"来表达。在亚美尼亚语中，蚱蜢的叫声和羊的咩咩声可以表达笑声。然而，对于"哭"这种消极的反应有更多的表达方式。这在语言中遵循一种反复出现的模式，即消极现象的词汇多于积极现象的词汇。在俄语中，根据不同的人类对象，有几种用动物音动词表示"哭"的隐喻表达。例如，piščat"（老鼠）吱吱叫"描述婴儿的哭声，而 vyt"（狼）嚎叫"描述成人的哭声。非言语情境还包括可控情境，而可控情境包括没有歌词的哼唱。英语动词 humming 就是一个很好的例子，它的隐喻表达来源于昆虫世界。这是欧洲语言中反复出现的模式。例如，法语中也使用了同样的声音，bourdonner"嗡嗡声，低声唱"。可控情境还包括没有音乐的歌唱，此类词与音乐性有关，描述了对听众来说走调和不愉快的糟糕演唱。

例如，英语动词 squeak "（老鼠）吱吱叫"和亚美尼亚语动词用表示猫发出的声音来描述不愉快的音乐体验。最后一类非言语情境是"喃喃自语"，或"自言自语"，指人类对自己说话，没有特定的接受者，也没有表达信息的意图。在这些情境下，德语中使用的动词 brummen（咕哝）是指熊的叫声。②言语情境指听不懂的话，可以是婴儿发出的话，在英语中可以用 coo "轻柔低语"（本意指鸽子"咕咕"地叫）表示。对于言语反应，他们给出了两个来自俄罗斯的例子，一个俄语动词 krjaknut "（鸭子）呱呱叫"，可以用来表示惊讶的反应，或者表示接受不可预见的事件。另一个俄语动词 myčat "（牛）哞哞叫"，它在言语和非言语反应中都用来表示满足，例如当某人被摸背时或者吃到美食时。

Rakhilina & Parina（2017）和 Rakhilina（2010）中没有进一步讨论言语和非言语情境之间的重叠。消极的语言反应有更多的词汇。这些词汇是对言论或其他行为或一般情况的不赞成反应。不赞成的反应可细分为弱对抗、攻击性对抗。根据作者的说法，动物隐喻在几种语言中常用来表达弱对抗。他们以俄语为例，动词 fyrkat 表示（马的）鼻息声、vereščat 表示（猪的）呼气声和 šipet 表示（蛇的）嘶嘶声。在英语和德语中，蛇的嘶嘶声也被用来表示弱对抗。在攻击性对抗的情况下，Rakhilina & Parina（2017: 19）指出，犬类动物，主要是狗，但在某种程度上是狼，是隐喻变化的重复来源。在俄语中，有"vjakat"（狗吠，哇啦哇啦地说个不停）和"ogryzat"（狗吠，人咆哮）（Rakhilina, 2010: 332），这两个词都表达了对引起不满的人、对象或活动公开的口头对抗反应。英语中也有类似的隐喻表达，如动词 growl [（狗）吼叫，（人）咆哮] 和 snarl [（狗）吠，（人）咆哮]。

184

第6章 语义类型学的派系简介

主要的欧洲语言类型学流派有俄罗斯的彼得堡类型学流派、德国的科隆流派、捷克的布拉格流派。美国的是以 Greenberg 为首的现代类型学流派。

6.1 列宁格勒类型学流派

1964 年苏联列宁格勒科学院语言研究所成立了列宁格勒类型学派。创始人为阿•阿•哈拉多维奇（1906—1977）。他们是由领导者、理论家和各语言专家共同合作的团队。在该流派中由领导者提供共同的研究课题，后与各理论家及各语言专家全面讨论该理论问题，并进行文献回顾、专家报告等相关研究。所有这一切讨论的成果构成该课题的理论基础，然后又在该理论基础上各语言学家们在各自的专业领域内进行具体的有关该课题的研究。在该过程中，领导者不但协调语言学家和理论家的关系，还协调理论和描述之间的关系。

40 多年来，彼得堡类型学流派出版了一系列的论文集来研究：使役结构的类型；形态使役；被动结构类型；结果结构类型。他们通常选择按语义来定义某一论题（如使成式，被动式，动结式），然后就按此定义的某一现象在许多语言里的不同句法和形态编码方法给予一个类型上的考察。

6.2 科隆 UNITYP 流派

德国科隆 UNITYP 是一个研究组织，全称是"语言共性研究和语言类型"（Language Universals Research and Language Typology，德语全称是 Sprachliche Universalienforschung und Typologie unter besonderer Berücksichtigung funktionaler Aspekte）。UNITYP 是 20 世纪 70 年代早期由 Hansjakob Seiler 在德国科隆大学语言所成立的，也是由项目中协

同合作的类型学家一起组成的，例如与墨西哥瓜达拉哈拉大学和瑞士日内瓦大学合作。1972年开始时只是一个项目，到1992年成为一个官方团体。研究小组成员定期开会，并举行会议。研究有四个系列，其中大部分的著作已经出版。它们涵盖八个认知概念维度：名词性、伴随、determination、领属结构、appprehension、参与、情境、方位。Seiler他的研究方法的关键术语是功能共同性（functional denominator），它被理解为任何给定语言中许多结构现象的总括术语，尽管在形式和/或意义上有所不同。例如，在古希腊语中，关系从句、属格结构、量词和指示词的一个常见功能是表示对一个对象或项目的识别。同时，Seiler将语言视为一个解决问题的系统。他区分了符意学和称名学，这使得他的方法更加全面。正如Seiler所说，前者是针对特定语言的、观察的和比较的，而后者是理性的和概念的。

CUG处理的是与认知—概念域相关的范畴。从这个角度说，CUG与Greenberg类型学派有极强的联系。因为认知在两种方法里都具有极为重要的作用。Greenberg类型学派在解释人类语言的一致性时显示出，认知是用来解释人类语言本质的重要手段。CUG关心的是从多样性到一致性的路径，或者从一致性到多样性的路径，CUG的目标是解释语言具体的事实与语言概念相联系的方式。因此语言不是一种形式而是一种过程。因此CUG把语言看成是一种活动，而不是一种产品。

6.3 布拉格类型流派

布拉格语言学派的创始人维勒姆·马修斯（Vilém Mathesius）受洪堡、加伯伦茨和其他19世纪先驱者的传统启发，发展了语言特征学理论（language characterology）。语言特征学的主要目标是使用比较的方法来识别一种语言或一组发生学上相关语言的特征。马修斯的追随者约瑟夫·瓦切克（Josef Vachek, 1990）就是这样描述的："……语言分析以语言外的现实为基础，考察语言使用者表达这种现实从而满足其交际需要的手段，特别适合于构成其语言特征学的被考察语言的类型学特征……"

布拉格学派的另一位代表弗拉迪米尔·斯卡利卡（Vladimír Skalička）专注于语言类型学，他的方法是演绎的和历时的。他将语言类型学应用于个别语言，但也应用于语言家族。他对芬兰语、乌戈尔语、突厥语、班图语、巴尔干语和日耳曼语非常感兴趣。他的方法的一个典型特征是所谓的"建构"术语，现有的任何语言都可以归类为"建构"。"建构"有5种理想结构：黏着结构和屈折结构，与Sapir提出的经典类型学相同。孤立结构，与Sapir的孤立/分析类型相对应。词中屈折结构（introflection）和多式综合类型（polysynthetic），是Skalička的创新。Peter Sgall发展并扩展了Skalička的方法。在他看来，每种语言类型都有一个主要特征，从中可以推断出其他特征——语言的某些特征是内在联系的。一种语言的结构由多样的语言类型特征组成，但其中一种类型可以占主导地位。正如Sgall所说："一种语言结构中某一特定类型的主导地位可以用语言经济的角度来解释：遵守一种原则。单一类型（语法词、词缀、交替或语序）作为编码关系意义的手段，似乎比几种类型并排的无原则部署成本更低。"Sgall运用斯卡利卡的"建构"概念来定义语言类型（language type）。布拉格学派的Trubetzkoy（1939）等人对具体语言的语音系统中标记现象的考察标示着当代类型学的萌芽。

布拉格语言学派是一个结构和功能语言学学派，因此在其框架内发展的类型学是结构性和功能性的。

6.4 Greenberg学派

传统的类型学是基于语音和形态特征来研究语言差异，而不研究普遍性。自Greenberg开始，当代类型学逐渐形成自己的研究方法，是他最早阐明在语音之外的形态和词汇等系统都存在着标记对立现象，强调语音、语义和语言使用的普遍性因素；他还认为语言变化是语言解释的有机组成部分，从而为类型学确立了全球性的视野和经验主义的研究方法。不同于Chomsky学派在语言内部概括结构规律，Greenberg学派是从跨语言材料中概括结构规律。

跟美国相比欧洲在类型学方面做出了一些重要贡献：

1）成立了一个语言类型学协会（The Association of Linguistic Typology，简称ALT），该协会共举办了14届语言类型学会议，并出版了核心刊物《语言类型学》。

2）两个马克斯·普朗克研究所致力于跨语言和跨文化研究：荷兰奈梅亨的马克斯·普朗克研究所对范畴进行跨文化认知研究，涉及来自世界各地的濒危语言研究人员；莱比锡的马克斯·普朗克研究所有一个由Bernard Comrie领导的语言学系，专门研究类型学（至2015）。

3）法国 CNRS 成立了由 Stéphane Robert 领导的类型学和语言学研究中心。

4）欧洲科学基金会赞助了许多类型学项目。包括20世纪90年代欧洲语言类型学的项目（EUROTYP），该项目汇集了数百名学者，迄今已出版了关于成分顺序、配价、状语结构、单词韵律系统、方言、时态和名词短语结构的书籍。

5）整个欧洲和澳大利亚设立了语言类型学的主要学术教授职位（例如拉筹伯大学语言类型学研究中心的 R.M.W.Dixon）。

6）出版类型学方面的主要手册，例如 Haspelmath et al.（2001）。

7）最近出版的 WALS（Haspelmath et al.，2005c），其汇编由莱比锡的马克斯·普朗克研究所推动。

8）各种短期的类型学学术机构，包括莫斯科大学和俄罗斯人文大学每两年举办的类型学冬季学校，以及2003年9月1—12日撒丁岛上的卡利亚里大学举办的暑期学校。

第 7 章 已经完成及正在进行的语义类型学项目

欧洲进行的语义类型学项目参见语言类型学资源中心（LTRC）：http://www.lotschool.nl/Research/ltrc。下面介绍一些在欧洲进行的语义联系的项目，目的是进行词义理据模式的系统的跨语言研究。

7.1 俄罗斯

从莫斯科词汇类型小组（Moscow Lexical Typology group）的网站上（http://lextyp.org/en/projects/）可以看到他们正在进行的项目。

（1）5个形容词类的项目

1）形容词"聋的""瞎的""哑的"的属性，是由 Egor Kashkin 和 Olga Vinogradova 主持的项目，涉及知觉类型的语言分类问题。研究的重点是隐喻的扩展：视觉和听觉类型似乎包含了不同的隐喻，与听觉"聋的"和"哑的"概念相比，视觉概念"盲的"发展出了更广泛的隐喻。该研究为无法用原型隐喻或转喻来识别的非标准语义转移的研究提供了大量的实证证据。

2）形容词"尖锐的"和"钝的"物理属性。这个项目调查的是各语言中"尖锐的"的词汇化策略。调查的语言有20种，包括高加索语（Kabardian and Aghul），乌拉尔语族（匈牙利语，芬兰语，科米语，Moksha），南岛语（马来语），Mande（Kla-Dan），巴斯克语，汉语，法语，德语，印地语，意大利，日语，卡巴尔德语（Kabardian），Kla-Dan，韩语，俄罗斯手语，威尔士语。在最基本的物理含义中"尖锐的"能描述不同类型的物体：具有功能性刀刃的工具/武器（刀，剑，军刀），具有功能性尖头的工具/武器（针，箭头，矛），带有狭窄形式的物体（鼻子，下巴，桅杆）。这些物体基于以下的参数构成了一组二元对立："触觉"与"视觉"及"线"与"点"。

这些参数定义了该领域的主要词汇化策略，大多数语言用两个形容词表示"尖锐的"。当参数是"触觉"与"视觉"时，第一个形容词描述工具/武器（刀，剑，针，箭），第二个形容词描述尖的类型（鼻子，下巴），这种词汇化策略可以在日语（surudoi vs. togatta）、德语（scharf vs. spitz）、威尔士语（miniog vs. pigog）中印证。当参数是"线"与"点"时，第一个形容词描述可以切割的工具/武器（刀，剑），第二个形容词描述可刺穿的工具/武器（针，箭）及狭窄尖点的物体（鼻子，下巴），这种词汇化模式在法语（tranchant vs. pointu）、科米语（lečyd vs. jues'）、匈牙利语（éles vs. hegyes）、卡巴尔德语（ž'an vs. pamċe）、克拉—丹语（líéē vs. zűéɛ̌）中可印证。正如数据所示，形容词"尖锐的"的隐喻扩展与其直接含义密切相关：不同的隐喻与不同的框架（例如，对象的类型）相关联。例如，隐喻"清晰的边界"仅适用于描述锋利的"切割"工具（英语 razor-sharp）的形容词，而"好视力，敏锐的听力"的含义适用于涵盖锋利的"穿孔"工具框架的词（汉语"尖"，科米语 jues'）。

3）形容词"紧的"（tight）语义域研究。该研究通过在词汇类型学的框架内观察形容词"紧的"和"厚的"的语义域来进行。分析的结果包含在最小情景（框架）列表中，显示了各语域如何在任何特定语言中以单个单词形式呈现。例如："紧身的牛仔裤""绷紧的绳子""牢固的纽扣"等。这些框架构成了语义图的基础，使我们可以在"紧的"和"厚的"的语域中可视化语言之间的差异和相似性。该语义图还显示了哪些参数与特定语言中的词汇对比相关。

4）与温度有关的形容词。该项目由 Rakhilina 主持，研究自然语言中温度域的概念化如何体现在核心的温度词汇（例如热、冷等形容词）系统中。Koptjevskaja-Tamm & Rakhilina（2006）重点介绍了俄语和瑞典语中的主要温度形容词，根据它们与名词的可组合性进行分析比较。

5）颜色词。该项目致力于从类型学的角度研究颜色词的语义域。与流行的分析每种颜色代表什么不同，研究者提出了一种新的方法来了解不同的语言如何描述和词汇化特定种类的对象。在描述和词汇化与颜色有关的特定情景时，可能会观察到各语言的相同与不同。

（2）2 个动词类的项目

1）"痛苦"类谓词（pain predicates）的研究。该项目为 Bonch-Osmolovskaya & Rakhilina 等主持的"痛苦的语义类型"（Conceptualization of Pain:A Database for Lexical

Typology），调查了 23 种语言，包括有亲属关系的 Slavic-Russian（斯拉夫语系的俄语）、乌克兰语、保加利亚语、塞尔维亚语、波兰语、捷克语，日耳曼语系的英语、德语，罗曼语系的法语、西班牙语、意大利语，乌戈尔语系的匈牙利语、爱沙尼亚语、Erzya（厄尔兹亚语）、高加索－格鲁吉亚语、Balkar（巴尔卡尔语，土耳其语的一种）、达吉斯坦语、立陶宛语、印地语、阿拉伯语、日语、汉语和高棉语。

　　语料的收集若仅从字典或语料库获取会有如下问题：①疼痛谓词源于不同的语义域，并且疼痛谓词的词汇来源在统计上更突出地保留了它的初始意义。因此，扩展的疼痛含义在字典中很少被表达。这就需要用语料库数据补充从词典中提取的信息。②用语料库搜索隐喻扩展也是有问题的，因为扩展意义通常只构成查询结果的一小部分。例如，德国动词 brennen"燃烧"在语料库 DWDS 中的 100 次随机出现只有 3 次疼痛用法。如果一个语料库能够解释一个动词的论元结构，如捷克国家语料库的情况，如果一个语料库有语义注释，如俄罗斯国家语料库，则可以促进对二级疼痛谓词的搜索，但是这种类型的资源相对较少。因此，通常情况下，搜索与"痛苦"谓词相关的用法是一项手动且耗时的任务。因为通常情况下，一般地，即非专业的语料库代表标准语言和标准话题，如小说、政治、体育等。疼痛这个话题并不经常出现在这些文本中。此外，由于主观，痛苦的感受通常由体验者自己报告，即从第一人称的角度报告。同样，自我叙述并不构成标准语料库的重要组成部分。因此，为了扩展数据，研究者利用了医疗互联网网站和论坛，人们在那里描述痛苦。

　　由于"疼痛"语域的不可观察性导致不能使用可视的方法收集语料。隐喻的疼痛含义不会记录在词典里，因此采用诱导法（elicitation）来收集语料。研究者设计了各种问卷：第一种，身体部位问卷。给出身体部位的列表，并要求受试者列举可能与每种部位相关的疼痛类型。例如，被问及通常如何描述头部、侧面等的疼痛。第二种，隐喻来源问卷。在许多语言中，疼痛动词是从灼烧动词隐喻而来的，所以问卷包含了这些动词在疼痛领域如何使用的相关问题，如："如何用你的语言说'灼烧'？你能用哪些动词来指代燃烧的火／木头／光等？当谈论疼痛或身体某个部位的不愉快感觉时，有可能使用这些动词之一吗？"第三种，情境问卷。①一个人被束缚了两小时，在这样一种状态中他有什么感觉？他在松绑后又有什么感觉？他的头、胸、背、胳膊和手分别有什么感觉？②一个小女孩因感冒而发烧。她的头部、额头、眼睛、喉咙、鼻子和耳朵分别有什么感觉？第四种，框架问卷。这种问卷反映了 5 种功能性的身

191

体受到侵害而导致疼痛感受的分类如：①皮肤的感觉，例如"My eyes burn"（我的眼睛灼伤了）；"My face is stinging"（我的脸被刺痛）。②功能的丧失，指身体部位不能动或不能让液体通过（如鼻子、耳朵或四肢），例如"My arm is numb"（我的胳膊麻了）。③容量的扩大，各种肿胀和肿瘤，例如"My left knee is swelled up"（我的左膝盖肿起来了）。④功能的异常，由身体部位的功能异常引起的不舒适的感觉。⑤自身的疼痛感受，例如"My head is throbbing"（我的头阵阵作痛）。

疼痛主要包括3种参与者：感知者；受影响的身体部分；疼痛的原因或刺激物。每种类型的子类型先通过刺激（如强光、发烧、疲劳）的差异来区分，后通过受影响身体部位的差异来区分。例如，"皮肤和黏膜感觉"类型有"由外部影响引起的感觉"子类，其进一步细分如下：①外部接触影响——洗发水/肥皂/盐水（受影响的身体部位：眼睛、身体部位的伤口）；荨麻（受影响的身体部位：手、皮肤）；蚊子、蜜蜂、蛇、水母的叮咬（受影响的身体部位：皮肤）；针头/干草（受影响的身体部位：脚）；羊毛衣服（受影响的身体部位：背部、颈部等）。②外部空气中的影响——洋葱、胡椒（受影响的身体部位：眼睛、鼻子）；烟雾、灰尘（受影响的身体部位：眼睛、鼻子、喉咙）。③内部接触影响——碳酸饮料（受影响的身体部位：舌、口、喉、鼻）；辛辣食物（受影响的身体部位：舌、口、喉）；酸味食物（受影响的身体部位：舌、口）。④温度影响——低非触觉（受影响的身体部位：脸、鼻子、脸颊、耳朵、手、脚）；低触觉（受影响的身体部位：手指）；高非触觉（受影响的身体部位：头、背、肩、脸、鼻、皮肤）；高触觉（受影响的身体部位：手指、手、皮肤）。

通过调查发现，"痛苦"的概念主要通过隐喻来实现：燃烧、物体的破坏或变形、声音和运动。①燃烧：动词的含义有"燃烧""烤"等。如"My throat is burning"（我的嗓子在燃烧）。塞尔维亚语"Tooth is smoldering"（牙齿在闷烧）。②物体的破坏或变形：a.受工具（如针、刀、斧、钻）的影响，动词为"刺""割""刺入"等。b.受身体某一"尖锐的"部位（如牙齿、爪子、指甲等造成疼痛的工具）的影响，动词为"咬""啃""刺""抓"等。c.赤手空拳带来两种不同的影响。依据变形的结果，将物体破坏成碎片，动词用"打破""撕裂"等；"软的"变形，即物体没有被破坏，但它的形状可能会改变，动词用"按""拉"等。d.物体的自我毁灭，如"爆炸"等。③声音：动物、鸟类、昆虫发出的声音（如"咆哮""啁啾""嗡嗡声"），人类发出的声音（如"呜咽""哨声"），自然的声音（如风或水的声音），工具或乐器发出的声音（如钟、乐器等发出的声音）。在疼痛领域，声音动词大多指人的耳朵或头部的感觉，如英语 My ear is ringing/buzzing（我的耳朵在响/嗡嗡作响），My head is ringing/buzzing（我的脑袋嗡嗡作响）。如果用于耳朵，这些动词常表示耳鸣或与高血压相关的感觉。其他身体部位词很少与声音动词搭配表示疼痛。④运动："扭曲""旋转"。如英语 My stomach is churning（我的胃在搅动），俄语 golova kružitsja（我的头在旋转）。"痛苦"隐喻的源域的一致性为认知的关联性提供了证据。

如何划分痛苦的范畴？一个比较好的办法就是将痛苦的感受与引起痛苦的刺激情境联系起来。这些情境包括外在的事件影响体验者，同时还包括带有不同症状的广泛传播的疾病。我们假定相同的刺激引起相同的生理反应。进行跨语言的情境刺激分析的目的是调查语言单位间的语义分布的类型：什么样的感觉能够被一个词语来表达，什么样的感受总是用不同的方式表达。因此在有些语言里发烧的感觉和太阳暴晒的感觉是用的同一种表达。例如德语 glühen "燃烧，发热"，"mein Kopf glüht"（我的头在发热）。但是在其他的语言中发烧的感觉和太阳暴晒的感觉是有区分的，如俄语 golova/lob gorit "头在燃烧"（发烧）和 golovu pečet "烤着我的头"（暴晒）。

表示"痛苦"的句法结构。一个标准的痛苦情境包括两个主要的参与者：身体部位和痛苦的感受者。调查发现基本的动词"痛"蕴含了不同的句法编码。比如身体词可以解释为痛苦的方位，因此编码为一个方位结构。捷克语 Boli mi v krku "我伤在颈部"。可以编码为主位（theme）。也可以编码为刺激物，成为不及物动词的主语，保加利亚语 "Sărceto me zaboljava"（心伤了）。感受者可以标记为：①感受的与格，例如德语 mir schmerzt der Kopt［我（与格）伤了头］。②身体的所有格形式——用一个所有格形式的物主代词或一个间接宾语。

一些表示疼痛的词与具体的身体词结合作为隐喻的源域，用来表达情感状态。这种事实引发了一系列的类型问题：什么身体词能被看作一种情感状态的来源？例如在很多语言中一个表示"痛苦"的结构与"心"连用可以表达情感，英语"My heart tightens up"。"头"和"胃"也经常这样。法语 j'ai la tête qui explose "压力"，字面含义是"我的头要炸了"。匈牙利语 felfordul a gyomrom "恶心"，字面含义是"胃在翻转"。如果有一个特定的结构既可以表示身体的疼痛又可以表示感情状态，是否在一些语言里要加以区分。例如德语 Wenn ich an dich denke, sticht mein Herz（当我想起你，我的心在刺痛），这里的疼痛被认为是一个复杂的心理-生理事件，有可能或者不可能包含一个真正的身体感觉。但是同一个动词名词化之后的结构就只表示身体的疼痛，如德语 ich verspüre ein Stechen im Herz（我感觉我的心在刺痛）。

Reznikova et al.（2012）等人开发了一整套不同的问卷来获取疼痛谓词的数据。其中包括一份身体部位问卷，列出身体部位，并要求提供被调查者列举可能与每种部位相关的疼痛类型；一份隐喻来源问卷，使用来自一项跨语言试点研究的次要疼痛谓词的原型来源列表；一份描述一组通常会导致疼痛感觉的情景的情景问卷；一份框架问卷，对导致疼痛感觉（例如，皮肤感觉、内心感觉等）的功能性的身体被侵犯类型进行初步分类。关注的重点是疼痛谓词的语义来源是什么；语言之间是否具有一致性；语义从物质领域向生理领域的转变是否伴随着源动词的形态、形态句法或句法属性的变化；一个意义转移到疼痛领域是否可以被恰当地视为一个常规的隐喻，如果不是，如何参照语义变化的标准理论对这种转移进行分类。对于研究方法而言，"心理语言学方法"不适用于疼痛域。即使我们可以想象这样一个不太可能的情况：一个心肠狠毒的研究者用针刺或用蜡烛烧被调查者，然后写下他们对诱导损伤的言语反应，结果是不可能获得任何一致的描述。获得这样的结果的原因是：一是，每个人对疼痛的感受都是不同的；二是，外部引起的疼痛只是整个疼痛感觉的一个子类。因此，语言内部方法是疼痛语言研究的唯一途径，也就是说，疼痛研究人员只能依靠纯粹的语言数据进行研究，如词语和结构的组合及它们的使用限制。

Kostyrkin（2012）在文章《构建词汇类型语料库（对于"痛苦"词的研究）》["Constructing a lexico-typological database（for a study of pain predicates）"] 中介绍了建立"疼痛"语料库的做法（http://orientling.ru/bolit/）。语料不是以表格的形式呈现，而是以一个灵活的树形呈现，在大小和深度上不受限制。这个语料库收集了20多种语言，如韩语、日语、西班牙语、法语、德语、捷克语、乌克兰语、塞尔维亚—克罗地亚语，印地语、中文和克里米亚鞑靼语等。

因为语言注释是直接放进例句和它们翻译的文本里的，所以事实上数据库的结构是一种注释语料库。这种形式使开发者在进行实例注释和用户查询时有很多自由，因为它允许他们根据多少信息可用或需要来改变细节的水平。语言注释包括句法角色标签，一些句法结构和它们的构成（关系从句，轻动词，形式主语，部分复合词），形态信息（对格、数、体等的标注），以及具体疼痛域的语义标签（语义角色和隐喻转变的类型）。

语义类型学要揭示系统的词汇关系和解释域的参数的设置。因此词汇类型学的工作最早是在分类系统结构最清晰的（the best-structured taxonomies）颜色词和亲属词上面完成的。由于疼痛是所有人类都能感受到的，因此能进行跨语言的比较。但疼痛同时有高度的主观性，不能够直接客观地观察到。就词汇结构来说，"疼痛的语域"很独特。语言中表示疼痛的词汇很少，如英语 hurt、ache，德语 schmerzen、weh tun，俄语 bolet'。这个语域最主要的词都来自于其他的语域，从而隐喻性地应用于疼痛域。从这个角度说，"疼痛"与其他不可观察的概念域"感情""头脑的状态"是不一样的。研究集中于与"疼痛"有关的基本意义的隐喻和语义转变的探寻。语料是动词和谓语表达"不开心的生理感觉"，是内在的而不是外在的。

2）水运动（aquamotion）动词的研究。该项目研究跨语言的水中的运动词，如"游泳""航行""漂浮"等，是由莫斯科语言学家 Maisak 和 Rakhilina 主持的，通过问卷或文本语料库收集了 40 种语言的语料（Maisak & Rakhilina, 2007; Koptjevskaja-Tamm et al., 2010）。具体内容可以在 http://aquamotion.narod.ru/index-eng.html 查询。研究目的是找寻在这个域里不同的语言是如何组织的，最终成果发表在由 Rakhilina & Maisak（2006）主编的书 *Glagoly dviženija v vode: leksičeskaja tipologija*（《水中的运动动词和方位动词》，*Verbs of motion and location in water: lexical typology*）[1] 中。这本书中的大多数内容是俄文，少数几篇是英文，如 Divjak & Lemmens 写的《荷兰水上动词的词汇包容模式》（"Lexical conflation patterns in Dutch aquamotion verbs"）及 Arad 写的《希伯来语动词"游泳"的体》（"Some aspects of the Hebrew verb saxah 'swim'"）。其他还有关于拉丁语、罗马语和日耳曼语的论文（Golubkova 和 Rakhilina 关于现代英语的论文、Koptjevskaja-Tamm 关于瑞典语的论文、Maarten Lemmens 和 Dagmar Divjak 关于荷兰语的论文、Shemanaeva 关于德语的论文、Maisak 关于葡萄牙语的论文、Grountova 关于现代罗马语的拉丁语

---

[1] Maisak & Rakhilina, Glagoly dviženija i naxoždenija v vode: leksiceskie sistemy i semanticeskie parametry [Verbs of motion and location in water: lexical systes and semantic parameters], in Maisak & Rakhilina (eds.), *Glagoly dviženija v vode: leksičeskaja tipologija* [Verbs of motion and location in water: lexical typology], Moscow: Indrik, 2006, pp.664 -693.

的论文），关于斯拉夫语言和波罗的海语言的论文（俄语由 E.Rakhilina 撰写，南斯拉夫语由 Dmitry Ganenkov 撰写，波兰语由 Irina Prokofieva 撰写，立陶宛语由 Peter Arkadiev 撰写），关于波斯语（Julia Kuznetsova）和古希腊语（Maxim Kisilier）的论文，关于乌拉尔语和突厥语的论文（Arto Mustajoki 和 Ekaterina Protassova 关于芬兰语的论文，Natalia Vostrikova 关于 Selkup、科米语和 Udmurt 的论文，Valentin Goussev 关于 Nganasan 的论文，T. Maisakak 关于 Karachay-Balkar、Khakass 和土耳其语的论文），关于闪米特语的论文（包括亚历山大—莱图基的古典阿拉伯语和玛雅—阿拉德的现代希伯来语的论文），关于南亚语言的论文（Liudmila Khokhlova 和 Charanjit Singh 撰写的关于西印度—雅利安语的论文，Yana Kolotova 撰写的孟加拉语论文，Anna Smirnitskaya 撰写的泰米尔语论文，以及 Boris Zakharyin 撰写的关于印度—雅利安语的水中运动动词的非同步性的论文），关于东亚和东南亚语言的论文（汉语由 Maria Rukodelnikova 撰写，日语由 Anna Panina 撰写，韩语由 Lee Su Hyoun 和 T. Maisak 撰写，标准印尼语由 Yury Lander 和 Svetlana Kramarova 撰写），关于高加索地区语言的论文（T. Maisak 与 Alexander Rostovtsev-Popel 和 Victoria Khurshudian 合作撰写的论文），关于非洲语马宁卡语的论文（Valentin Vydrine 撰写的论文）。

莫斯科词汇类型小组进行的项目还有一个是"词汇类型的分布语义模式"（Distributional semantic models in lexical typology）：一方面分析分布语义框架是否适用于词汇类型学；另一方面，类型学数据是否可以作为分布式语义模式。最后一个很有影响力的项目是"语义转移目录"（The Catalogue of Semantic Shifts，简称 CSSh），详情见 4.6。

综上所述，莫斯科语义类型研究是非常有影响力的，尤其是在水中运动动词、破坏动词、旋转动词，温度词，疼痛词，以及物理属性形容词等领域的研究。

7.2 法国

Martin Vanhove 负责在巴黎法国国家科学研究中心（Fédération typologie et universaux linguistiques at the CNRS）进行的"语义联系的类型学"（typology of semantic associations）泛时（panchronic）项目，处理的是多义词和语义变化的跨语言的模式（http://www.typologie.cnrs.fr/spip.php?rubrique73& lang=fr）。

语义联系包括多义性、异类多义性和语义演变。研究者认为共时的多义词常常是语义演变的结果,因此他们从共时和历时两个角度进行考察。通过语义变化路径的历时分析,有可能解释不同词汇域共时的语义连接;同样的共时的联系可以帮助澄清过去语言史中语义转移的原因。这个项目目前收集了 45 种语言,研究的语义联系包括:感官与认知;子孙与小的;朋友,二元性,互补性;呼吸,闻,生命,灵魂;根,起源,基础;吃,试,毁灭;喝,烟;肉,动物;眼睛,眼球,眉毛,眼皮。

与类型学相关的项目是"语言系统的类型和动态"(Typology and Dynamics of Linguistic Systems),时间是从 2020 年至 2025 年,分为 2 大类"共时和历时的语法和词汇"(grammar and lexicon in synchrony and diachrony)与"变异和接触"(variation and contact),前者包含 8 个子项目,其中与词汇类型相关的是由 Alexandre François、Lameen Souag、Martine Vanhove 主持的"跨越时空的词汇类型学"(Lexical typology across time and space)。该项目处于共时词义类型学和历时语义变化研究之间的关键时期。它的目的是研究几个语义领域,这些领域的跨语义结构还没有从语言变化的角度详细地描绘出来。这将通过利用词库的跨语言变异研究来实现,这个词库显示了在一些有限的语义域里复现的模式和类型趋势。了解词汇类型学的动态,不仅对解释统计学上共性的稳定性至关重要,而且对历史语言学中最棘手的问题之一"语义重构"也至关重要。

7.3 德国

1997 年德国马克斯·普朗克进化人类学研究所(The Max Plank Institute for Evolutionary Anthropology)成立,该所设立了由 Comrie 领导的语言学系,侧重与类型学相关的研究活动。随着 2015 年 Comrie 的退休,该所在莱比锡关闭,移往耶拿(Jenna)。德国马克斯·普朗克进化人类学研究所建立了"跨语言的链接数据库"(Cross-Linguistic Linked Data,简称 CLLD),包括:Matthew Dryer & Martin Hasplemath 的在线的世界语言结构图册(The World Atlas of Language Structures,简称 WALS Online);Martin Haspelmath & Uri Tadmor 的世界借词数据库(World Loanword Database,简称 WOLD);Susanne Maria Michaelis, Philippe Maurer, Martin Haspelmath & Magnus Huber 的在线的洋泾浜语和克里奥尔语结构图册(Atals of

Pidgin and Creole Lanuage Structures，简称 APiCS Online）；Eugene Chan 的世界语言的数字系统（Numeral Systems of the World's Languages）。

德国图宾根大学由 Peter Koch 主持的"罗曼语词源和认知词典"（Dictionnaire étymologique et cognitif des langues romanes，简称 DECOLAR）列出 14 种罗曼语里指称"身体部位"概念的所有词，并尽可能准确地描述它们的历时起源，同时根据各自的源概念进行分类。详情见 http://www.decolar.uni-tuebingen.de。

Peter Koch 主持的历时项目"词汇变化—多源发生说—认知常量：人类身体"［Lexical change-Polygenesis-Cognitive constants: The human body，缩写为 Lexitypedia（历时词汇类型）］，时间是从 1999 年到 2004 年。Lexitypedia 项目在于发现身体词领域内的词义变化的认知常量和新词的命名策略、地域及类型的特别性（Mihatsch & Dvořák, 2004; Koch, 2008; Steinberg, 2010）。主要对词义变化的类型进行了分类分析：①认知关系；②形式策略；③分层属性。该项目在 2001 年 12 月召开了"词汇数据和语义变化的共性"（Lexical Data and Universals of Semantic Change）工作坊，论文收集在 Mihatsch & Dvořák（2004）的书中。该项目的研究目标包括对于一个给定的身体词概念提出一个创新的命名策略的类型（a typology of innovative denomination strategies）和调查到何种程度能够被共性的、亲属的、地区的或文化的（universal, genetic, areal, and cultural）因素来解释。比如说，眉毛↔眼皮的变化，是邻近原则（是框架和它的成分之间的关系）引起的，拉丁语中是复合词构成"眉毛"（supercilium）< cilium（眼皮）+ super（上面）。Lexitypedia 使用的是历时的数据，同时也依据不同类属语言间的比较（intra-genetic comparison），比如比较同一个语言或同一个语族里历时过程中的共时痕迹。

对于跨语言的不断复现的词义理据的认识是非常有限的：对于大多数核心词汇我们缺乏相关的信息，更不用说不同模式的地域和类型分布信息。Lexitypedia 项目通过建立跨语言的不断复现的语义模式的数据库来填补这样的空白，目的是揭示和描述跨语言的不断复现的语义转变和形式/意义关系（多义词的模式，词义的内涵，词汇理据），在人类语言的核心词汇中来获得更好的对于一般机制的理解。几个描述性的、方法的和理论的目标：①跨语言不断复现的语义转移的数据库的编纂。②建议一种方法来描述语义的转移和形式/意义的关系。③对于多个认知的跨语言的语义研究测试一个方法；提供详细的语义分析。

第 7 章　已经完成及正在进行的语义类型学项目

词汇借用是语言变化的一个重要方面，对外来词的研究可以让人们更加清楚地了解一个语言的文化和社会历史。同时，研究谱系上的相关性外来词往往有很多混杂因素。因此很有必要了解在不同语言中的词汇借用情况。位于德国莱比锡的马克斯·普朗克进化人类学研究所的 Haspelmath & Tadmor 主持的项目为"借词类型：世界语言中的词汇可借性比较研究"（Loanword Typology: a comparative study of lexical borrowability in the world's languages）。该项目是语义类型学研究的另外一个重要的方面，修改了各种传统假说，比如认为 Swadesh 的基本词汇表中的词汇具有不可借性或者至少有相对不可借性。该项目通过调查 41 种语言中的借词来获得清晰的词汇借用观点。详情见网址 http://wold.livingsources.org/ 和 http://www.eva.mpg.de/lingua/files/ lwt.html。Haspelmath & Tadmor（2009b）合作编写出版的专著有《世界语言的借词：比较手册》（Loanwords in the world's languages: A comparative handbook）。这本书每章都包括数据部分和讨论部分：数据是可以认定为外来词的词表；讨论部分试图概括数据，外来词进入的相关语境（结构的，历时的，文化的），试图解释为什么是这些词而不是其他的词被借入。在这个项目中，他们研究了世界各地的 41 种语言中的词汇借用模式。141 个语言学家（或团队）合作建立了一个大型的包含 1200 和 2000 个词的词汇数据库。每一种语言都由了解这个语言的历史和它的接触语言的专家来负责。对于每一种语言，都集合了 1460 种含义的一个固定列表的词汇数据，大多数词选自 Mary Ritchie Key 的洲际词典系列（Intercontinental Dictionary Series[1]）。从数据库可以看到哪种语言借用最多和最少，哪种意义更易于被外来词表达。

2015 年在耶拿成立的德国马克斯·普朗克研究所语言和文化进化系，主任为 Russell Gray，首席科学家有 Martin Haspelmath、Johann-Mattis List、Mary Walworth。该系旨在回答有关人类历史的大局问题，重点是描述和解释全球语言和文化变异的主要模式。为了实现这一目标，汇集了人类学家、计算机科学家、进化生物学家、语言学家和社会科学家。通过开发新的语言文档方法、全球语言和文化数据库及使

---

[1] Intercontinental Dictionary Series，简称 IDS。最典型的是 1949 年由 Carl Darling Buck 编写的 1515 页的《主要印欧语言同义词精选词典》（A Dictionary of Selected Synonyms in the Principal Indo-European Languages）。1975 年 Mary Ritchie Key 在智利研究比较语言的同源词的语义群时突然想做一个 IDS，1982 年在加利福尼亚大学先进行了一个试点项目。

用进化理论和计算方法进行分析，共同解决这些问题。探寻语言多样性的项目有：

1）Glottobank，旨在记录和了解世界的语言多样性。建立了五个全球数据库，记录了语法库（Grambank）、词汇库（Lexibank）、范式系统（Parabank）、数字库（Numeralbank）和语音库（Phonobank）的变化。在此过程中，寻求开发语言文档的新方法，编译有关世界语言的数据并使这些数据易于访问和使用。研究员正在开发使用这些数据来推断人类史前史、语言之间的关系和语言变化过程的方法。

2）IE-CoR［全称 Indo-European core (or basic) vocabulary，印欧核心词］，开发了一种新的数据库结构，用于探索印欧语在"核心"词汇表上的同源关系中如何相互关联。为定性和定量研究目的而量身定制，IE-CoR 还提供了一个数据探索网站来搜索涵盖的丰富语言数据：同源集、正字法、形态学、音位和 IPA 音标，以及指向有关词位的更多数据源的链接覆盖。

3）南岛语核心词汇数据库（Austronesian Basic Vocabulary Database，简称 ABVD，网址 https: //abvd.shh.mpg.de/austronesian/），包含众多太平洋语言的词汇数据，用于综合语言比较。拥有超过1500种亚太语言的词表，是世界上最大的跨语言数据库之一。

4）Glottolog，世界语言、语系和方言的综合目录。它为所有语言分配稳定的标识符，显示它们的位置并提供指向世界语言其他资源的链接。此外，它还提供了大量关于所有语言的参考书目。

为了比较世界上的语言，语言数据必须以最大限度地提高资源和语系中各个数据点的可比性的方式进行组合。尽管世界语言的数字可用数据量在过去几十年中急剧增加，但可比数据量仍然相对较低。在此背景下 Lexibank 被创建，它是一个标准格式的跨语言数据集集合，该数据库提供单词形式、声音目录，以及来自 100 个高质量数据集的 2000 多种语言的词汇特征。Lexibank，由 100 个单独的跨语言数据格式（Cross-Linguistic Data Formats，简称 CLDF）组成，涵盖 2400 多种语言的 4000 多个单词列表。

通过提供详细的、可复制的工作流程之后，各种格式的词汇数据集都是能够统一的。Lexibank 集合使数据可查找、可访问、可互操作和可重用，有助于提高跨语言数据集的"公平性"（https://cldf.clld.org, CLDF; Forkel et al., 2018）。

7.4 瑞典

瑞典斯德哥尔摩大学 Maria Koptjevskaja-Tamm（2007, 2012, 2016）是《语言类型学》刊物的主编，词汇类型学领域的领军人物，发表了大量相关文章。她的大部分研究侧重于词汇和语法语义之间的相互作用；目前一个重要方向是区域类型学（Gast & Koptjevskaja-Tamm, 2018），主要专注于欧洲语言，尤其是波罗的海沿岸语言。她早年毕业于莫斯科罗蒙诺索夫（Lomonosov）大学理论与应用语言学系，因此一直和莫斯科语言学派有深度合作，如在水中运动动词、温度词等方面。正在进行的有关"温度的表达"项目是在斯德哥尔摩大学进行的，由 Koptjevskaja-Tamm（2011）主持。2010 年 3 月 19—20 日在斯德哥尔摩大学举行了为期两天的有关"温度的语言学"工作坊。事实上，在这个工作坊上宣读的大部分论文都结集出版在 2015 年 Koptjevskaja-Tamm 主编的《温度的语言学》中，详细见 8.1.7。

欧洲几个类型学研究中心联合进行了一个较大规模的项目"类型学视角的核心词：语义转移和形式/意义关系"（Core Vocabulary in a Typological Perspective: Semantic Shifts and Form/Meaning Correlations）。该项目由 INTAS 资助，由瑞典的斯德哥尔摩大学倡导，负责人是 Maria Koptjevskaja-Tamm。该项目的参与者有：法国国家科学研究院（Centre National De La Recherche Scienfique，简称 CNRS），负责人是 Martine Vanhove；乌克兰国家国际安全问题学院（National Institute of International Security Problems）；俄罗斯语言研究所（Institute of Linguistics of Ras）；俄罗斯国立教学大学（Moscow State Pegagogical University）；德国图宾根大学（University of Tübingen），负责人是 Peter Koch。时间是从 2006 年 11 月 1 日到 2009 年 4 月 30 日，项目启动会议于 2007 年 2 月 17—18 日在莫斯科召开。项目使用的语料包括印欧语系（Indo-European）、乌拉尔语族（包括芬兰—乌戈尔语族和萨莫耶德语）（Uralic）、阿尔泰语系（Altaic）、高加索（Caucasian）语、闪语族（Semitic）、尼日利亚—刚果的一些分支语、汉语。研究使用的方法为：字典和早期的语言学查询、语料研究和文本分析、问卷、田野调查。关注的语域有：痛苦；温度和触摸感觉；生命、出生和死亡；社会关系。下面是这个项目的各个子项目课题。项目一：语义转移的数据库的创立（莫斯科）；项目二：斯拉夫语言里语义转移的类型（莫斯科）；项目三：

在法语、意大利语和德语中的词汇理据（德国图宾根大学）；项目四：洋泾浜语词库创立中的语义转移；项目五：类型学视角的"痛苦的隐喻"（莫斯科）；项目六：类型学视角的与"触觉""温度""感知"相关的语义转移；项目七：跨语言的与"出生""生活"和"死亡"的语义转移；项目八："社会关系"词汇的语义转变。

该项目的总体目标是揭示和描述人类语言的核心词中跨语言复现的语义转移和形式/意义关系（例如多义词模式和词汇理据），从而能够更好地理解这些现象的普遍机制。通过融合认知语义学的理论来更新传统的词汇理据研究，同时关注词汇语义变化的多源发生学的复现模式。这里的核心词是由词汇单位的频率和凸显性来决定的，指的是人类普遍的、最基本的身体、心理和社会活动，例如身体、空间、时间、知觉、运动等。研究目标包括：①汇编人类语言核心词的跨语言复现的语义变化数据库；②提出并测试一种用于描述词库中语义转移和形式/意义相关性的普遍方法；③能够更好地理解共时和历时词汇语义学的关系。

7.5 荷兰

"跨语言的范畴和认知"（The categories across language and cognition）项目由荷兰奈梅亨（Nijmegen）马克斯·普朗克心理语言学研究所（http://www.mpi.nl/research/research-projects/categories）主持，研究不同语言如何编码人类共同的经验，从简单的感知刺激到具体对象，再到更复杂的动态事件。这个大的项目下又分为："语言和认知"（language and perception）；"身体"（the body）；"事件表达"（event representation）；"空间"（space）等。"语言和认知"下又分子项目：认知的语言（language of perception）；认知范畴的发展（development of perceptual categories）；跨语言的通感（synaesthesia across cultures）；感情（emotion）。"身体"（Majid et al., 2006）下的子项目有："语言里的身体词"[1]（parts of the body in language），试图使用标准化的方法来研究各种不同语言里是如何范畴化身体词的；"感知里的身体词"（body parts in perception）。"事件表达"包括："位移"（motion）；"切割和破坏类"（cut and break）（Majid & Bowerman, 2007）；放置和拿走（put

---

[1] 他们的研究成果发表在《语言科学》杂志 2006 年第 28 期上，如 Enfield, Majid & Staden (2006), Enfield (2006a), Staden & Majid (2006), Burenhult (2006), Enfield (2006b), Gaby (2006), Levinson (2006), Majid (2006), Meira (2006), Terrill (2006), Staden (2006), Wegener (2006)。

and take）（Narasimhan & Kopecka, 2012）；"反身词"（reciprocals）；"事件分割"（event segmentation）。"空间"（space）项目下包括："指称的框架"（frames of reference）；"语言和景观"（language and landscape）；"指示词"（demonstratives）；"adposition"（前置词）。研究包括 Niclas Burenhult 对于嘉海语的研究，Mark Dingemanse 对于 Yoruba 语的研究，Nick Enfield 对于老挝语的研究，Alice Gaby 对于库塔语（Kuuk Thaayorre）的研究，Adriana Hanulikova & Martina Magdolenova 对于斯拉夫语的研究，Sotaro Kita 对于日语的研究，Stephen C. Levinson 对于 Yélî 语和 Tzeltal 语的研究，Asifa Majid 对于 Punjabi 的研究，Sergio Meira 对于 Tiriyó 语的研究，Dick van der Meij 对于印尼语的研究，Nora Rüsch 对于德语的研究；Gunter Senft 对于 Kilivila 语的研究，Miriam van Staden 对于蒂多雷语（Tidore）的研究，Angela Terrill 对于 Lavukaleve 的研究，Claudia Wegener 对于萨沃萨沃语的研究。

他们发展出"奈梅亨方法"，使用标准刺激比如几套图片、录像和电影来收集各种认知领域的语料。这种方法最大的吸引力是它的客观性，因为它是一套标准的刺激，研究者对于结果的影响是非常小的，很容易对不同语言和不同的受试者的资料进行比较，特别是对那些没有很好的语法描述的语言。但是也并不表明这种方法没有问题，例如对于发展的情感术语和不舒服的身体感知可能就不是那么容易清楚地获得。这就要求有另外的收集方法，如"口头描述"（verbal descriptions）。还有一个更大的问题是刺激本身，这个刺激必须完全穷尽性地覆盖研究的语域。

第 8 章 语义类型学书籍、刊物和网站介绍

类型学在过去几十年的发展中，有了自己的专业杂志《语言类型学》（1997年创刊），组建了国际性的协会（ALT），1997年马克斯·普朗克进化人类学研究所在德国成立，下设一个由伯纳德·科姆里[1]（Bernard Comrie）领导的语言学系，该系着重研究类型学、语言记录及举办语言学研究的相关活动。该研究所的另外一个领军人物 Martin Haspelmath 编写的《世界语言结构地图》是类型学领域的经典之作。

ALT 协会介绍（协会官网网址 http://www.linguistic-typology.org）：ALT 大会每两年举行一次。第一届 ALT 于 1995 年在西班牙巴斯克的维多利亚（Vitoria-Gasteiz, The Basque Country）举行。第二届 ALT 于 1997 年在美国俄勒冈州的尤金（Eugene, Oregon, USA）举行。第三届 ALT 于 1999 年在荷兰的阿姆斯特丹举行。第四届 ALT 于 2001 年在美国的加州的圣芭芭拉市举行。第五届 ALT 于 2003 年在意大利的撒丁（Sardinia, Italy）举行。第六届 ALT 于 2005 年在印尼的巴东（Padang）举行。第七届 ALT 于 2007 年在法国的巴黎举行。第八届 ALT 于 2009 年在美国加州伯克利举行。第九届 ALT 于 2011 年在中国香港举行。第十届 ALT 于 2013 年在德国莱比锡举行。第十一届 ALT 于 2015 年在美国举行。第十二届 ALT 于 2017 年在澳大利亚堪培拉举行。第十三届 ALT 于 2019 年在意大利帕维亚举行。

2013 年德国第十届类型学大会上有比较多的与词汇类型相关的专题研究，如下所示。

1）"描述表面纹理的形容词：词汇类型学角度"。（Egor Kashkin & Olga Vinogradova）探讨的是表面纹理的形容词（"滑的"，"顺的"，"平坦的"，"粗

---

[1] 虽然随着伯纳德·科姆里 2015 年的退休，语言学系已关闭，但他这些年的贡献是有目共睹的。

糙的"等）。语言样本包括俄罗斯语、汉语、英语、西班牙语、韩语和乌拉尔语系的一些语言（芬兰语、爱沙尼亚语、厄尔兹亚语、科米语、乌德穆尔特语、匈牙利、汉特语、涅涅茨语）。他们深入研究的目的是探索语言类属上的接近和相关域的词汇系统中相似性二者之间的依存关系。

2）温度的语言学：温度域的词汇类型研究。（The linguistics of temperature:a lexical typological study of the temperature domain.）研究的目的是显示不同语言在对温度词进行分类时是如何不同及这种跨语言的变异是如何受限制的。这个研究是对合作项目结果的总结，涉及35个研究人员，覆盖50个以上类属（genetically），在区域和类型上多样的语言。

该项目的主要成果是对语言温度系统的跨语言模式的识别。语言通过三个主要的维度来划分温度域：温度值（例如区分"冷"和"热"，或区分"过度热"和"温暖宜人"），温度评价框架（从"触觉"方面，如"石头是冷的"；从"环境"方面，如"这里很冷"；从"个人的感受"方面，如"我冷"），以及实体的"温度"。

跨语言的温度系统的一个惊人的事实是不同部分表现出不同的内部异质性。个人感觉的温度往往被语言单独挑出来（词汇的选择和/或形态句法模式等），而环境温度的语言编码可能与那些触觉的温度或个人感觉的温度特性共享一些属性。理据在于环境温度和其他两种温度评价框架在概念上和知觉上的类同。一方面，环境温度和个人感觉的温度是植根于相同类型的经验、温度的舒适，而触觉温度涉及依据皮肤接受到基于认知的其他实体的温度的评价。另一方面，触觉和环境温度，可以从"外面"验证，而个人的感觉温度是主观的"内在"的生活经验。

3）"湿"和"干"跨语言的研究。（Victoria Kruglyakova & Tatiana Reznikova）

这个研究讨论的是在物体表面或在物体外层中含有水分和不含水分的形容词。比较了10种语言（俄语，德语，西班牙语，英语，汉语，阿拉伯语，希伯来语，豪萨语，斯瓦希里语，土耳其语）中表示"湿"的和"干"的词的语义类型。

4）跨语言的"穿"和"脱"语义域考察。（Frank Seifart et al.）

5）类型学视角的旋转动词研究。（The Verbs of Oscillation in a typological perspective.）

6）跨语言的感知词研究。（The language of perception across cultures. Asifa Majid）

7）物理属性词"锋利的"和"钝的"。（Qualitative concepts 'sharp' and 'blunt'. Maria Kyuseva et al.）

8）跨语言的"坚硬"和"柔软"。（Words of hardness and softness: towards lexical typology. Elizaveta Pavlova & Liliya Kholkina）

9）尺寸的属性：关于类型学。（Qualities of size: towards a typology. Daria Ryzhova et al.）

10）表示"速度"的形容词和副词词汇来源。（Lexical sources for SPEED adjectives and adverbs. Vladimir Plungian & Katia Rakhilina）

11）"满的"和"空的"语域。（Semantic domains "full" and "empty": a crosslinguistic study. Maria Tagabileva et al.）

2019年ALT的主要议题是：①从跨语言学的角度看词汇在行动性中的作用（A cross-linguistic perspective on the role of the lexicon in actionality）。②目前的语音类型研究（Current research in phonological typology）。③对于语音结构中语法关系的词汇限制（Lexical restrictions on grammatical relations in voice constructions）。④个人人称标记的历时类型（Towards a diachronic typology of individual person markers）。⑤名词结构的类型化［Typologising the noun phrase: Beyond (non-) configurationality.］

2018年6月26—28日在比利时列日（Liège）大学举办了"词汇历时语义图"（lexical diachronic semantic maps，简称LE DIASEMA）的语义图工作坊，其中有几位著名的词汇类型学专家做了主旨发言：澳大利亚国立大学的Alexandre François"词汇游历图：语义变化的空间视角"；德国耶拿马克斯·普朗克人类历史科学研究所的Johann Mattis List "CLICS 2.0：词汇动机模式研究的计算机辅助框架"；俄罗斯国立研究大学的Ekaterina Rakhilina & Daria Ryzhova "莫斯科词汇类型学小组的词汇语义图"；瑞典斯德哥尔摩大学的Maria Koptjevskaja-Tamm和席勒大学的Volker Gast "共词化模式的区域性"；比利时列日大学的Thanasis Georgakopoulos和法国社科院的Stéphane Polis "词汇历时语义图（Le Diasema）：从简单的网络到混合的多边图"。

8.1 书籍

8.1.1 《藏缅语的变异语义：有机方法的语言比较》（*Variational semantics in Tibeto-Burman: The 'organic' approach to linguistic comparison*）

Matisoff（1978）采用有机语义法（organic semantic approach）研究了藏缅语里身体词的语义变化，包括身体词语义场场内关联的模式和跨语义场关联模式。因为藏缅语里各种语言分支众多，他的研究可以看作类型学的语义研究。

8.1.2 《人类语言的共性》（*Universals of Human Language*）

该书由 Greenberg 于 1978 年主编出版，共四卷：第一卷是方法和理论（method and theory）；第二卷是语音（phology）；第三卷是语序（word order）；第四卷是句法（syntax）。自 1961 年之后 Greenberg 开始提倡一种新的方法：用类型的、归纳的、比较的方法来发现和解释共性。1967 年 Greenberg 和他的同事 Charles Ferguson 获得了美国国家科学基金会（National Science Foundation）的一笔拨款，用于对语言共性的研究，这项研究一直持续到 1976 年。因此，Greenberg 和 Ferguson 能够资助许多博士后研究员的研究，包括下一代类型学家的主要人物，如 Talmy Givón、Leonard Talmy 和 Edith Moravcsik。这个项目的成果是 20 篇《语言共性》的工作论文和四卷本的《人类语言的共性》（Greenberg, Ferguson & Moravcsik, 1978）。许多年前，蕴含共性还被认为是构成表层结构的限制，被认为与形式和实证共性毫无关系。但是这种态度在 Berlin & Kay（1969）之后改变了很多，因为基本颜色词就是使用的蕴含共性这种方法。第一卷主要谈到共性研究的现状，未来的发展方向。第二卷涉及了一些词汇语义的内容，篇幅不大。目录如下：

1）介绍 Charles A. Ferguson

2）作为语言共性的情态词的范畴（The category AUX as a language Universal）Susan Steele

3）语言如何获得性别标记的（How does a language acquire Gender Markers?）Joseph H. Greenberg

4）将来时的本质（The nature of future tense）Russell Ultan

5）派生的范畴（Derivational categories）Yakov Malkiel

6）代词所指的尊敬程度（Respect degree in pronominal reference）Brian F. Head

7）人称代词的类型和共性（Typology and Universals of personal pronouns）David Ingram

8）数词系统的总结（Generalization about numeral systems）Joseph H. Greenberg

9）重叠结构（Reduplicative construction）Edith A. Moravcsik

10）身体词的词汇共性（Lexical Universals of body-part terminology）Elaine S. Andersen

11）语言中的时空关系表达（On the expression of Spatio-temporal relations in language）Elizabeth Closs Traugott

12）作为语言共性的习语（Idiomaticity as a language Universal）Adam Makkai

8.1.3 《语言类型和语言共性》（*Language Typology and Language Universals*）

这本书于 2001 年出版，主编之一就是德国马克斯·普朗克研究所的类型学专家 Haspelmath（2001）。该书由来自于 20 个国家的 128 位专家的文章组成，打破了以前大家认为类型学仅仅是美国西海岸的专属印象。这本书里有英语、德语和法语。在 124 篇文章里，39 篇用德语，6 篇用法语。本书的目的是全面调查语言类型和语言共性的历史、理论和方法及这些领域里目前的争议问题。全书分为 2 卷，15 个部分。第一卷第一编论述了语言共性和语言类型的理论基础。第二编论述了语言共性和类型与其他学科的联系，比如认知科学、人工智能、生物、遗传、语言病理学（language pathology）、语言哲学等。第三、四编从历史的角度回顾语言共性在 20 世纪之前的研究。第五编讨论了语言类型和共性研究目前的方法。第六编论述语言类型和共性中的解释原理、组织原理和方法，比如相似性、经济性和标记性。第七编为跨语言的比较。第八编是形态。第九编是形态和形态句法范畴的类型。第二卷的第十编是句法。第十一编是词汇类型。第十二编是基于语音的类型。第十三编是凸显的类型参数。第十四编是语言家族和语言区域的类型特征。第十五编是语言类型和语言共性的历时角度研究。这里主要介绍本书的第二卷第十一编词汇类型，该部分主要内容如下：

Peter Koch，从认知和语言学的角度看词汇类型（Lexical typology from a cognitive and linguistic point of view）

Cecil H. Brown，从人类学角度看词汇类型（Lexical typology from an anthropological point of view）

Cliff Goddard，词汇的共性单位（Universal units in the lexicon）

Niklas Jonsson，语法里的亲属词（Kin terms in grammar）

Brenda Laca，派生（Derivation）

Robert MacLaury，颜色词（Color terms）

Ewald Lang，空间词（Spatial dimension terms）

David Gil，数量词（Quantifiers）

Åke Viberg，感知动词（Verbs of perception）

8.1.4 《世界语言结构图册》（*The World Atlas of Language Structures*，简称 *WALS*）

2014年12月在德国莱比锡的马克斯·普朗克进化人类学学院举行了 *WALS* 发布前期工作坊。后于2015年6月在印尼的苏门答腊岛的巴东第六届语言类型协会会议期间举行了另一个工作坊。经历了5年的准备时间，《世界语言结构图册》于2005年暑期由牛津大学出版社出版发行，是第一部展现各种重要语言结构在全球分布情况的地图集。由德国马克斯·普朗克进化人类学学院语言学系的4位类型学家Haspelmath，Matthew Dryer，David Gil & Bernard Comrie（2005c）负责该图册的编纂工作，共50多位各个研究领域的专家学者参与了这项工作。图册包含了2600种语言的数据，包括语音、形态、句法、词典和语言范畴。2008年，马克斯·普朗克进化人类学学院语言学系和马克斯·普朗克数字图书馆合作推出了该图册的网络版本 *WALS* 在线 http://wals.info。WALS 是由40多个语言研究者组成的团队从描述性材料（如语法参考书）中收集的语言结构（语音，语法，词汇）属性的大型数据库。WALS 由附带文本的142张地图显示不同特征（如元音库存规模，名词所有格秩序，被动结构，"手/胳膊"一词多义）。在地图上每一种语言用一个点代表，不同的颜色显示不同特征的值。在地图上，共有2650种语言，共有58000多个点给出特定的语言中的信息。

Dik Bakker 演示了他定制的专门应用于 WALS 数据的软件包 LINFER，通过 LINFER，Bakker 可以寻求 WALS 数据中的（蕴含）共性。Maslova（2000）寻求的是另外一个问题：如果一个类型（typology）区分一定数量的语言类型（language types），我们对每个语言类型的数量有什么期待？Maslova 认为语言类型并不是均匀地（evenly）分布的，而是按幂指数分布。这一发现表明，类型学家可能不得不重新考虑类型频率解释的统计基础。

全书包括 11 个部分：音序、形态、名词范畴、名词句法、动词范畴、语序、简单句、复杂句、词汇、手语和其他。下面主要列出词汇这一部分，包括身体部位词汇（"手"和"臂"的表达，"手"和"指"的表达）、数词基础、颜色词汇、人称代词和茶的表达法。

129 手和臂（Hand and Arm）

130 手指和手（Finger and Hand）

131 数词基础（Numeral Bases）

132—135 颜色词（Colour Terms）

132 非派生的基本颜色词的数（Number of Nonderived Basic Colour Categories）

133 基本颜色范畴的数（Number of Basic Colour Categories）

134 绿和蓝（Green and Blue）

135 红和黄（Red and Yellow）

136—137 人称代词（Personal Pronouns）

136 代词 M-T Pronouns

137 代词 N-M Pronouns

138 茶（Tea）

8.1.5 《牛津语言类型学手册》（*The Oxford Handbook of Linguistic Typology*）

该书由新西兰奥塔哥大学（University of Otago）的宋在晶（Jae Jung Song）主编，于 2011 年由牛津大学出版社出版。

该书第一编回顾了语言类型学的历史、理论和方法（foundations: history, theory, and method），内容包括语言类型学的历史、语言类型学的开拓者：从 Gabelentz 到

Greenberg，语言类型学和语言研究，解释语言共性，跨语言鉴别问题，语言取样。第二编回顾了语言类型的理论维度（theoretical dimensions of linguistic typology），详细介绍了语言类型学中经常用到的各种理论，比如相似性、经济性和频率，竞争动因，范畴和原型，蕴含等级，类型学模式中的处理效能和复杂度，语言共性和语言学知识。第三编是语言类型的实证维度（empirical dimension of linguistic typology），内容从音系学到语义学都有设计，比如语序类型学，词类，格标记类型学，人称标记，及物性类型学，语态类型学，语法关系类型学，时、体和情态系统类型学，句法类型学，形态类型学，语义类型学，音系系统类型学。第四编是更广阔背景下的语言类型学（linguistic typology in a wider context），比如语言类型学与历史语言学，语言类型学与语言接触，语言类型学和一语习得，语言类型和二语习得等。

第三编的"语言类型的实证维度"的第23章终于出现了Evans的"Semantic Typology"（语义类型）。整个有关语言类型的手册共30章，至此终于有一章是留给语义类型学的。这部分先介绍了什么是语义类型学及意义的跨语言比较中存在的问题，接着介绍了跟语义相关的相似性、多义性（polysemy）、异类多义性（heterosemy）、显性语义范畴及组合语义学（compositional semantic）在类型学方面的发展，指出语义类型学与人文学科及认知科学、心理语言学、神经认知科学的紧密联系。

8.1.6 《从多义词到语义变化——词义联系的类型》（*From Polysemy to Semantic Change: Towards a Typology of Lexical Semantic Associations*）

本书的前言是由总编Vanhove撰写的。这本书基于法国国家科学研究中心（Centre National de la Recherche Scientifique，简称CNRS）在2002年的一个项目"语言的普遍和类型研究"（Fédération de Recherche Typologie et Universaux Linguistiques），侧重点在于"多义词，异类多义词和词汇层面的语义变化"，共有14篇文章。第一章是介绍性的；第二到八章讨论的是理论和方法问题；最后六章是具体的词汇案例分析。

第一部分是Koptjevskaja-Tamm的"走进词义类型学"，区分了"语义类型学"（包括词汇和语法的，包括单个的词和几个词）和"词汇语义类型学"（关注单个词里意思是如何组成的）。该部分也区分了语义的概括性和多义性；外延和内涵。

第二部分是Stéphane Robert的"词和它们的意义：变异和稳定的原理"，是从认知语言学的角度来分析词汇语义。形式的语义变异被视为语言的一个基本特征（例如，反映在词汇的多义现象的普遍性中），但这是一种受管制的扩展。例如，不同的隐喻和转喻类型的扩展不会导致随机变化，而会导致某种稳定性，即扩展受熟悉的机制（共同的图式意义和原型）控制。词语是用工具来激活知识领域，"上下文"作用于单位的意义并限制它们的解释。她认为意义与形式之间的不匹配是语义的中心问题。文中还总结了她认为影响变异的主要的内部和外部因素。

第三部分是 Bernard Pottier 的"语义类似关系的类型"，提供了一种心理过程的目录。该部分显示了意义的接近是源于一个词汇项的意义分叉（divergence）或不同词汇项的意义聚合（convergence）。

第四部分是 Peter Koch 的"认知的称名学和词义变化：以'眼'为例"，将早期基于罗曼语的"眼睛"和相关的"睫毛""眉毛""眼皮"和"眼球"研究扩大到 24 种语言。Koch 使用了历时认知称名学的方法来研究语义变化中的语义平行。Koch 总结了概念化的跨语言趋势，就框架来命名或就依存关系来命名。他利用一个二维网格来全面描述源概念和目标概念之间认知和形式关系，该网格上可以放置任何相关的概念对。这个研究提供了所有词汇创新的认知解决方法的清单。

Neiloufar Family 在《语义空间的映射：波斯语中"轻动词"xordæn"吃"的构造主义描述》一文中引入了岛的概念，以对前动词 +xordæn 构式中发现的各种用法进行排序。

Alexandre François 在他写的《语义图和共词化的类型：跨语言的交织的多义网络》中寻求发展建立潜在的多义词/称名的连接的共性的网络，提供了一种建立语义图的方法。一种语言中一个词的所有相关意义组（emic）叠加在用一个核心概念可验证的所有可能意义的（etic）排列。这种方法基于 Haspelmath（2003）的语义图模型，所不同的是 Haspelmath 研究的是语法，Alexandre François 研究的是词汇。表示"呼吸"的 11 幅图出现在附录中。

Zalizniak 写的《语义转移的目录：语义派生的类型》提供了最广泛的历时的讨论。"语义转移"包括历时和共时的扩展。她讨论了不同语言共时多义词目录中词条的形式结构。记录在案的共时多义现象、一种语言或一种语言后代的历时演变、同源词的意义及作为词派生的一部分的语义变化（有规律的，即使不常见）的转移证明了这些条目的合理性。

Bruno Gaume, Karine Duvignau & Martine Vanhove 在《聚合网络中的语义关联和

融合》中介绍了一种算法方法,该方法可量化词汇单位的语义邻接度,这是一种量化,伴随着通过图形计算出的语义关联的可视化。

最后一部分是 6 篇案例分析,包括"吃""喝"和"感官词"等。

8.1.7 《温度的语言学》(*The Linguistics of Temperature*)

Koptjevskaja-Tamm（2015）出版了《温度的语言学》一书,该书是第一本从类型学的角度研究温度的概念化如何反映在温度词的系统中的著作。书中主要关注的问题有：语言如何范畴化温度领域,温度表达是否有其他的表达法,比如隐喻地指感情。本书考察了 50 种不同地域、不同类型的语言。第一部分的"介绍",主要弄清楚的问题是温度的概念、范畴的词汇化,或者说怎样"切分"温度域：温度概念在一种语言里是怎样编码的？温度词的系统要做什么样的语义区分？什么语义差别导致其系统的温度条件,以及是由什么因素引起的？温度域内的词汇语法相互作用：温度概念在跨语言里就词性来说是如何词化的？用什么样的句法结构讨论温度感知。与温度域相关的语义的派生和理据（多义词和语义变化模式）：什么是可能的温度的语义扩展,这些相关的具体含义是如何相连的？温度词来自于哪里？什么样的普遍的隐喻和转喻模型构成了与温度域相关表达的语义演变？

在如何划分温度域时,很多语言是用三个主要参数来完成的：温度值（temperature value）、温度评价种类（kinds of temperature evaluation）、实体（entities）。温度值是指品质如"冷""暖""热",有的语言仅用两个温度值,例如在 Mwotlap 语（南太平洋群岛的：大洋洲的,北瓦努阿图）中使用 sɛw（热的/暖和的）和 mɔmjij（冷的/凉的）。温度评价种类包括触摸的温度（石头是冷的）,环境温度（这里很冷）,个人感觉温度（他是冷的）。在亚美尼亚语（Armenian）中有三个形容词与英语形容词"冷"相对应：saŕn（触觉的）、c'urt（环境的）和动词 mrsum（个人感觉的）。一些实体（entities）可能需要特别详细的子系统的温度表达式。例如,语言可能对水的极端温度值有特殊的表达方式（如"冰冷"和"滚烫"）,而对"不冷不热"的表达方式通常只适用于水（和一些其他液体）,偶尔也适用于空气。迄今为止收集到的证据表明,温度项系统内的跨语言变化服从于几种概括,而是否存在普遍温度概念的问题的答案取决于我们如何定义和界定它们。例如低温的含义是什么呢——"冷"的含义是应该通过参考客观的温度尺度、人体和人的感知,还是应

213

该通过像火或冰这样的典型实体来描述呢？温度意义通常在语义上与其他意义相关，无论是共时的（在多义词位中）还是历时的。因此，温度的概念往往作为各种隐喻的源域，比如"warm feelings"（温暖的感觉）、"hot news"（最新消息），同时还可以扩展到其他感知方式，比如"hot spices"（辣的香料）、"warm color"（暖色）。虽然有些语言显示了温度域可以广泛地扩展到其他的语义域，有些语言却缺乏这种扩展或者是有限的扩展。

第1节探寻两种语言埃维语和Likpe（都是西非的Kwa语）里用作讨论集中于三个经验领域温度的语言表达。两种语言的接触关系是不对称的：Likpe语的说话者是双语，反之并非如此。实证解决的问题是，埃维语说话者和Likpe如何谈论：①环境的温度；②食品的温度；③水温和人体感受的温度。作者认为两种语言里没有完全等同于"温度"（temperature）的词。作者又证明，温度属性是一个物理性质，基本上表示使用动词而不是形容词。

第5节对沃洛夫语的温度词的语义组织进行描述，沃洛夫语属于尼日尔—刚果语（西大西洋），在塞内加尔的沃洛夫族群和塞内加尔人中有80%的人使用该语言。该节讨论讲沃洛夫语的人与温度感知相关的经历对温度的语言表达的影响。

第12节探讨的是东亚美尼亚语里的温度词，东亚美尼亚语是西南高加索的印欧语言。研究者使用的数据是东部亚美尼亚国家语料库，覆盖了该语言整个近现代时期从19世纪开始到现在的约9千万条的电子语料库，网址http://www.eanc.net。

8.1.8 《"坐"、"站"、"躺"的语言学》(*The Linguistics of Sitting, Standing and Lying*)

John Newman于2002年在John Benjamins出版了*The Linguistics of Sitting, Standing and Lying*，书中包含十五篇论文，它们在世界语言的广泛样本中研究了许多与姿势动词有关的语言现象。虽然少数文章涉及此类动词的词汇意义及其形态句法模式，但大多数文章关注的是这些动词所表达的抽象语法关系，特别是作为系词/方所动词和/或非完整体标记等。第一章里Newman指出在不同语言中"坐""站"和"躺"的中心意义和这些动词的比喻与语法扩展意义，介绍了有关姿势动词的共时表现及其历时过程的各种问题，涉及时间和空间范畴、动力学范畴（dynamics）、活动区域（active zone）、社会和文化等方面。第二章Enfield讨论"坐""站"和"躺"

的语义/概念基础,发现老挝语中表达这三类动作的词语并不像其他语言中那样具有体和态的引申功能,而只是保留着最基本和最原始的词汇意义。其他的动词如"arrive","acquire","finish","know","want","come","go"都可以用作体和态的标记。同时还讨论了某些给定姿势动词对宾语对象选择的限制(例如,"躺"可以接受宾语为"草垫",但不能接受宾语为"树")。第三章 Newman & Yamaguchi 对比了英语和日语对"坐"的表达,特别是移动到一个坐的姿势与保持坐姿的表达方式,发现了很多语法化的语义扩展。第四章 Rice 的《奇帕维安语的姿势和存在谓语:作为"坐"、"站"、"躺"持续体的词汇和语义密度》,根据十个语义和形态句法属性研究姿势动词,发现"坐"在许多方面与其他姿势动词有不同表现的明确证据。第五章 Noornan & Grunow-Harsta 的《尼泊尔两种藏缅语中的姿势动词》比较和对比了 Magar 语和 Chantyal 语中姿势动词的词汇和形态句法分布。第六章 Lemmens 的《荷兰语姿势动词的语义网》关注荷兰语中大量使用此类动词来指代方位。第七章 Damian 的《Trumai 中姿势词的句法和语义》解析了 Trumai 中姿势动词的使用情况,Trumai 是一种在巴西使用的孤立语言。第八章 Rumsey 的《男人站着,女人坐着:关于巴布亚语言中姿势动词的语法化,其身体基础和文化关联》对巴布亚语的 Enga 和 Ku Waru 中作为存在谓词的姿势动词进行了研究。第九章 Goddard 和 Harkins 的《澳大利亚中部两种语言中的姿势、方位、存在和存在状态》比较了 Arrente 和 Pitjantjatjara/Yankunytjatjara 语中不同词汇和语法语境中姿势动词的使用情况。第十章 Reid 的《坐在后面:Ngan'gityemerri 和其他北澳大利亚语言中的连续姿势动词》研究了澳大利亚一组相关语言中涉及姿势动词的语法化模式。第十一章 Lichtenberk 的《大洋洲的姿势动词》报告了姿势动词的时间轮廓及时间扩展到体含义的关系。第十二章 Kilian-Hatz 的《Kxoe 语中姿势动词的语法演变》讨论了 Kxoe 语中姿势动词演变为各种时/体标记的过程。第十三章 Keegan 的《Mbay 中的姿势动词》研究了另一种非洲语言 Mbay 语(尼罗—撒哈拉)中姿势动词的语法使用和发展。第十四章 Song 的《韩语中的姿势动词:基本和扩展用法》研究了四种姿势动词及其在韩语中的词汇/语法用法。第十五章 Gibbs 的《具身的"站"和心理语义的"忍受"》从认知心理学的角度分析了有关"站"在英语中比喻用法的认知理据的实验结果。

8.1.9 《吃、喝的语言学》(*The Linguistics of Eating and Drinking*)

《吃、喝的语言学》一书由 John Newman 主编，于 2009 年出版。该书的目的是"更好地理解编码频繁的人类活动或状态的谓词的用法"，提供不同语言中与"吃"和"喝"动词相关的语言属性范围的概述及这些概念的词汇化、与"吃"和"喝"构式相关的句法，并指出用英语"吃"和"喝"两个单词当然只是表示不同语言中摄入动词含义的近似值。他提到，一些语言中"消耗"（consume）一词涵盖了"吃"和"喝"的行为，并且表示"吃"的动词可以有许多附加意义。Wierzbicka 的《吃喝是人类共同的概念吗》指出"吃"和"喝"并不是代表自然语义元语言中的语义基元的普遍人类概念。这一点可以通过对卡拉姆语、英语、瓦尔皮里语和阿瑞特语中摄取动词语义的详细解析来证明。Aikhenvald 的论文集中于 Manabu 的 Ndu 语（新几内亚）动词 kə- "吃、喝、冒烟"的用法，其用法包括与破坏（包括"溺水"和"燃烧"）相关的隐喻扩展。她发现"吃"/"喝"的多义模式在新几内亚的语言中很常见。Rice 在研究阿萨帕斯卡语中的饮食动词时发现，这些语言关注的是"消耗对象的类型、消耗发生的方式或消耗对象的消散程度"。Hook & Pardeshi 研究印地语和马拉地语中"吃"的表达，重点关注"吃"的基本含义的扩展，其中一些显然是由于与波斯语的接触而产生的。在印地语、乌尔都语和马拉地语中对"吃"所有类型的表达也在波斯语中发现，而反过来则不正确。Yamaguchi 描述了日语中"吃"和"喝"表达的用法，表明比喻的语言甚至是编码词汇意义的基本方式都会受到社会文化或历史因素的影响。Song 描述了韩语消耗动词"吃"（mek）和"喝"（masi）的隐喻扩展。前者的范围很广：一个人可以"吃"金钱（表示浪费），或者被中暑、衰老或批评之类的东西"吃"。Jagger & Buba 指出豪萨语中"吃"和"喝"的动词往往具有相反的隐喻扩展，其中"吃"一词扩展到控制和操纵，而"喝"一词扩展到涉及受事主体的事件。这种差异归因于现实世界中饮食行为的能动性差异，前者比后者更具能动性。还有其他的扩展，如"吃"扩展到"准时的"和"喝"扩展到"持续的"。Newman & Abera 的文章讨论了语法方面的问题，并更详细地讨论了阿姆哈拉语动词"喝"和"吃"的比喻用法。比喻用途的主要类别被视为源于摄入的不同方面："吸收"动作、"破坏"动作。"吸收"又可扩展为"获胜""接受"等；"破坏"延伸到"消费""穿着""燃烧"等。

8.1.10 《跨语言视角的情感》(Emotions in Crosslinguistic Perspective)

《跨语言视角的情感》一书由 Jean Harkins & Anna Wierzbicka 主编，于 2001 年出版。在引言部分 Wierzbicka & Harkins 展示了普遍语义元语言如何能够更准确地描述情感词的含义。他们强调语言在情感研究中的核心作用，特别是在考察一个群体的文化生活时将注意力集中在其他群体甚至没有命名的情感状态。现代心理学家的术语，英语或任何其他自然语言，在描述人们的主观体验时可能会产生误导。该书的作者使用了 Wierzbicka 设计的自然语义元语言（NSM）。Zhengdao Ye 指出了 NSM 在情感研究中的三个主要优势："首先，它使从内部的视角解释意义成为可能。其次，可以清楚地识别出一种文化内部和跨文化概念之间的确切差异和联系。第三，它允许将定义翻译成不同的语言，同时保持中立"。

Amberber 给出了阿姆哈拉语情感谓词的语义描述，假设了一个独特的先天和普遍的认知领域。阿姆哈拉语中某些情感谓词的经历者论元表现在形态上而不是句法上，就像它是从句的宾语，而不是主语。

Bugenhagen 详细说明了姆布拉语（巴布亚新几内亚）中涉及身体部位的几种情感表达的含义。这些表达让人想起了英语的"肚子里的蝴蝶"（butterflies in your stomach，"紧张"的含义）和"破碎的心"。与英语不同的是，姆布拉语有相对较少的词汇项单独编码情感或身体体验。例如，"愤怒""爱""快乐"或"失望"没有专门的词语，为了谈论这些概念，他们必须使用身体意象来表达这些体验。

Durst 指出，与德语 Zorn/Wut/Ärger（愤怒）相比，英语 anger/angery（愤怒）的使用范围更广。德语对应词的含义与英语单词的含义有所不同，并且没有证据证明其中一个单词的"基本性"。因此，将这一观察纳入 Wierzbicka 的框架，"愤怒"不属于普遍的语义元语言。在解释三个德国同义词的行为差异时，Durst 假设 Wut 和 Zorn 的觉醒超出了体验者的控制。

Enfield 指出老挝语中没有确切的对应词来形容英语中的"悲伤""愤怒""厌恶""高兴""惊讶"和"恐惧"，而这些词中的大多数都是通过提及内心的表达来完成的。虽然英语中有一系列简单的面部表情词，但老挝语明显很少。英语中有许多表达方式描述整个面部的动作（如"皱眉"或"做鬼脸"），与英语不同，老挝语的对应词明确地指面部的相关部分，如眉毛或嘴唇；因此，情绪指的是主要涉及面部特征或成分的表情。Goddard 证明，马来语 hati（字面意思为"肝"）是一个在关于人类互动的话语中出现频率很高的词（例如，susah hati "担心的"，hati keras "坚定的"）。这个词素是一个描述情感细微差别的多功能资源。Zhengdao Ye 考察了与英语"悲伤"相对应的汉语词汇。与英语的"悲伤"（sadness）不同，汉语的"悲"更为悲剧性和宿命性。总的结论是，情感普遍性的基础不是情绪词语，而是在情感中发现的认知元素。这些元素的结构是由文化塑造的。它们是中国文化的产物，由中国独特的经验及对生命和宇宙的看法塑造的。

8.1.11 《语言里的身体词》（*The Body in Language: Comparative Studies of Linguistic Embodiment*）

该书出版于 2014 年，编者是 Matthias Brenzinger，Iwona Kraska-Szlenk，主要内容如下：

1. 语言里的身体词
The Body in Language: An Introduction
2. 身体词的语法化和词汇化
Grammaticalization and lexicalization patterns of body parts terms
3. 语言里的身体：从语法化的角度的观察
The body in language: observations from grammaticalization
4. 扩展身体词到感情领域
Extending body-part terms in the domain of emotions
5. Dene Sųłiné 语里词汇化中身体词的结合和扩展
Corporeal Incorporation and Extension in Dene Suline（Athapaskan）lexicalization
6. 在 Rgveda 语里牛的身体作为哲学隐喻的源域：以（牛、羊等的）乳房为例
The Cow's Body as the source Domain of philosophical metaphors in the Rgveda: the Case of "Udder"（ūdhar）
7. 身体和自我的概念化
Conceptualization of the Body and Self
8. 身体部位词搭配：在英语身体部位术语的使用中反复出现的自我和他人形象
Our Collocating Body Parts: Recurring Images of Self and Other in the Use of English Body-Part Terms

9. 在豪萨语里"自我"的概念

Notions of SELF in Hausa

10. 体验的语言和其他模态

Embodied Language and Other Modalities

8.1.12 《语义转移的词汇类型》(*The Lexical Typology of Semantic Shifts*)

该书出版于 2016 年，由 Juvonen 和 Koptjevskaja-Tamm 主编，目录如下：

1. 语义转移的词汇类型：引言

"The lexical typology of semantic shifts": An introduction

2. 意义演变和语义转移

Meaning change and semantic shifts

3. 作为反训来源的语义转移

Semantic shifts as sources of enantiosemy

4. 词汇类型基于框架的方法论

A Frame-based methodology for lexical typology

5. 跨语言用于反义词调查的语料库方法

Corpus methods for the investigation of antonyms across languages

6. 通过大量的平行语料库研究共词化

Studying colexfication through massively parallel corpora

7. 行动中的多义词：跨语言的视角中的瑞典词 slå "打，击，敲"

Polysemy in action: The Swedish verb slå "hit, strike, beat" in a crosslinguistics perspective

8. 在洋泾浜语中带有 make/do 轻动词结构

Making do with minimal lexica: Light verb constructions with MAKE/DO in pidgin lexica

9. 身体相关的温度表达的扩展用法

Extended uses of body-related temperature expressions

219

10. 在爱斯基摩语和相邻语言中的感情语域

The semantic domain of emotion in Eskimo and neighbouring languages

11. 在斯拉夫语、罗曼语和日耳曼语中社会关系领域的理据和语义框架——朋友，敌人和其他

Motivational scenarios and semantic frames for social relations in Slavic, Romance and Germanic languages—friends, enemies and others

12. 萨胡尔语里树，木柴和火

Tree, firewood and fire in the languages of Sahul

13. 调查法语和意大利语中的词汇理据

Investigating lexical motivation in French and Italian

14. 民俗植物分类的理据类型

Types of motivation in folk plant taxonomies

15. 科学和民俗生物分类的不同和互动

Differences and interactions between scientific and folk biological taxonomy

16. 整体的理据：在烹饪域的系统性和应用

Holistic motivation: Systematization and application to the COOKING domain

17. 类型学视角形式上可分的术语的理据：变异的评估和解释的步骤

Motivation by formally analyzable terms in a typological perspective: An assessment of the variation and steps towards explanation

8.1.13 《颜色命名的词汇化模式》（*Lexicalization patterns in color naming*）

2019 年该书由 Benjamins 出版公司出版，主编为 Ida Raffaelli, Daniela Katunar & Barbara Kerovec。该书共十六章，重点介绍了多种语言中用于颜色命名的词汇化模式。内容如下：

引言

Introduction

第一部分 目前和未来的词汇化模式

Part 1. Lexicalization patterns in and over time

1. 重新思考"基本颜色词"的范畴：来自匈牙利词汇模式的证据

Rethinking the category of "basic color term": Evidence from Hungarian lexicalization patterns

2. 斯洛伐克语颜色命名的词汇化模式

Lexicalization patterns in Slovak color naming

3. 意大利语的颜色复合词

Compound color terms in Italian

4. 颜色语言学中的"明亮"

"Brightness" in color linguistics: New light from Danish visual semantics

5. 韩语颜色词命名的词汇化模式

Lexicalization patterns in color naming in Korean

6. 巴亚颜色词命名的词汇化模式

Lexicalization patterns in color naming in Gbaya, a Ubanguian language of CAR

第二部分 系谱和类型角度的颜色词

Part 2. Color terms in a genealogical and typological perspective

7. 闪语颜色词系统的创新

Innovations in Semitic color term systems

8. 颜色词命名的词汇化模式：当代印地语为例

Lexicalization patterns in color naming: The case of Modern Hindī

9 法语和奥克西坦语的复合颜色命名

Complex color denomination in French and Occitan

10. 巴斯克语中的颜色词：词汇化和范畴化

Color terms in Basque: Lexicalization and categorization

11. 克罗地亚，捷克和波兰的颜色命名的词汇化模式

Lexicalization patterns in color naming in Croatian, Czech, and Polish

12. 非洲的颜色命名

Color naming in Africa

第三部分 文化中的语言和接触中的语言

Part 3. Languages in culture and languages in contact

221

13. 冰岛语、冰岛手语、北美冰岛语的颜色命名的普遍性和变异

Universals and variability of color naming in Icelandic, Icelandic Sign Language, and North American Icelandic

14. 颜色在用语中的象征意义和文化意义：对俄语和德语用语单位的跨语言和跨文化研究

Symbolic and cultural meaning of colors in phraseology: A cross-linguistic and cross-cultural study of Russian and German phraseological units

15. 从物体到颜色再到背面：用克罗地亚语、土耳其语和阿拉伯语的颜色词看世界

From object to color and back: Seeing the world in color in Croatian, Turkish, and Arabic

8.1.14 《语言和文化中的感知和认知》（*perception and cognition in language and culture*）

该书由 Aikhenvald & Storch 主编，于 2013 年在 Brill 出版社出版，是 2010 年秋在德国科隆大学举办的国际工作坊的成果。Alexandra Aikhenvald 被授予 2010—2012 年度洪堡研究奖。Aikhenvald & Storch 都对认识论的语言和语法有着浓厚的兴趣。为了更多地了解这一领域，他们组织了为期三天的高强度工作坊，让语言学家们讨论在极少研究的一些语言上的各种发现，这些发现是关于这些语言的感知和认知是如何在语法和语义上构成的。

该书的主要内容如下：

1. 感知和认知的语言表达：类型学一瞥

Linguistic Expression of Perception and Cognition: A Typological Glimpse

2. Luwo 语里的知道，闻到和讲故事

Knowing, Smelling and Telling Tales in Luwo

3. !Xun 中的信息和意外信息的来源——传信、惊异和反预期标记

Source of Information and Unexpected Information in !Xun—Evidential, Mirative and Counterexpectation Markers

4. 盖丘亚语中的惊异

A Quechuan Mirative?

5. 科尔奥瓦伊语（西巴布亚语的一种）中的看到，听到和思考

Seeing, Hearing and Thinking in Korowai, a Language of West Papua

6. 来自新几内亚的巴布亚语 Manambu 的感知和认知

Perception and Cognition in Manambu, a Papuan Language from New Guinea

7. 从身体到知识：Khwe-‖Ani 和 Ts'ixa 的感知和认知

From Body to Knowledge: Perception and Cognition in Khwe-‖Ani and Ts'ixa

8. Dongolawi（尼罗河努比亚）中的感知动词及其语义

Perception Verbs and Their Semantics in Dongolawi（Nile Nubian）

9. 激发您的感官：Tima 中的感知和认知领域一览

Excite Your Senses: Glances into the Field of Perception and Cognition in Tima

10. Lussese 语中的感知

Perception in Lussese

8.1.15　《嗅觉的语言学》（*The Linguistics of Olfaction*）

该书由 Łukasz Jędrzejowski 和 Przemysław Staniewski 主编，于 2021 年 4 月在 John Benjamins 出版公司出版。全书共 15 章，如下所示：

1）呈现鼻子所感知的：引介（Rendering what the nose perceives: An introduction）。

这章简要概述了嗅觉表达的类型学和历时研究，并指出了可能进一步研究的问题。

2）为什么嗅觉很特别：一种欧洲语——瑞典语的案例分析（Why is smell special? A case study of a European language: Swedish）。

这章对瑞典语的名词 lukt "嗅觉" 和动词 lukta "闻"、Stinka "嗅"、dofta "闻起来不错" 进行了详细的语料库描述。除了描述词汇语法结构外，还详细讨论了瑞典语中描述"气味"的方式。与颜色被视为物理物体的客观属性不同，气味通常被认为是引起情感反应的感觉。

3）巴斯克语的嗅觉域（The domain of olfaction in Basque）。

这章分析了巴斯克语嗅觉的特点。该研究探讨了其他嗅觉构式在词典和语料库数据中编码身体感知和比喻意义的作用。结果表明，嗅觉结构编码了两种类型的身体感知意义，并相应地发展了它们的比喻意义。

4）格鲁吉亚语和其他卡尔特维尔语的嗅觉术语（On olfactory terminology in

Georgian and other Kartvelian languages）。

这章研究格鲁吉亚语、梅格里尔语和其他卡尔特维尔语的嗅觉表达系统，包括词源学和语义扩展问题。这项研究在很大程度上依赖于来自标准格鲁吉亚语和格鲁吉亚方言文本语料库的数据。

5）让我数一数它的臭味：普雷佩卡语（墨西哥）中嗅觉术语的类型学（Let me count the ways it stinks: A typology of olfactory terms in Purepecha）。

这章介绍了普雷佩卡语（Purepecha）中表示嗅觉的3种方式的类型，包括：①抽象术语，由15个感知词根之一和特定嗅觉的"空间词对"形态 -k'u 和 -nti 构成；②描述性术语，它的词根指另一种状态或事件，如"燃烧"，加上空间词对形态；③气味源，通常为名词。

6）Beja 语（北库什语）中的嗅觉、味觉和触觉［Olfactory, gustatory and tactile perception in Beja (North-Cushitic)］。

这章从三个不同的角度研究与 Beja 中所谓的"低级感觉"（嗅觉、味觉和触觉）相关的感知词，Beja 是主要在苏丹使用的一种库什语。第一个是从词类的角度来研究相关词库的组织。从数量来看，动词词类比名词和形容词更为普遍，而且嗅觉的词汇比味觉和触觉的词汇更为多样。第二个研究感知词的句法结构。这表明，除触觉域外，来源导向的构式（source-oriented constructions）非常普遍。第三个是关于每种模态的知觉词的隐喻扩展。

7）如何在没有动词"闻"的情况下进行嗅觉（How to smell without a verb "to smell" in Fon）。

这章概述了在贝宁使用的一种语言 Fon 中表达嗅觉的结构。在这种语言中没有明确表示"闻"的动词，而且即使发现一些象声语（ideophone）专门表达嗅觉感知，专门用于表达嗅觉的词汇也相当缺乏。Fon 语中嗅觉表达的另一个特殊性是，它们被用来传达抽象的动作。接受、拒绝或隐藏气味分别表示爱、恨或羞耻。

8）如何谈论日语中的嗅觉（How to talk about smell in Japanese）。

这章以日常用语为中心，介绍日语嗅觉语言的语料库描述。这里有更丰富的词汇，包括动词 kagu 和 niou、名词 nioi 和 kaori 及形容词 kusai，并表现出明显的评价性。

9）中国台湾地区嗅觉表达概览（An overview of olfactory expressions in Formosan languages）。

这章概述了中国台湾地区语言中的嗅觉词汇和嗅觉表达及其类型学意义。这些语言中嗅觉表达分为抽象术语和来源为导向的构式。

10）北部瓦努阿图语的嗅觉词：语言还是言语（Olfactory words in northern Vanuatu: Language vs. Parole）。

这项基于语料库的研究考察了北部瓦努阿图海洋语言中嗅觉的词汇领域。虽然热带生态系统被认为有利于嗅觉词的精细编码模式，但瓦努阿图的情况似乎并非如此。那里的大多数语言都有相当有限的词汇量，无论是指语言事件（主动的、被动的、基于经验的）还是指气味本身。

11）当代希伯来语的嗅觉（Alternating smell in Modern Hebrew）。

12）罗马尼亚嗅觉动词的句法模式（Syntactic patterns for Romanian olfactive verbs）。

13）时间推移中的嗅觉词：从拉丁语到意大利语的嗅觉词汇（Smelling over time: The lexicon of olfaction from Latin to Italian）。

14）基于来源的嗅觉动词在多大程度上可以归类为系动词？德国和波兰的情况（To what extent can source-based olfactory verbs be classified as copulas? The case of German and Polish）。

15）波兰香水语篇中嗅觉目标域的隐喻类型（Typology of metaphors with the olfactory target domain in the Polish perfume discourse）。

8.2 期刊

8.2.1 《语言学》（Linguistics）

该刊2012年第3期为词汇类型学专辑，目录如下：

1. 介绍：词汇类型学的新方向

Introduction: New directions in lexical typology

2. "品尝"类动词在一些克霍语言里的重要性

The importance of TASTE verbs in some Khoe languages

3. 关于痛苦谓词的类型化

Towards a typology of pain predicates

4. 逆向分类策略

Converse categorization strategies

5. 关于动词词汇系统的类型学：北部阿萨巴斯卡语的案例研究

Toward a typology of verbal lexical systems: A case study in Northern Athabaskan

6. 方位、存在与所属：构式—类型学的探索

Location, existence, and possession: A constructional-typological exploration

7. 复杂谓词中的语义中和化：来自东亚和南亚的证据

Semantic neutralization in complex predicates: Evidence from East and South Asia

8. 作为语义类型学数据库的语义转移目录

The catalogue of semantic shifts as a database for semantic typology

9. 通过相似性语义学的词汇类型学：位移动词的语义图

Lexical typology through similarity semantics: Toward a semantic map of motion verbs

10. 语义基元，语义分子，语义模板：用 NSM 方法研究词汇类型的关键概念

Semantic primes, semantic molecules, semantic templates: Key concepts in the NSM approach to lexical typology

8.2.2　《语言类型学》（*Linguistic Typology*）

该杂志于 1997 年创刊时主编 Frans Plank 等给期刊的定位是："关于语言多样性和变异模式的原创研究。类型学的本质在于结构特征——从声音和语法到词汇和语篇——这些结构特征可能因语言而异，但实际上又确实共同变异的，为跨语言变异设定了限制，并定义了语言建构的基本计划。这本杂志的主题是发现和解释这种相互依赖关系，并对类型学中的结果和方法进行有见地的讨论。"Maria Koptjevskaja-Tamm 在 2018 年接替 Plank 成为该杂志的主编，并发表《语言类型学的今天和明天》一文，再次强调了期刊的目标和范围："该刊为语言类型学和跨语言变异研究相关的工作提供了一个论坛。它欢迎从类型学的角度研究口语和手语结构的所有领域，包括历史变化、语言处理和社会语言学。欢迎任何多样化的描述和理论框架，只要是对跨语言变异的研究有明确的影响。"同时提出了如何打造专刊的建议——加强该刊与 ALT 会议之间的联系。在此建议下 2017 年 12 月在堪培拉举行的第十二届

ALT 会议上几场有趣的讨论里的文章组成了《语言类型学》期刊 2022 年第 2 期的词汇类型专刊，目录如下：

1. 词义类型的区域语言学专刊介绍

Introduction to special issue on areal typology of lexico-semantics

2. 露出骨头：美拉尼西亚骨骼与力量的词汇语义关联及共词化研究

Baring the bones: the lexico-semantic association of bone with strength in Melanesia and the study of colexification

3. 红心、黑心和白心：类型学和区域视角中的"心"、"肝"和"肺"

Red, black, and white hearts: 'heart', 'liver', and 'lungs' in typological and areal perspective

4. 西非语言如何变成北非语言，反之亦然

How a West African language becomes North African, and vice versa

5. 亲属词揭示了兴都库什山脉的古代接触区

Kinship terminologies reveal ancient contact zone in the Hindu Kush

6. 欧洲词库中的持久性和扩散性模式

Patterns of persistence and diffusibility in the European lexicon

7. 非洲语言中颜色术语的区域模式和共词化

Areal patterns and colexifications of colour terms in the languages of Africa

8. 词库中的普遍和宏观区域模式：感知认知领域的案例研究

Universal and macro-areal patterns in the lexicon: A case-study in the perception-cognition domain

8.3　与语义类型学相关的网站

8.3.1　语言类型学资源中心网站（LTRC）（http://www.lotschool.nl/Research/ltrc）

最近大型类型学的数据库大量涌现，世界范围内有 20 多个团队参与开发大型数据库。LOT 是 Landelijke Onderzoekschool Taalwetenschap 的首字母缩写，英文表达是

Netherlands National Graduate School of Linguistics(荷兰国家语言学研究院)。

8.3.2 世界语言结构地图(The World Atlas of Language Structures,简称 WALS)

在 http://wals.info. 首页可以看到不同的专栏,有"特征"(features)栏,"章节"(chapters)栏,"语言"(language)栏,"参考"(references)栏,"作者"(authors)栏。"作者"栏可以看到所有作者字母顺序的索引,同时还有每个作者个人主页的链接。

8.3.3 世界颜色调查(World Color Survey,简称 WCS)网上资料库

http://www.icsi.berkeley.edu/wcs/ 这个网站可以看到世界颜色调查点。

世界颜色调查是一个开始于 1976 年的研究项目,用来验证或修改 Berlin & Kay(1969)的研究结果:①对于颜色命名有着跨语言的一致的限制。②基本颜色术语系统趋向于以一个固定的顺序发展。WCS 收集了 110 种没有书面语记录的语言的母语者的颜色命名情况。WCS 使用了一套标准化的孟塞尔色片,此色片由 320 个色片组成,纵向有 8 种渐进的亮度(孟塞尔值),色调横向等分为 40 份。

8.3.4 跨语言的共词化数据库(Database of Cross-Linguistic Colexifications,简称 CLICS)

该数据库的网址:https://clics.clld.org。该网站建立了一个计算机辅助框架来显示跨语言共词化模式。它已经被证明是一个有用的工具,可用于各种跨语言语义关联的研究,包括语义变化、概念化模式和语言考古学(linguistic paleonttology)的研究。

2014 年第一版的 CLICS[1] 的建立基于 220 种语言变体的 1280 个概念。它利用了 4 个数据库:①洲际词典系列(Intercontinental Dictionary Series,简称 IDS),该项目始于 20 世纪 80 年代,使用 233 种语言表达 1310 个概念,形成 22 个语义域,如"物理世界""感知"和"宗教和信仰"。IDS 的词义设计用于表示不同语言的共同意义,IDS 的词义集改编自 Buck(1949)的词典,该词典最初专注于印欧语言词汇的比较工作。该数据库后来涵括大量非印欧语言的含义。CLICS 使用了其中 178 种语言。②世界外来词数据库(The World Loanword Database,简称 WOLD),其中包含来自 41 种语言的约 1000—2000 个词条,CLICS 使用了其中 33 种语言的数据。③在线词典 LOGOS/LOGOS 在线字典,作者从中提取了 IDS 或 WOLD 中没有的 4 种语言

的数据。④哥德堡大学的语言库（Språkbankens），提供了南亚和喜马拉雅语言的10个词表，其中6种用于CLICS。虽然CLICS^{1}数据库是一个宝贵的资源，但它的问题是数据主要包括南美和欧亚大陆使用的220种语言，而且可用的数据很难核对。

众所周知，跨语言的语义比较是困难的。识别跨语言共词化的一种简单方法是将单词表和词典中相同的翻译注释相互映射。然而，这很容易导致错误。另一种方法是收集世界各种语言中已被明确验证的多义词的数据。学者们可以收集他们认为有趣的共词化实例，通过使用精心、手工收集的数据，便可以从一开始就控制词义和同音异义。这种方法的优点是对所研究的概念和语言来说具有非常大的灵活性。尝试使用这种方法的一个项目是Datsemshift（Bulakh et al., 2013），该项目试图提供一个关于世界各种语言之间已证实的语义转换实例的详尽资源。在其2015年的表格中，数据库列出了多达2424个不同的比较概念标注。然而，标注只被最低限度地指定。这使得用户很难找到某个概念，也很难跨语言地理解标注正在处理的是什么概念。为了使语义关联模式在世界各种语言中具有可比性，很明显，必须将我们的分析建立在严格的比较概念集合的基础上。Concepticon参考目录项目试图在语言学家用来引出单词的大量词汇问卷中提供一致的链接。其工作原理是基于已发布的数据集（无论这些数据集是来自实地工作，还是来自历史或类型研究）中定义特定的概念集，将研究人员使用的标签与这些已定义的概念集联系起来。

CLICS^{2}于2018年发布，修订后大大增加了跨语言数据的数量。List et al.（2018）介绍了CLICS^{2}数据库及它的主要特征。它依靠跨语言数据格式（Cross-Linguistic Data Formats，简称CLDF）的标准化，使数据可找寻、可访问、可互操作和可重用。采用这些原则的语言，在数据库里其数量从不到300种增加到1000多种，而研究的概念数量也从1200种增加到1500多种。它采用了CLDF格式的15个不同数据集，大大提高和扩大了数据的质量和覆盖面。CLICS^{2}的一个缺点是，尽管基于CLDF格式规范，但并未指定如何首先创建符合此类标准的数据。因此，CLICS^{2}底层的CLDF数据尽管是可找到的、可访问的、可互操作的和可重用的，但由于缺乏透明性，涉及其创建和扩展的过程并不一定很容易应用。为了解决此问题，研究者开发了指南和软件工具，可帮助用户将现有的语言数据集转换为CLDF格式，同时将数据集中使用的语言变体和概念分别链接到Glottolog和Concepticon。这两个参考目录允许研究人员提交或请求修改，并获得整个目录的本地副本（分别在https://glottolog.org/

229

和 https://concepticon.clld.org/）。虽然这些链接任务需要一定的语言专业知识，例如区分研究中涉及的语言种类，但这两个项目都提供了半自动映射的库和工具。用户又可将一组 CLDF 数据集组装成一个 CLICS 数据库。一旦生成了数据库，就可以计算出共词化语义图。共词化语义图是一个无方向图，其中节点表示可比较的概念，边表示它们所链接的概念之间的共词化权重：例如，"木头"和"树"，正如已经在许多语言中提到的共词化，这两个概念将具有高的边权重，而"水"和"狗"这两个概念在我们的数据中无一实例显示词汇的共词性，它们边权重为零。CLICS^2 允许用户通过 CLLD 框架来检查自己推断出的共词化框架，还允许用户策划自己的共词化数据集并进行分析、检查。

2019 第三版 CLICS^3 的建立基于 3156 种语言变体，语言的数量从 1220 种增加到 2955 种，概念的数量也从 2487 种增加到 2811 种。CLICS^3 增加了 5 个新的数据集：castrosui，中国南部的侗台语系中的 Sui 方言集；halenepal，尼泊尔语言的大集合；marrisonnaga，那加语（Naga，汉藏语系的一个分支）的集合；mitterhoferbena，坦桑尼亚使用的 Bena 方言的集合；yanglalo，腊罗语（lalo，中国云南使用的彝语西部方言语群）的区域变体的数据集。欧亚大陆的数据点略有增加，但非洲、北美和澳大利亚的数据点没有变化，南美洲的数据点仅略有增加。Rzymski et al.（2020）对 CLICS^3 有详细介绍。

直接或间接使用 CLICS 进行词汇类型学研究的有：Östling（2016）；Georgakopoulos & Polis（2018）；Šipka（2015）；Söderqvist（2017）；Brochhagen（2015）；Deller（2016）；Pericliev（2015）；Gast & Koptjevskaja-Tamm（2018）；Youn et al.（2016）；Schapper et al.（2016）；Koptjevskaja-Tamm & Liljegren（2017）；Staffanson（2017）；Regier et al.（2016）。

使用 CLICS 的一个最重要的作用是区分多义词（polysemy）和同音词（homosemy）。如果一个语言中的两个意义使用相同的词汇形式表达，就称为共词化。如果一种语言中的某些意义的共词化模式在不同语言中反复出现，这就意味着它们是多义词而不是同音词。

8.3.5 ASJP（Automated Similarity Judgment Program）（https://asjp.clld.org/）

ASJP 数据库是为了比较历史语言学建立的，作为一种手段来评估在不同语言中具有相同含义词的相似性,并最终根据观察到的词汇相似性对语言进行计算分类。该数据库(2017年4月第17版)提供了来自 Swadesh 100 词表中的40词,共有4664种语言。由于 ASJP 的数据基于斯瓦迪士词表,据我们所知,这些概念没有独立于语言的定义。因此,英语单词承担着比较标准(tertium comparationis)的作用。ASJP 的一个主要目标是开发一个世界所有语言的 Swadesh(1955)词表数据库,所有的单词都被标准的正字法转录,称为"ASJP code",由41个符号(代表7个元音和34个辅音)组成。

该数据库的缺点是,概念的覆盖范围很小,甚至在许多情况下,为40个概念的词表提供翻译的目标也没有实现。此外,转录系统并未区分传统国际音标中的音素,因此只能为语音变异的跨语言研究提供有限的可能性。

8.3.6 RefLex 数据库(非洲语言参考词库,全称 Reference Lexicon of the languages of Africa)

RefLex 数据库(Segerer & Flavier, 2011—2016)涵盖700多种语言的100多万条条目,网址 http://www.reflex.cnrs.fr/Africa/。其中包括一套多义模式搜索工具,便于识别场内和场外多义的区域或发生学的聚集模式,以及可视化多义模式的地图工具。部分基于以前的工作,本演示将首先展示几个语义领域的一些结果:感觉形态,(一些)身体部位,温度(热/暖;冷),儿童,需求和工作。然后,它将讨论与以下问题相关的方法论、理论和启发性问题:数据类型如何构建我们对多义词的看法(词典、语法、直觉、问卷、大型数据库)?如何识别哪些东西不是通用的,不是借用的,不是继承的?这些问题代表了南沙湾研究、历时研究和类型学研究的真正挑战。

RefLex 项目旨在测试一系列关于非洲语言结构和演变的基本假设,这些假设在文献中经常被提及,但其有效性从未在实证基础上得到证明。这些假设都有一个特点,即它们只能通过定量方法进行检验,而定量方法又以存在全面的文献为前提。非洲使用的2200多种语言的特点是类型多样,但在语言分析的各个层面上也显示出一些超越语言和领域的共同特征。迄今为止,由于缺乏关于大多数非洲语言的可用数据,因此一直无法对这些特征(例如,标志代词、唇腭音等)进行深入研究。RefLex 通过充分利用现有的词汇文档来解决这个问题,这些词汇文档实际上比语法文档大得多,但经常被忽略,特别是在类型学研究中。RefLex 的目标之一是使分散且难以找到的词汇文档可供感兴趣的研究人员使用。事实上，整个学界都可以在线使用非洲语言词汇库，可以立即访问大量数据（截至 2013 年 4 月，库里有 300 多种语言 320000 个词汇单位，而如今条目已超过 1000000，且代表了 1000 多种语言）。该语料库将在多个领域取得巨大进步：类型学、系统发育、词汇语义、词汇传播、区域语言学。RefLex 将成为全球最大的在线比较数据库。此外，该数据库将在两个关键层面上与其他现有数据库不同：①可以直接在线访问作为数字数据基础的原始文档，这使得该语料库成为真正的参考语料库，还允许更正、检查、争论反馈、复制甚至篡改数据；②用户建立和丰富用于科学使用数据的计算工具"库"，该库也将统一以促进研究、检索和比较。因此，RefLex 项目符合新兴的复杂语言问题定量方法领域。它代表了极少数基于来自各种语言的数据的项目之一，也是唯一一个能够轻松操作和试验数据本身的项目。

第 9 章　语义类型学研究中的问题

9.1　跨语言比较标准的质疑

很多时候跨语言的比较是基于外延义（denotation[1]）的，研究者一般会用图片、视频片段、孟塞尔色卡（Munsell color chips）来辅助解释。从这种意义上说，"在一种语言里什么意思能够或者不能够被单个的词来表达"（"What meanings can be or cannot be expressed by single words in a language"）就等同于"一个语言里什么是可能或不可能的外延义范围"（"What are possible/impossible denotational ranges of single words in a language"）。Quine（1960: 29）非常质疑这种方法，他提出了著名的"gavagai"难题：一个田野语言学家发现，当一只兔子跑过时土著人指着兔子说"gavagai"，那么"gavagai"到底指的是什么？一整只兔子？兔子的耳朵？兔子蹦蹦跳跳的动作？或是兔子跑过时在地上留下的脚印？如果这门语言你不懂，当一只兔子跑过的时候，土著人说"gavagai"你怎么知道"gavagai"到底是什么含义？还有另外一个问题是，客观世界有所指称的概念可以用指称义，但是还有一些概念域如"想"和"爱"等如何用外延义来准确地分析呢？

还有研究跨语言的词汇运用的方法是使用词典、词表、问卷和平行语料库（parallel corpora）里"翻译后的对等项"，这种方法产生的问题是词典中经常提供的是模糊的和循环的定义。

---

[1]　根据 Leech，七种词义类型之一是 denotative meaning（外延意义），又指 conceptual meaning（概念意义）。又据克里斯特尔（2000:102），denotation（外延义）指一个语言单位与其所指的非语言实体之间的关系，因此相当于指称义。

9.2 数据的改进

改进现存的数据收集方法。第一手的语料对于语义类型来说是非常重要的，语义类型学研究是在语料收集的基础上进行跨语言研究，但由于语言学家很难精通多种语言，因此很难获得一手的资料，必须求助于二手资料如字典等（比如 Andersen, 1978; Brown, 2005a/2005b），而字典存在语义模糊和循环解释等问题。未来数据的收集可以使用设计详细的问卷，它的优点在于可以收集到自己需要的材料。成功的词义类型学研究应该与研究具体语言的语言学专家、语义学专家协同合作。现在列宁格勒团队、科隆团队都在尝试这种方法。在理想情况下，最好的数据来源是对该语言的各种词语给出一个确切的定义，同时显示和其他词语的确切关系，描述其语法属性。

对于受访者的调查方法，可以使用翻译法、聚合法、诱导提问法、举例法、寻求修正的刺激法等多种方法。

大多数语义类型学的研究需要不断地创造、测试和制定数据收集方法。对于可比的问题，某种研究领域的方法并不适用于另一个研究领域。比如用于诱导（eliciting）指称"切割"和"破坏"事件的词语，可以作为典型来研究一些有着清晰行动和结果的动态情况的概念域（比如"穿衣"/"脱衣"，或"放置"）。但转移方法到基于其他感知模式的领域并不是不重要，"声音""温度""味道"仍需要良好的数据收集方法和准则，而情感和心智世界更难用感知刺激测量出来。

语义类型学的研究很大程度上依赖语料，由语言调查和描写的精确度所决定。要获得第一手的资料，必须进行田野调查[1]。跟说目的语言的人一起生活，在理想状况下成为社团的一员，学会目标语言，用"参与观察者"（participant-observation）的方法去观察各个年龄、社会群体使用语言的情况，这种调查法被称为"融入式田野调查"（immersion fieldwork）。刚开始调查的时候，可以从日常的单词出发，比如身体的各个部位、周围的日用品等。有的时候用无音的短片录像或无字的故事漫

---

[1] 田野调查（field work）：美国结构主义语言学特别强调语言的客观实地考察，强调田野工作的重要性。强调按照严格的程序对语言材料进行分析，同时注重描写的客观性。

画促使受试者讲话，也就是说，语境非常重要，可以用录像和漫画书来控制语境。

著名的从事语言实地调查与语言文献工作的专门机构和中心包括马克斯·普朗克研究所的语言学系，其前身就进行了实地调查和语言文献工作。在它们的网站上有一长串描述和记录的语言，包括贝什塔语（Bezhta）、阿古尔语（Agul）、埃内斯语（Enets）、雅克哈语（Yakkha）等。另一个著名的语言实地调查和语言文献中心是詹姆斯·库克大学，其中语言和文化中心由 Aikhenvald 和 Dixon 管理。他们两人都致力于语言学和语言学的田野调查，培养新的田野工作者。他们的主要兴趣是亚马逊河流域和南美洲、巴布亚新几内亚和澳大利亚的语言。每年他们都会接受新的博士生，通常要求博士生会对一种以前没有描述（或几乎没有描述）的语言进行广泛的实地调查，并为他们的论文撰写一份全面的参考语法。

有关田野调查的文章有 Dixon（2007）的《田野语言学：微型手册》（"Field linguistics: a minor manual"）。这篇文章告诉我们：语言学田野调查是什么；为什么进行调查；进行田野调查的错误理由；田野工作包含的道德准则；如何选定语言；田野工作地点；怎样做；要获得什么；应该做什么；其他的田野调查状况；确认你所得结果是正确的；不要做什么；撰写完成语法；田野调查方法的课程。田野调查之后编纂一本字典是必不可少的，要求认真分析每个词项的语义范畴（semantic range）。

在 David Fleck 的《田野语言学与生物学：如何科学地给动植物命名》（"Field linguistics meets biology: How to obtain scientific designations for plant and animal names"）中，Fleck 提出了对调查语言中的动植物进行科学命名的方法，他认为在理想状态下，一位语言学家要对调查语中一种新发现语言进行生物学词目的编纂，最好是同一位或数位生物学家合作。

Dixon 认为田野调查之后应该做的是：①一部该语言的综合参考语法。②一系列隔行对照的长篇语料和完整的翻译，其中包括语料的社会背景和有关语法上或社会学上特殊要点的注释。③一个适度丰富的词汇表，而且最好将其按照语义域编排成同义词典。

参考资料

一、中文部分

陈保亚：《从核心词分布看汉语和侗台语的语源关系》，载《民族语文》1995年第5期，第20—32页。

崔希亮：《空间关系的类型学研究》，载《汉语学习》2002年第2期，第1—8页。

[英]戴维·克里斯特尔：《现代语言学词典》，商务印书馆2000年版。

戴庆厦：《景颇语参考语法》，中国社会科学出版社2012年版。

龚群虎：《女性直系亲属称谓的类型比较》，载《外语学刊》1989年第5期。

高航、严辰松：《汉语温度图式所衍生的概念隐喻》，载《四川外语学院学报》2008年第2期，第7—12页。

高再兰：《"看/听"从感官动词到小句标记语法化的类型学研究》，载《语言科学》2012年第5期。

缑瑞隆：《汉语感觉范畴隐喻系统》，载《郑州大学学报（哲学社会科学版）》2003年第5期，第108—112页。

黄成龙：《类型学视野中的致使结构性》，载《民族语文》2014年第5期，第3—21页。

黄树先：《比较词义探索》，巴蜀书社2012（a）年版。

黄树先：《汉语身体词探索》，华中科技大学出版社2012（b）年版。

黄树先：《疾病名与身体部位名》，载《古汉语研究》2013年第3期，第51—58页。

江荻：《核心词的确切含义及词频导向的构建方法》，载《中文学术前沿》2011年第1期。

金立鑫：《什么是语言类型学》，上海教育出版社 2011 年版。

［丹］路易斯·叶姆斯列夫：《叶姆斯列夫语符学文集》，姚小平译，湖南教育出版社 2006 年版。

陆俭明：《汉语和汉语研究十五讲》，北京大学出版社 2003 年版。

刘宝俊：《比较词源学研究 4 例》，载《民族语文》1999 年第 2 期，第 37—43 页。

刘丹青：《语序类型学与介词理论》，商务印书馆 2014 年版。

刘道锋：《饮食类动词"尝"的词义演变及其动因》，载《湖南人文科技学院学报》2009 年第 5 期，第 133—135 页。

刘阳：《俄汉语称名学研究综观》，载《外语学刊》2010 年第 3 期，第 130—133 页。

刘戈、董卫：《关于俄语称名及语义衍生问题》，载《外语研究》1994 年第 1 期，第 30—34 页。

罗天华：《关于颜色词的分布》，载《民族语文》2009 年第 4 期，第 48—52 页。

孟令霞：《与"称名"研究相关的几个问题》，载《中国俄语教学》2009 年第 3 期，第 19—23 页。

［美］帕默尔：《语言学概论》，商务印书馆 1983 年版。

尚新：《语言类型学视野与语言对比研究》，载《外语教学与研究》2013 年第 1 期，第 130—139 页。

沈家煊：《怎样对比才有说服力——以英汉名动对比为例》，载《现代外语》2012 年第 1 期，第 1—13 页。

时兵：《汉藏等语言中的量词"头"》，载《民族语文》2009 年第 5 期，第 26—29 页。

［瑞士］索绪尔：《普通语言学教程》，高名凯译，商务印书馆 1980 年版。

田兵：《多义词的认知语义框架与词典使用者的接受视野》，载《现代外语》2003 年第 4 期，第 340—349 页。

吴福祥：《汉语语法化研究》，商务印书馆 2005 年版。

吴福祥：《试谈语义演变的规律性》，载《古汉语研究》2017 年第 1 期。

吴福祥：《语义演变与词汇演变》，载《古汉语研究》2019 第 4 期。

伍铁平：《欧洲许多语言中的一种普遍现象——用"中午"表示"南方"，用"半夜"表示"北方"》，载《福建外语》1984 年第 3 期，第 1—2 页。

伍铁平：《比较词源再探》，载《外国语文教学》1985（a）年第1期，第22—33页。

伍铁平：《男性直系亲属名称的类型比较》，载《语言论文集》，商务印书馆1985（b）年版。

伍铁平：《论颜色词及其模糊性质》，载《语言教学与研究》1986年第2期，第88—104页。

伍铁平：《论拟人比喻和倒拟人比喻》，载《外国语》1987第1期。

伍铁平：《不同语言的味觉词和温度词对客观现实的不同切分》，载《语言教学与研究》1989年第1期，第120—137页。

伍铁平：《表示"明天"和"昨天"的词的类型学研究》，载《语言教学与研究》1993年第4期，第87—102页。

向二兰：《"脸"的隐喻意义探源》，载《外语学刊》2007年第3期，第28—31页。

谢慧珍：《汉英"脸面"义类词汇隐喻问题对比研究》，华中师范大学2011年硕士学位论文。

徐通锵：《历史语言学》，商务印书馆2008年版。

徐志民：《欧美语义学导论》，复旦大学出版社2008年版。

王灵玲：《称名视域中的俄汉语词素义对比研究》，载《外语学刊》2013年第4期，第73—78页。

王寅：《认知语言学》，上海外语教育出版社2006年版。

易焱：《词汇类型学视角下的英汉语〈相遇〉类动词对比研究》，载《外语教学》2013年第1期，第7—13页。

王银平：《英汉味觉范畴隐喻对比研究》，载《郑州航空工业管理学院学报》2010年第4期，第79—82页。

张建理：《英汉多义词异同研讨：以"脸、面"为例》，载《外国语》2003年第4期，

张耀祥：《感觉心理》，工人出版社1987年版。

齐振海、覃修桂：《"心"隐喻词语的范畴化研究》，载《外语研究》2004年第6期，第24—28页。

覃修桂：《英汉语听觉概念隐喻的共性与个性》，载《外语学刊》2009年第1期，第37—42页。

王继红、陈前瑞：《从尝试到经历——"尝"的语法化及其类型学意义》，载《语

言科学》2014 年第 5 期，第 472—484 页。

文旭、吴淑琼：《英汉"脸、面"词汇的隐喻认知特点》，载《西南大学学报》2007 年第 6 期，第 140—144 页。

张莉：《类型学视野的英语核心词研究》，巴蜀书社 2018 年版。

张志毅：《词的理据》，载《语言教学与研究》1990 年第 3 期，第 115—131 页。

赵德学：《人体词"牙/齿"和"tooth"语义转移的认知研究》，载《西安外国语大学学报》2011 年第 6 期，第 34—37 页。

邹学娥：《有关"背"的汉英词义比较研究》，载《语文学刊》2011 年第 3 期，第 90—91 页。

姚小平：《西方语言学史》，外语教学研究出版社 2011 年版。

二、英文部分

Ahlner Felix, *Body Part Terms in Kammu*, BA thesis in Linguistics, Lund University, 2008.

Aikhenvald Alexandra Y, 'Eating', 'drinking' and 'smoking': A generic verb and its semantics in Manambu, in John Newman(ed.), *The Linguistics of Eating and Drinking*, Amsterdam/ Philadelphia: John Benjamins, 2009, pp.91-108.

Aikhenvald Alexandra Y & Anne Storch, *Perception and Cognition in Language and Culture*, Koninklijke Brill NV, Leiden, The Letherland, 2013.

Aksan M & Ü Mersinli, A Corpus Based Nooj Module for Turkish, in *Proceedings of the Nooj 2010 International Conference and Workshop*, Komotini, 2011, pp.29-39.

Ameka Felix K, The Grammatical Packaging of Experiencers in Ewe: a Study in the Semantics of Syntax, *Australian Journal of Linguistics*, 1990, 10(2), pp.139-181.

Ameka Felix K, How Discourse Particles Mean: the Case of the Ewe "Terminal" Particles, *Journal of African Languages and Linguistics*, 1991, 12(2), pp.143-170.

Ameka Felix K, Ewe, in Goddard Cliff & Wierzbicka Anna(eds.), *Semantic and Lexical Universals: Theory and Empirical Findings*, Amsterdam: Benjamins, 1994a, pp. 57-86.

Ameka Felix K, Areal Conversational Routines and Cross-cultural Communication in a Multilingual Society, *Intercultural Communication*, Berne: Peter Lang, 1994b, pp.441-469.

Ameka Felix K, Body Parts in Ewe, in H Chappell & W McGregor(eds.), *The Grammar of Inalienability: a Typological Perspective on Body Part Terms and the Part–Whole Relation*, Berlin: Mouton de Gruyter, 1996, pp.783-840.

Ameka Felix K & Stephen C Levinson, Introduction: the typology and semantics of locative predicates: posturals, positionals, and other beasts, *Linguistics*, 2007, pp. 847-871.

Ameka Felix K & James Essegbey, Cut and Break Verbs in Ewe and the Causative Alternation Construction, *Cognitive Linguistics*, 2007, 18(2), pp.241-250.

Andersen E S, Lexical Universals of Body-part Terminology, in Greenberg Joseph(ed.), *Universals of Human Language, Vol.3: Word Structure*, Stanford, California: Stanford University Press, 1978, pp.335-368.

Anderson Lloyd B, The "perfect" as a Universal and as a Language-Specific Category, in Paul J Hopper(ed.), *Tense-aspect: Between Semantics and Pragmatics*, Amsterdam: John Benjamins Publishing Company, 1982, pp.227-264.

Bach E, E Jelinek, A Kratzer & B Partee(eds.), *Quantification in Natural Languages*, Dordrecht: Kluwer, 1995.

Baldinger K, Semantic Theory, Oxford: Basil Blackwell, Tranlation of *Teoría semántica. Hacia una semántica moderna*, Madrid: Ediciones Alcala, 1980.

Beck David, Some language-particular terms are comparative concepts, *Linguistic Typology*, 2016, 20(2), pp.395-402.

Behrens L & Sasse H J, Lexical typology: A Programmatic Sketch, Arbeitspapier Nr. 30 (Neue Folge) Inst. Für Sprachwissenschaft der Universität zu Köln (Working Paper no. 30, Series II. Instituefor Linguistics of the University of Cologne), 1997.

Berlin Brent & Kay Paul, *Basic Color Terms: Their Universality and Evolution*, Berkeley: University of California Press, 1969.

Berlin Brent, Breedlove D & Raven P, General Principles of Classification and Nomenclature in Folk Biology, *American Anthropologist*, 1973, 75(1), pp.214-242.

Bickel Balthasar, Typology in the 21st century: Major Current Developments, *Linguistic Typology*, 2007, 11(1), pp.239-251.

Bickel Balthasar & Johanna Nichols, Oceania, the Pacific Rim, and the theory of linguistic areas, *Annual Meeting of the Berkeley Linguistics Society*, 2006, 32(2).

Blank Andreas & Peter Koch(eds.), *Historical Semantics and Cognition*, Berlin & New York: Mouton de Gruyter, 1999.

Blank Andreas & Peter Koch, La conceptualisation du corps humain et la lexicologie diachronique romane(The conceptualization of the human body and the Romanesque diachronic lexicology), in Dupuy-Engelhardt Hiltraud & Montibus Marie-Jeanne(eds.), *La lexicalisation des structures conceptuelles* (Lexicalization conceptual structures), Reims, 2000, pp.43-62.

Blank Andreas, Why do new meanings occur? A cognitive typology of the motivations for lexical semantic change, in Blank and Koch (eds.), *Historical Semantics and Cognition*, Berlin/New York: Mouton De Gruyter, 1999, pp.61-89.

Blank, A. Pathways of lexicalization, in Haspelmath et al.(eds.), *Language Typology and Language Universals*, 2001, pp.1596-1608.

Blank A, Words and Concepts in Time: Towards Diachronic Cognitive Onomasiology, in Eckardt R, K V Heusinger & C Schwarze(eds.), *Words in Time: Diachronic Semantics from Different Points of View* [Trends in Linguistics. Studies and Monographs 143], Berlin: Mouton de Gruyter, 2003, pp.37-65.

Bloomfield L, *Language*, New York: Holt, Rinehart and Winston, 1933.

Blust R, 'Eye of the day': A Response to Urban(2010), *Oceanic Linguistics*, 2011, 50(2), pp.524-535.

Bohnemeyer Jürgen, Penelope Brown & Melissa Bowerman, Cut and Break Clips, in Levinson Stephen C & Nick J Enfield(eds), *'Manual' for the Field Season,* Nijmegen: Max Planck Institute for Psycholinguistics, 2001, pp.90-96.

Bohnemeyer Jürgen & Penelope Brown, Standing Divided: Dispositionals and Locative Predications in two Mayan Languages, *Linguistics*, 2007a, 45(5/6), pp.1105-1151.

Bohnemeyer J, N J Enfield & J Essegbey et al., Principles of Event Segmentation in

Language: The Case of Motion Events, *Language*, 2007b, pp.495-532.

Bohnemeyer Jürgen, Morpholexical Transparency and the Argument Structure of Verbs of Cutting and Breaking, *Cognitive Linguistics*, 2007c, 18(2), pp.153-177.

Bohnemeyer J, N J Enfield, J Essegbey & S Kita, The Macro-Event Property: The Segmentation of Causal Chains, in J Bohnemeyer & E Pederson(eds.), *Event Representation in Language and Cognition*, Cambridge: Cambridge University Press, 2010, pp.43-67.

Bohnemeyer J, A Practical Epistemology for Semantic Elicitation in the Field and Elsewhere, in M R Bochnak & L Matthewson(eds.), *Methodologies in Semantic Fieldwork*, Oxford: Oxford University Press, 2015, pp.13-46.

Bonch-Osmolovskaya A, Rakhilina E & Reznikova T, Conceptualization of pain: a database for lexical typology, *International Tbilisi Symposium on Logic, Language, and Computation*, Springer, Berlin, Heidelberg, 2007: 110-123.

Bonvini Emilio, About Eating in a few Niger-Congo Languages, in Vanhove M (ed.), *From Polysemy to Semantic Change: towards a Typology of Lexical Semantic Associations*, Amsterdam/ Philadelphia: John Benjamins, 2008, pp.267-290.

Botne Robert, To Die across Language: Toward Typology of Achievement Verbs, *Linguistic Typology*, 2003, 7(2), pp.233-278.

Bowden John, Behind the Preposition: Grammaticalization of Locatives in Oceanic Languages[Unpublished M.A. thesis, University of Auckland], 1992.

Bowern C Chirila，Contemporary and historical resources for the indigenous languages of Australia [dataset], Language Documentation and Conservation, 2016.

Bowern, Claire, Patience Epps, Jane Hill & Patrick McConvell, Hunter-Gatherer Language Database, 2021, https://huntergatherer.la.utexas.edu/.

Boyeldieu P, The Cases of "Meat/Animal" and "Drink", in Vanhove M(ed.), *From Polysemy to Semantic Change: towards a Typology of Lexical Semantic Associations*, Amsterdam/ Philadelphia: John Benjamins, 2008, pp.303-315.

Briton & Traugott, *Lexicalization and Language Change*, New York: Cambridge University Press, 2005.

Bromham Lindell, Comparability in evolutionary biology: The case of Darwin's barnacles, *Linguistic Typology*, 2020, 24(3), pp. 427-463.

Brown C H, General Principles of Human Anatomical Partonomy and Speculations on the Growth of Partonomic Nomenclature, *American Ethnologist*, 1976, 3(3), pp.400-424.

Brown C H, A Theory of Lexical Change with Examples from Folk Biology, Human Anatomical Partonomy and other Domains, *Anthropological Linguistics*, 1979, 21(6), pp.257-276.

Brown C H & S R Witkowski, A Figurative Language in a Universalist Perspective, *Ameican Ethnologist*, 1981, 8(3), pp.596-615.

Brown C H & S R Witkowski, Polysemy, Lexical Change, and Cultural Importance, *Man*, 1983, 18(1), pp.72-89.

Brown C H, Where do Cardinal Direction Terms Come from? *Anthropological Linguistics*, 1983, 25(2), pp.121-161.

Brown C H, *Language and Living Things: Uniformities in Folk Classification and Naming*, Rutgers University Press, 1984.

Brown C H, Lexical Typology from an Anthropological Point of View, in M Haspelmath et al.(eds.), *Language Typology and Language Universals, An International Handbook*, Berlin & New York: Walter de Gruyter, 2001, pp.1178-1190.

Brown C H, Hand and Arm, in M Haspelmath, M S Dryer, D Gil & B Comrie(eds.), *The World Atlas of Language Structures*, Oxford: Oxford University Press, 2005a, pp.522-525.

Brown C H, Finger and Hand, in M Haspelmath, M S Dryer, D Gil & B Comrie(eds.), *The World Atlas of Language Structures*, Oxford: Oxford University Press, 2005b, pp.526-529.

Brown C H, The role of Nahuatl in the formation of Mesoamerica as a linguistic area, *Language Dynamics and Change*, 2011(1), pp.171-204.

Brown P, 'She had just Cut/Broken off her Head': Cutting and Breaking Verbs in Tzeltal, *Cognitive Linguistics*, 2007, 18(2), pp.319-330.

Buck Carl Darling, *A Dictionary of Selected Synonyms in the Principal Indo-European Languages: A Contribution to the History of Ideas*, Chicago IL: University of Chicago

Press, 1949.

Bulakh Maria, Semantic Shifts in the Lexical Field of Taste in Geez, *Scrinium*, 2005(1), pp.325-353.

Bulakh M, Dimitrij Ganenkov, Ilya Gruntov, T Maisak, Maxim Rousseau & A Zalizniak (eds.), Database of semantic shifts in the languages of the world, Moscow: RGGU,2013, http://semshifts.iling-ran.ru/.

Burenhult N & Majid A, Olfaction in Aslian ideology and language, *The Senses and Society,* 2011, 6(1),pp. 19-29.

Burenhult N, Hill C & Huber J et al., Forests: the cross-linguistic perspective, *Geographica Helvetica*, 2017, 72(4), pp.455-464.

Bussmann H, *Routledge Dictionary of Language and Linguistics*, translated and edited by Gregory Trauth & Kerstin Kazzazi, London: Routledge, 1996.

Bybee J, Revere Perkins & William Pagliuca, *The Evolution of Grammar: Tense, Aspect and Modality in the Languages of the World*, Chicago: University of Chicago Press, 1994.

Caballero R & Ibarretxe-Antuñano I, Ways of perceiving, moving, and thinking: Revindicating culture in conceptual metaphor research, *Cognitive Semiotics*, 2009, 5(1-2), pp.268-290.

Campbell Lyle, *Historical Linguistics: An Introduction*, Beijing: World Publishing Corporation, 2008.

Carling G, Larsson F, Cathcart CA, et al., Diachronic Atlas of Comparative Linguistics (DiACL)— A database for ancient language typology, PloS One 1–20, 2018.

Chappell Hilary & William McGregor(eds.), *The Grammar of Inalienability: A Typological Perspective on Body Part Terms and the Part-Whole Relation*, Berlin: Mouton de Gruyter, 1996.

Chappell H, The passive of bodily effect in Chinese, *Studies in Language*, 1986, 10(2), pp. 271-296.

Chappell H, Strategies for the Assertion of Obviousness and Disagreement in Mandarin: a Semantic Study of the Modal Particle Me, *Australian Journal of Linguistics*,

1991, 11(1), pp.39-65.

Chappell H, 'Mandarin Semantic Primitives', in C Goddard & A Wierzbicka(eds), *Semantic and Lexical Universals – Theory and Empirical Findings*, Amsterdam: John Benjamins, 1994, pp.109-148.

Chen J, 'He cut-break the rope': Encoding and Categorizing Cutting and Breaking Events in Mandarin, *Cognitive Linguistics*, 2007, 18(2), pp.273-285.

Chiara Maria, Polysemy, overt marking, and atmospheric features: The development of a lexical domain (unpublished M. A. thesis), Northern Illinois University, 1986.

Chomsky N, *Aspects of the Theory of Syntax*, Cambridge, MA: The MIT Press, 1965.

Claudi U & Heine B, On the Nominal Morphology of "Alienability" in some African Languages, *Current Approaches to African Linguistics*, 1989.

Comrie Bernard, *Language Universals and Linguistic Typology*, Beijing: Peking University Press, 2009.

Comrie Bernard, Numeral bases, in Matthew S Dryer & Martin Haspelmath(eds.), *The World Atlas of Language Structures Online*, Munich: Max Planck Digital Library, 2011.

Cristofaro Sonia, *Subordination*, Oxford: Oxford University Press, 2003.

Cristofaro Sonia, Semantic Maps and Mental Representation, *Linguistic Discovery*, 2010, 8(1), pp.35-52.

Croft William, *Syntactic Categories and Grammatical Relations*, Chicago: University of Chicago Press, 1991.

Croft William, *Typology and Universals*, Beijing: Foreign Language Teaching and Research Press, 2008.

Croft William, Shyldkrot Hava Bat-Zeev & Kemmer Suzanne, Diachronic Semantic Processes in the Middle Voice, in Giacalone Ramat Anna et al.(eds), *Papers from the 7th International Conference on Historical linguistics*, Amsterdam: Benjamins, 1987, pp.179-192.

Croft William, Comparative concepts and language-specific categories: Theory and practice, *Linguistic Typology*, 2016, 20(2), pp.377-393.

Crystal David(ed.), *The Cambridge Encyclopedia of Language*, Cambridge University

Press, 1987.

Cysouw Michael & Bernhard Wälchli, Parallel texts: using translational equivalents in linguistic typology, *Language Typology and Universals*, 2007, 60(2), pp.95-99.

Dahl Östen & Maria Koptjevskaja-Tamm, Kinship in grammar, in Irène Baron, Michael Herslund & Finn Sørensen(eds.), *Dimensions of Possession*, Amsterdam: Benjamins, 2001, pp.201-225.

Dahl Östen, The perfect map: Investigating the cross-linguistic distribution of TAME categories in a parallel corpus, *Aggregating Dialectology, Typology, and Register Analysis*. De Gruyter, 2014, pp.268-289.

Dahl Östen, Thoughts on language-specific and crosslinguistic entities, *Linguistic Typology*, 2016, 20(2), pp.427-437.

Davis Kingsley & W Lloyd Warner, A Structural Analysis of Kinship, *American Anthropogist*, 1937, 39(2), pp.291-313.

Dellert J, Daneyko T & Münch A et al., NorthEuraLex: A wide-coverage lexical database of Northern Eurasia, *Language Resources & Evaluation*, 2020, 54, pp.273-301.

Devylder S, Bracks C & Shimotori M et al., Carving the body at its joints: Does the way we speak about the body shape the way we think about it? *Language and Cognition*, 2020, 12(4), pp.577-613.

Dingemanse Mark, *The Body in Yorùbá*, Universiteit Leiden, 2006.

Dixon R M W, Where have all the Adjectives Gone? *Studies in Language*, 1977, 1(1), pp.19-80.

Dixon R M W, Field Lingustics: a Minor Manual, *Language Typology and Universals*, 2007, 60(1), pp.12-31.

Dryer M S, Large linguistic areas and language sampling, *Studies in Language*, 1989, 13(2), pp. 257-292.

Dryer Matthew S, The Greenbergian word order correlations, *Language*, 1992, pp.81-138.

Dryer Matthew S, Crosslinguistic categories, comparative concepts, and the Walman diminutive, *Linguistic Typology*, 2016, 20(2), pp.305-331.

Dunn Michael, Simon J Greenhill, Stephen C Levinson & Russell D Gray, Evolved Structure of Language Shows Lineage-Specific Trends in Word-Order Universals, *Nature*, 2011, 473(7345), pp.79-82.

Dyen I., Kruskal J B & Black P, An Indoeuropean Classification: A Lexicostatistical Experiment, Transactions of the American Philosophical Society, 1992, 82, pp.1-132.

Enfield N J, Linguistic Evidence for a Lao Perspective on Facial Expression of Emotion, *Emotions in Crosslinguistic Perspective,* Berlin: Mouton de Gruyter, 2001, pp.149-166.

Enfield N J, Semantics and Combinatorics of 'Sit', 'Stand', and 'Lie' in Lao, In Newman(ed.), *The Linguistics of Sitting, Standing and Lying*, John Benjamins Publishing, 2002.

Enfield N J & Anna Wierzbicka(eds.), Introduction: the Body in Description of Emotion, *Pragmatics and Cognition*, Special Issue, 2002, 10(1), pp.1-25.

Enfield N J, *Linguistic Epidemiology*, London: Routledge, Curzon, 2003.

Enfield N J, Majid Asifa & Miriam van Staden, Cross-linguistic Categorisation of the Body: Introduction, *Language Sciences*, 2006, 28(2), pp.137-147.

Enfield N J, Heterosemy and the grammar-lexicon trade-off, in Ameka Felix K, Dench Alan & Evans Nicholas (eds.), *Catching language: The standing challenge of grammar writing*, Berlin: Mouton de Gruyter, 2006, pp.298-320.

Enfield N J, Lao Separation Verbs and the Logic of Linguistic Event Categorization, *Cognitive Linguistics*, 2007, 18(2), pp.287-296.

Epps Patience & Andrés Pablo Salanova, The languages of Amazonia, *Tipití: Journal of the Society for the Anthropology of Lowland South America*, 2013,11(1), pp.1-28.

Essegbey James, Cuta nd Break Verbs in Sranan, *Cognitive Linguistics*, 2007, 18(2), pp.231-239.

Evans Nicholas, The Minkin language of the Burketown region, *Studies in Comparative Pama-Nyungan*, 1990.

Evans Nicholas, Macassan loanwords in top end languages, *Australian Journal of Linguistics*, 1992, 12, pp.1, 45-91.

Evans Nicholas, Semantic Typology, in Song J J(ed.), *The Oxford Handbook of Linguistic Typology*, Oxford: Oxford University Press, 2010, pp.504-533.

Evans Nicholas & Levinson S C, The Myth of Language Universals: Language Diversity and its Importance for Cognitive Science, *Behavioral and Brain Science*, 2009, 32(5), pp.429-492.

Evans Nicholas & David P Wilkins, In the Mind's Ear: the Semantic Extension of Perception Verbs in Australian Languages, *Language*, 2000, 76(3), pp.546-592.

Evans N, Majid A, Levinson S C & Gaby A, *Reciprocals and Semantic Typology* (Vol. 98), John Benjamins Publishing, 2011.

Evans Nicholas, Introduction: Why the comparability problem is central in typology, *Linguistic Typology*, 2020, 24(3), pp. 417-425.

Evans Vyvyan, *The Structure of Time: Language, Meaning and Temporal Cognition*, John Benjamins Publishing Company, 2003.

Evans Vyvyan, *A Glossary of Cognitive Linguistics*, Edinburgh University Press, 2007.

Evseeva Natalia & Iker Salaberri, Grammaticalization of nouns meaning "head" into reflexive markers: A cross-linguistic study, *Linguistic Typology*, 2018, 22, pp.385-435.

Family Neiloufar, Mapping Semantic Spaces: A Constructionist Account of the "light verb" xordæn "eat" in Persian, in Vanhove(ed.), *From Polysemy to Semantic Change: Towards a Typology of Lexical Semantic Associations*, Amsterdam/ Philadelphia: John Benjamins, 2008, pp.139-161.

François A, Semantic Maps and the Typology of Colexification, in Martine Vanhove(ed.), *From Polysemy to Semantic Change: Towards a Typology of Lexical Semantic Associations*, Amsterdam/ Philadelphia: John Benjamins, 2008, pp.163-215.

Gaby Alice, Describing Cutting and Breaking Events in Kuuk Thaayorre, *Cognitive Linguistics*, 2007, 18(2), pp.263-272.

Gaby Alice, Gut feelings: Locating Intellect, Emotion and Lifeforce in the Thaayorre body, in Farzad Sharifian, René Dirven, Ning Yu & Susanne Niemeier(eds.), *Culture, Body and Language*, Berlin & New York: Mouton de Gruyter, 2008.

Gast V & Koptjevskaja-Tamm M, The areal factor in lexical typology, in Daniël et al.(eds.), *Aspects of Linguistic Variation*. Berlin, Boston: De Gruyter Mouton, 2018, pp.43-82.

Geeraerts Dirk, Vagueness's puzzles, polysemy's vagaries, *Cognitive Linguistics*. 1993, 4(3), pp.223-272.

Geeraerts Dirk, *Cognitive Linguistics: Basic Readings*, Berlin: Mouton de Gruyter, 2006.

Georgakopoulos T, D Werning, J Hartlieb & T Kitazumi, The meaning of ancient words for 'earth': An exercise in visualizing colexification on a semantic map, *Journal for Ancient Studies*, 2016.

Georgakopoulos T & S Polis, The semantic map model: State of the art and future avenues for linguistic research, *Language and Linguistics Compass*, 2018.

Georgakopoulos T, A two-dimensional semantic analysis of falling in Modern Greek: A typological and corpus-based approach, *Acta Linguistica Petropolitana*, 2020.

Georgakopoulos Thanasis, Grossman Eitan, Nikolaev Dmitry & Polis Stéphane, Universal and macro-areal patterns in the lexicon: A case-study in the perception-cognition domain, *Linguistic Typology*, 2021.

Gerdts Donna B & Mercedes Q Hinkson, The Grammaticalization of Halkomelem 'Face' into a Dative Applicative Suffix, *International Journal of American Linguistics*, 2004, 70(3), pp.227-250.

Gil David, The Mekong-Mamberamo linguistic area, in N J Enfield and Bernard Comrie(eds.), *Languages of Mainland Southeast Asia: The State of the Art*, Berlin, München, Boston: De Gruyter Mouton, 2015, pp. 266-355.

Gleason Henry A, *An Introduction to Descriptive linguistics*, New York: Holt, Rinehart and Winston, 1961.

Goddard Cliff & Wierzbicka Anna(eds.), *Semantic and Lexical Universals: Theory and Empirical Findings*, Amsterdam & Philadelphia: Benjamins, 1994.

Goddard C, The Meaning of lah: Understanding "Emphasis" in Malay(Bahasa Melayu), *Oceanic Linguistics*, 1994, 33(1), pp.145-65.

Goddard Cliff, *Semantic Analysis – A Practical Introduction*, Oxford: Oxford

University Press, 1998.

Goddard Cliff & Anna Wierzbicka(eds.), *Meaning and Universal Grammar – Theory and Empirical Findings*, Amsterdam/Philadelphia: John Benjamins, 2002.

Goddard Cliff, *Cross-Linguistic Semantics,* John Bejamin Publishing Company, 2008.

Goddard C, Wierzbicka A, NSM analyses of the semantics of physical qualities: sweet, hot, hard, heavy, rough, sharp in crosslinguistic perspective, *Studies in Language*, 2007, 31(4), pp. 765-800.

Goddard C & A Wierzbicka, 'Want' is a Lexical and Conceptual Universal: Reply to Khanina, *Studies in Language*, 2010, 34(1), pp.108-123.

Goodenough Ward C, Componential Analysis and the Study of Meaning, *Language*, 1956, (32), pp.195-216.

Goldhahn Dirk, Thomas Eckart & Uwe Quasthoff, Building Large Monolingual Dictionaries at the Leipzig Corpora Collection: From 100 to 200 Languages, *LREC*, Vol. 29, 2012.

Greenberg, Joseph H, The Nature and Uses of Linguistic Typologies, *International Journal of American Linguistics*, 1957, 23(2), pp.68-77.

Greenberg Joseph H, A Quantitative Approach to the Morphological Typology of Language, *International Journal of American Linguistics*, 1960, 26(3), pp.178-194.

Greenberg Joseph H, *Universals of Language*, The MIT Press, 1963.

Greenberg, J H, Osgood, C E & Jenkins, J J, Memorandum concerning language universals, in J H Greenberg(ed.), *Universals of language*, The MIT Press, 1963, pp. 255-264.

Greenberg Joseph H, *Language Typology: A Historical and Analytic Overview*, 1974.

Greenberg Joseph H(ed.), *Universals of human language, Vol.3: Word structure*, California: Stanford University Press, 1978.

Greenberg Joseph H, Some Universals of Grammar with particular reference to the order of meaningful elements, in Greenberg J H(ed.), *Universals of Language*, Mass Cambridge: MIT Press, 1966, pp.73-113.

Greenberg Joseph H, Universals of Kinship Terminology: Their Nature and Problem of

Their Explanation, in K M Denning & S Kemmer(eds.), *On language: Selected Writing of J. H. Greenberg,* Stanford: Stanford University Press, 1980, pp.310-327.

Greenberg, Joseph H, The Present Status of Markedness Theory: A Reply to Scheffler, *Journal of Anthropological Research,* 1987, pp.367-374.

Greenhill S J, Blust R & Gray R D, The Austronesian Basic Vocabulary Database: From bioinformatics to lexomics, *Evolutionary Bioinformatics,* 2008 (4), pp.271–283.

Greenhill S J, TransNewGuinea. org: An online database of New Guinea languages, PLoS One, 2015,10(10), e0141563.

Grondelaers Stefan & Dirk Geeraerts, Towards a Pragmatic Model of Cognitive Onomasiology, in Hubert Cuyckens, René Dirven, & John Taylor(eds.), *Cognitive Approaches to Lexical Semantics,* Berlin/New York: Mouton de Gruyter, 2003, pp.67-92.

Gruntov Ilya A, "The Catalogue of Semantic Shifts": a Database for the Typology of Semantic Evolution, In *Computational Linguistics and Intellectual Technologies, International Conference Dialogue* 2007, Proceedings, Moscow: Izdatel'stvo RGGU, 2007, pp.157-161.

Grzega J & Schoener M, *English and general historical lexicology,* Eichstätt-Ingolstadt: Katholische Universität, 2007.

Guerssel Mohamed, Kenneth Hale, Mary Laughren, Beth Levin & Josie White Eagle, A Crosslinguistic Study of Transitivity Alternations, in Eilfort William H, Paul D Kroeber, & Karen L Peterson(eds.), *Papers from the Parasession on Causatives and Agentivity at the 21st Regional Meeting,* Chicago: Chicago Linguistic Society, 1985, pp.48-63.

Gunnarsdóttir Ása Bryndís, *Conceptual Metaphors in Perception Verbs—A Comparative Analysis in English and Icelandic,* University of Iceland School of Humanities Department of English, B.A. Essay, 2013.

Hasada R, Some Aspects of Japanese Cultural Ethos Embedded in Nonverbal Communicative Behaviour, in F Poyatos(ed.), *Nonverbal Communication in Translation,* Amsterdam: John Benjamins, 1996, pp.83-103.

Hasada R, Conditionals and Counterfactuals in Japanese, *Language Sciences,* 1997, 19(3), pp.277-288.

Hasada R, Sound symbolic emotion words in Japanese, in A Athanasiadou & E Tabakowska (eds), *Speaking of Emotions: Conceptualisation and Expression,* Berlin: Mouton de Gruyter, 1998, pp.83-98.

Hasada R, Explicating the Meaning of Sound-Symbolic Japanese Emotion Terms, in J Harkins & A Wierzbicka(eds), *Emotions in Crosslinguistic Perspective*, Berlin: Mouton de Gruyter, 2001, pp.221-258.

Haser V, Metaphor in Semantic Change, in Barcelona(ed.), *Metaphor and Metonymy at the Crossroads*, Mouton de Gruyter, 2003, pp.171-194.

Haspelmath Martin, The Grammaticization of Passive Morphology, *Studies in Language,* 1990, 14(1), pp.25-72.

Haspelmath Martin, *Indefinite Pronouns*, Oxford: Clarendon, 1997.

Haspelmath Martin, Why is grammaticalization irreversible? *Linguistics*, 1999, 37(6), pp.1043-1068.

Haspelmath Martin, Ekkehard König, Wulf Oesterreicher & Wolfgang Raible(eds.), *Language Typology and Language Universals*, Vol.1-2, Berlin: Walter de Gruyter, 2001.

Haspelmath Martin, Does linguistic explanation presuppose linguistic description? *Studies in Language*, 2004, 28(3), pp.554-579.

Haspelmath Martin, Ditransitive Constructions: The Verb 'Give', in Martin Haspelmath, Matthew S Dryer, David Gil & Bernard Comrie (eds.), *The World Atlas of Language Structures*, Oxford: Oxford University Press, 2005a, pp.426-429.

Haspelmath Martin, 'Want' Complement Subjects, in Martin Haspelmath, Matthew S Dryer, David Gil & Bernard Comrie(eds.), *The World Atlas of Language Structures,* Oxford: Oxford University Press, 2005b, pp.502-509.

Haspelmath Martin, Dryer M, Gil D & Comrie B(eds.), *The World Atlas of Language Structures(WALS)*, Oxford: Oxford University Press, 2005c.

Haspelmath Martin, The Geometry of Grammatical Meaning: Semantic Maps and Cross-linguistic Comparison, In Michael Tomasello(ed.), *The New Psychology of Language: Cognitive and Functional Approaches to Language Structure*, Mahwah, New Jersey: Lawrence Erlbaum, 2003, 2, pp.211-242.

Haspelmath Martin, Pre-established Categories don't Exist: Consequences for Language Description and Typology, *Linguistic Typology*, 2007, 11(1), pp.119-132.

Haspelmath Martin, The Best-Supported Language Universals Refer to Scalar Patterns Deriving from Processing Cost, *Behaviroral and Brain Sciences*, 2009 a, 32(5), pp.457-458.

Haspelmath Martin & Uri Tadmor, *Loanwords in the World's Languages: A Comparative Handbook*, De Gruyter Mouton, 2009b.

Haspelmath M, Comparative concepts and descriptive categories in crosslinguistic studies, *Language*, 2010, 86(3), pp.663-687.

Haspelmath Martin. The challenge of making language description and comparison mutually beneficial, *Linguistic Typology*, 2016, 20(2), pp.299-303.

Hawkins John A, *Word Order Universals*, New York: Academic Press, 1983.

Hayward, R. J. A preliminary analysis of the behaviour of pitch in Gamo. In The proceedings of the 11th international conference of Ethiopian Studies, Addis Ababa. 1991, (1), pp. 481-494.

Hayward, R. The Wolaytta language by Marcello Lamberti and Roberto Sottile: Some reactions and reflections. *Bulletin of the School of Oriental and African Studies*, 2000, 63(3), 407-420.

Heine B, Ulrike Claudi & Friederike Hünnemeyer, From Cognition to Grammar: Evidence from African Languages, in Traugott & Heine(eds.), *Approaches to Grammaticalization*(Vol.1), Focus on Theoretical and Methodological Issues, John Benjamins, Amsterdam/Philadelphia, 1991a, pp.149-187.

Heine B, Claudi Ulrike & Hünnemeyer Friederike, *Grammaticalization: A Conceptual Framework*, University of Chicago Press, Chicago, 1991b.

Heine B, *Cognitive Foundations of Grammar*, Oxford University Press: New York, 1997.

Heine B & Tania Kuteva, *World Lexicon of Grammaticalization*, Cambridge University Press, 2002a.

Heine B & Tania Kuteva, On the Evolution of Grammatical Forms, in Wray A(ed.), *The Transition to Language*, 2002b, pp.376-397.

Heine B, On Genetic Motivation in Grammar, In Günter Radden & Klaus-Uwe Panther(eds.), *Studies in Linguistic Motivation*, Berlin & New York: Mouton de Gruyter, 2004, pp.103-120.

Heine B, & Zelealem L, Is Africa a Linguistic Area? In B Heine & D Nurse(eds.), *a Linguistic Geography of Africa*, Cambridge: CUP, 2007, pp.15-35.

Heine B, *World Lexicon of Grammaticalization*, World Publishing Corporation, 2012.

Heine B, The Body in Language: Observations from Grammaticalizaiton, in Matthias Brenzinger & Iwona Kraska-Szlenk(eds.), *The Body in Language: Comparative Studies of Linguistic Embodiment,* 2014, pp.13-32.

Hénault Christine, Eating beyond Certainties, in M.Vanhove(ed.), *From Polysemy to Semantic Change: towards a Typology of Lexical Semantic Associations*, Amsterdam/Philadelphia: John Benjamins, 2008, pp. 291-301.

Hensel Herbert, *Thermoreception and Temperature Regulation*, London: Academic Press, 1981.

Hjelmslev Louis, *Prolegomena to a Theory of Language*, Trans. by Francis J Whitfield, University of Wisconsin Press, 1963.

Hollenbach Barbara E, Semantic and Syntactic Extension of Body-Part Terms in Mextecan: The Case of 'Face' and 'Foot', *International Journal of American Linguistics*, 1995, 61(2), pp.168-190.

Hopper Paul J & Elizabeth Traugott, *Grammaticalization*, Cambridge: Cambridge University Press, 2003.

Ibarretxe-Antuñano Iraide, Semantic extensions in the sense of smell, Anuario del Seminario de Filología Vasca "Julio de Urquijo", 1996, 30(2), pp.631-643.

Ibarretxe-Antuñano Iraide, *Polysemy and Metaphor in Perception Verbs: A Cross-linguistic Study*, Unpublished Ph.D. thesis, University of Edinburgh, 1999a.

Ibarretxe-Antuñano Iraide, Metaphorical Mappings in the Sense of Smell, in Raymond W Jr Gibbs & Gerart J Steen(eds.), *Metaphor in Cognitive Linguistics*, Amsterdam: Benjamins, 1999b, pp.29-45.

Ibarretxe-Antuñano Iraide, Cross-linguistic Polysemy in Tactile Verbs, in June

Luchenbroers,(ed.), *Cognitive Linguistics Investigations across Languages, Fields, and Philosophical Boundaries*, Amsterdam: Benjamins, 2006, pp.235-253.

Ibarretxe-Antuñano I, The power of the senses and the role of culture in metaphor and language, in Rosario Caballero & Javier E Díaz-Vera (eds.), *Sensuous Cognition: Explorations into Human Sentience: Imagination, (E)motion and Perception*, De Gruyter Mouton, 2013, pp.109-133.

Jackendoff Ray, *Semantic Structures*, MIT Press, Cambridge, Massachusetts, 1990.

Jackendoff Ray, *Foundations of Language*, Oxford University Press, Oxford, New York, 2002.

Johnson M, *The Body in the Mind: The Bodily Basis of Meaning,Imagination, and Reason*, Chicago, IL: University of Chicago Press, 1987.

Joos M, *Readings in Linguistics: The Development of Descriptive Linguistics in America since 1925*(ed.), New York: ACLS, 1957.

Kaškin E V, Semantika glagolov razdelenija ob"ekta na casti v èrzjanskom i komi-zyrjanskom jazykax(prjamye i perenosnye upotreblenija)[Semantics of verbs of cutting and breaking in Erzya and Komi-Zyryan(basic and derived meanings)], Diploma paper, Moscow State University, 2010.

Kay P, *Basic Color Terms: their Universality and Evolution*, California University Press, 1969.

Kay P & L Maffi, Color Terms, in Martin Haspelmath et al.(eds.), *Language Typology and Language Universals: An International Handbook*, Berlin & New York: Walter de Gruyter, 2005, pp. 534-545.

Kay, Paul & Luisa Maffi, Green and blue, in Matthew S Dryer & Martin Haspelmath(eds.), The world atlas of language structures online, Leipzig: Max Planck Institute for Evolutionary Anthropology, 2013a, http://wals.info/chapter/134.

Kay, Paul & Luisa Maffi, Red and yellow, in Matthew S Dryer & Martin Haspelmath (eds.), The world atlas of language structures online, Leipzig: Max Planck Institute for Evolutionary Anthropology, 2013b, http://wals.info/chapter/135.

Kay P & McDaniel C, The Linguistic Significance of the Meanings of Basic Color

Terms, *Language*, 1978, pp.54, 610-646.

Keenan E & B Comrie, Noun Phrase Accessibility and Universal Grammar, *Linguistic Inquiry*, 1977, 8(1), pp.63-69.

Keenan E, Relative Clauses, in Timothy Shopen(ed.), *Language Typology and Syntactic Description*, New York: Cambridge University Press, 1985. 2, pp.141-170.

Kemmer Suzanne, *The Middle Voice*, Amsterdam: John Benjamins, 1993.

Key M R & Comrie B, *The Intercontinental Dictionary Series*, Max Planck Institute for Evolutionary Anthropology, Leipzig, https://ids.clld.org, 2016.

Khanina Olesya, Jazykovoe oformlenie situacii želanija: opyt tipologicˇeskogo issledovanija [Linguistic encoding of 'wanting': A typological approach], Doctoral dissertation, Moscow State University, 2005.

Khanina Olesya, How Universal is Wanting? *Studies in Language*, 2008, 32(4), pp.818-865.

Kittilä Seppo, Anomaly of the Verb 'Give' Explained by its High (formal and semantic) Transitivity, *Linguistics*, 2006, 44(3), pp.569-609.

Koch P, Lexical Typology from a Cognitive and Linguistic Point of View, in Martin Haspelmath et al.(eds.), *Language Typology and Language Universals*: *An International Handbook*, Berlin & New York: Walter de Gruyter, 2001, pp.1142-1178.

Koch Peter, Pour une approche cognitive du changement sémantique lexical: aspect onoma-siologoque, in Jacques François(ed.), *Théories contemporaines du changement sémantique* (Mémoires de la Société de Linguistique de Paris N.S. 9), Louvain & Paris: Peeters, 2000, pp.75-95.

Koch Peter, Diachronic Onomasiology and Semantic Reconstruction, in Wiltrud Mihatsch & Reinhild Steinberg(eds.), *Lexical Data and Universals of Semantic Change*, Tübingen: Stauffenburg Verlag, 2004, pp.79-106.

Koch Peter, Cognitive Onomasiology and Lexical Change: around the Eye, in M Vanhove(ed.), *From Polysemy to Semantic Change: Towards a Typology of Lexical Semantic Associations*, Amsterdam/ Philadelphia: John Benjamins, 2008, pp.107-137.

Koch Peter & Marzo Daniela, A two-dimensional approach to the study of motivation in lexical typology and its first application to French high-frequency vocabulary, *Studies in Language*, 2007, 31, pp.259-291.

Koptjevskaja-Tamm M & Rakhilina E V, "Some like it hot": On the semantics of temperature adjectives in Russian and Swedish, *STUF-Language Typology and Universals*, 2006, 59(3), pp.253-269.

Koptjevskaja-Tamm M, M Vanhove et al., Typological approaches to lexical semantics, *Linguistic Typology*, 2007, 11(1), pp.159-185.

Koptjevskaja-Tamm M, Approaching Lexical Typology, in M Vanhove(ed.), *From Polysemy to Semantic Change: Towards a Typology of Lexical Semantic Associations*, Amsterdam/ Philadelphia: John Benjamins, 2008, pp.1-43.

Koptjevskaja-Tamm M & Vanhove M(eds.), New Directions in Lexical Typology, [special issue] *Linguistics*, 2012, 50(3), pp.373-394.

Koptjevskaja-Tamm M, Ekaterina Rakhilina & Martine Vanhove, the Semantics of Lexical Typology, in Rimer Nick(ed.), *The Routledge Handbook of Semantics*, London & New York: Routledge, 2016, pp.434-454.

Koptjevskaja-Tamm M(ed.), *The Linguistics of Temperature*, Amsterdam, Philadelphia: John Benjamins, 2015.

Koptjevskaja-Tamm Maria, Dagmar Divjak & Ekaterina Rakhilina, Aquamotion Verbs in Slavic and Germanic: A Case Study in Lexical Typology, in Viktoria Driagina-Hasko & Renée Perelmutter(eds.), *New Approaches to Slavic Verbs of Motion*, Amsterdam & Philadelphia: John Benjamins, 2010, pp.315-341.

Koptjevskaja-Tamm Maria, It's boiling hot! On the Structure of the Linguistic Temperature Domain across Languages, in Sarah Dessì Schmid, Ulrich Detges, Paul Gévaudan, Wiltrud Mihatsch & Richard Waltereit(eds.), *Rahmen des Sprechens: Beiträge zur Valenztheorie, Vari- etätenlinguistik, Kognitiven und Historischen Semantik[Frame of speech: contributions to the valence theory, Varieties, cognitive and historical semantics]*, Tübingen: Narr, 2011, pp.379-396.

Koptjevskaja-Tamm Maria & Henril Liljegren, Semantic patterns from an areal perpective, in Raymond Hickey(ed.), *The Cambridge Handbook of Areal Linguistics*,

Cambridge: Cambridge University Press, 2017, pp.204-236.

Koptjevskaja-Tamm M & Nikolaev D, Talking About Temperature and Social Thermoregulation in the Languages of the World, *International Review of Social Psychology*, 2021, 34(1).

Kostyrkin A V, Panina A S, Reznikova T I & Bonch-Osmolovskaya A A, Constructing a Lexico-Typological Database(for a study of pain predicates), *Computational Linguistics and Intelligent Technologies: Proceedings of the International Conference "Dialog 2012"*, Bekasovo, 2012, pp.288-295.

Kövecses Zoltán, *Metaphors of Anger, Pride and Love: A Lexical Approach to the Structure of Concepts*, John Benjamins Publishing, 1986.

Kövecses Zoltán, *Emotion Concepts*, New York: Springer-Verlag, 1990.

Kövecses Zoltán, The Container Metaphor of Anger in English, Chinese, Japanese and Hungarian, in Zdravko Radman(ed.), *From a Metaphorical Point of View: a Multidisciplinary Approach to the Cognitive Content of Metaphor*, Berlin & New York: Walter De Gruyter, 1995, pp.117-146.

Kövecses Zoltán, Metaphor: does it Constitute or Reflect Cultural Models? in Raymond, W Gibbs & Gerard T Steen(eds.), *Metaphor in Cognitive Linguistics*, Amsterdam/Philadelphia: John Benjamins Publishing Company, 1999, pp.167-188.

Kövecses Zoltán, *Metaphor: A Practical Introduction*, Oxford University Press, 2002.

Kövecses Zoltán, *Happiness: A Definitional Effort, Metaphor and Symbol*, 1991, 6(1), pp.29-47.

Kövecses Z & Günter Radden, Metonymy: Developing a Cognitive Linguistic View, *Cognitive Linguistic*, 1998, 9(1), pp.37-77.

Kraska-Szlenk Iwona, Semantic Extensions of Body Part Terms: Common Patterns and their Interpretation, *Language Sciences*, 2014, 44, pp.15-39.

Kroeber A L, Classificatory Systems of Relationship, Journal of the Royal Anthropological Institute of Great Britain and Ireland, 1909, 39, pp.77-84.

Kuipers, J , Matters of taste in Weyéwa, in D Howes(ed.), *The varieties of sensory experience: A sourcebook in the anthropology of the senses*, Toronto: University of Toronto

Press, 1991, pp. 111-127.

Kuipers J C, Matters of taste in Weyéwa, *Anthropological Linguistics*, 1993, pp.538-555.

Kuteva, On 'sit'/'stand'/'lie' auxiliation, *Linguistics*, 1999, 37(2), pp.191-213.

Lakoff G, *Women, Fire and Dangerous Things*, The University of Chicago Press, 1987.

Lakoff G & M Johnson, *Metaphors We Live by*, University of Chicago Press, 1980.

Lander Yury & Arkadiev Peter, On the right of being a comparative concept, *Linguistic Typology*, 2016, 20(2), pp.403-416.

Lander Y A, Maisak T A & Rakhilina E V, Domains of aqua-motion: a case study in lexical typology, *Motion Encoding in Language and Space*, Oxford: Oxford University Press, 2010.

Langacker Ronald W, *Foundations of Cognitive Grammar: Theoretical Prerequisites*, Stanford: Stanford University Press, 1987.

LaPolla Randy J, On categorization: Stick to the facts of the languages, *Linguistic Typology*, 2016, 20(2), pp.365-375.

Lehrer Adrienne, *Semantic Fields and Lexical Structure*, Amsterdam: North Holland, 1974.

Lehrer Adrienne, Structures of the Lexicon and Transfer of Meaning, *Lingua*, 1978, 45(2), pp.95-123.

Lehrer Adrienne, A theory of Vocabulary Structure: Retrospectives and Prospectives, in Pütz Manfred(ed.), *Thirty Years of Linguistic Evolution: Studies in Honor of René Dirven on the Occasion of his Sixtieth Birthday*, Philadelphia/Amsterdam: John Benjamins Publishing Company, 1992, pp.243-256.

León L, Body Parts and Location in Tzotzil: Ongoing Grammaticalization, *Language Typology and Universals*, 1992, 45(1-4), pp.570-589.

Levin B, *English Verb Classes and Alternations: A Preliminary Investigation*, Chicago: The University of Chicago Press, 1993.

Levinson Steven, Yélî Dnye and the Theory of Basic Color Terms, *Journal of Linguistic Anthropology*, 2000, 10(1), pp.3-55.

Levinson S C, *Space in Language and Cognition: Explorations in Cognitive Diversity*, Cambridge: Cambridge University Press, 2003.

Levinson S C & S Meira, 'Natural Concepts' in the Spatial Topological Domain - Adpositional Meanings in Crosslinguistic Perspective: An Exercise in Semantic Typology, *Language*, 2003, 79(3), pp.485-516.

Levinson S C & D P Wilkins(eds.), *Grammars of Space: Explorations in Cognitive Diversity*, Cambridge: Cambridge University Press, 2006.

Levinson S C, Parts of the Body in Yélî Dnye, the Papuan language of Rossel Island, *Language Sciences*, 2006, 28(2), pp.221-240.

Levinson S C, Cut and Break Verbs in Yélî Dnye, the Papuan Language of Rossel Island, *Cognitive Linguistics*, 2007, 18(2), pp.207-218.

Levinson S C, Landscape, seascape and the ontology of places on Rossel Island, Papua New Guinea, *Language Sciences*, 2008, 30(2-3), pp.256-290.

Levshina N, European analytic causatives as a comparative concept: Evidence from a parallel corpus of film subtitles, *Folia Linguistica*, 2015, 49(2), pp.487-520.

Lievers, Synaesthesia: A Corpus-Based Study of Cross-Modal Directionality, *Functions of Language*, 2015, 2(1), pp.69-95.

Liljegren H & Haider N, Facts, Feelings and Temperature Expressions in the Hindukush, in Koptjevskaja-Tamm(ed.), *The linguistics of temperature*, 2015, pp. 440-470.

Liljegren Henrik, Kinship terminologies reveal ancient contact zone in the Hindu Kush, *Linguistic Typology*, 2022, 26(2), pp.211-245.

Lindsey D T & Brown A M, Universality of color names, *Proceedings of the National Academy of Sciences*, 2006, 103(44), pp.16608-16613.

List Johann-Mattis, Anselm Terhalle & Matthias Urban, Using network approaches to enhance the analysis of cross-linguistic polysemies, *in Proceedings of the 10th International Conference on Computational Semantics – Short Papers*, Stroudsburg: Association for Computational Linguistics, 2013, pp.347-353.

List J M, Greenhill S J & Anderson C et al., CLICS^2: An improved database of cross-linguistic colexifications assembling lexical data with the help of cross-linguistic data formats, *Linguistic Typology*, 2018, 22(2), pp.277-306.

List J M et al., Lexibank: A public repository of standardized wordlists with computed phonological and lexical features, Scientific Data, 2022, 9(1), pp. 1-16.

Longobardi G & I Roberts, Universals, Diversity and Change in the Science of Language: Reaction to 'The Myth of Language Universals and Cognitive Science', *Lingua*, 2010, 120(12), pp.2699-2703.

Lounsbury Floyd G, A Semantic Analysis of the Pawnee Kinship Usage, *Language*, 1956, 32(1), pp.158-94.

Lounsbury Floyd G, A Formal Account of the Crow- and Omaha- type Kinship Terminologies, in W H Goodenough(ed.), *Explorations in Cultural Anthropology*, New York: McGraw-Hill, 1964.

Lüpke Friederike, 'Smash it again, Sam': Verbs of Cutting and Breaking in Jalonke, *Cognitive Linguistics*, 2007, 18(2), pp.251-261.

MacLaury Robert E, Zapotec, Body-Part Locatives: Prototypes and Metaphoric Extensions, *International Journal of American Linguistics*, 1989, 55(2), pp.119-154.

Magnus H, Die geschichtliche Entwickelung des Farbensinnes(The historical development of color perception), Leipzig: Veit, 1877.

Magnus H, Untersuchungen über den Farbensinn der Naturvölker(Studies on the color sense of primitive peoples), Jena: Fraher, 1880.

Majid Asifa, Bowerman M & Kita S et al., Can Language Restructure Cognition? The Case for Space, *Trends in Cognitive Sciences*, 2004, 8(3), pp.108-114.

Majid Asifa, Body Part Categorization in Punjabi, *Language Sciences*, 2006, 28(2), pp.241-261.

Majid A, Gullberg M & Staden M et al., How Similar are Semantic Categories in closely Related Languages? A Comparison of Cutting and Breaking in four Germanic Languages, *Cognitive Linguistics*, 2007b, 18(2), pp.179-194.

Majid Asifa, Bowerman M, van Staden & Boster J S, The Semantic Categories of CUTTING and BREAKING events: A Crosslinguistic Perspective, *Cognitive Linguistics*, 2007a, 18(2), pp.133-152.

Majid Asifa, James S Boster & Melissa Bowerman, The Cross-Linguistic Categorization of Everyday Events: A Study of "Cutting and Breaking", *Cognition*, 2008, 109(2), pp.235-250.

Majid Asifa, Words for Parts of the Body, in Barbara C Malt & Phillip Wolff(eds.), *Words and the Mind*, Oxford University Press: New York, 2010.

Majid Asifa & S T Levinson, The Senses in Language and Culture, *Sense and Society*, 2011, 1(6), pp.5-18.

Majid A, Jordan F & Dunn M, Semantic Systems in closely Related Languages, *Language Sciences*, 2015, 49, pp.1-18.

Majid A & Burenhultb N, Odors are expressible in language, as long as you speak the right, *Cognition*, 2014, 130, pp.266-270.

Majid Asifa & Nicole Kruspe, Hunter-gatherer olfaction is special, *Current Biology*, 2018, 28(3), pp.409-413.

Maisak Timur A, *Tipologija grammatikalizacii konstrukcij s glagolami dviženija i glagol- ami pozicii* [The typology of grammaticalization of motion and position verbs], Moscow: Jazyki slavjanskix kul'tur, 2005.

Maisak Timur A & Ekaterina Rakhilina(eds.), *Aqua-motion Verbs: A Lexical Typology*, Moskva: Indrk, 2007, pp.305-314.

Malandra Alfred, *A New Acholi Grammar*, Nairobi: Eagle Press, 1955.

Malchukov A, Haspelmath M & B Comrie, *Studies in Ditransitive Constructions: A Comparative Handbook*, Berlin: Mouton de Gruyter, 2010.

Maslova Elena, A Dynamic Approach to the Verification of Distributional Universals, *Linguistic Typology*, 2000, 4(3), pp.307-333.

Maslova Elena, Stochastic OT as a model of constraint interaction, Unpublished manuscript, Stanford University, Rutgers Optimality Archive ROA-694, http://roa.rutgers.edu (2004).

Matisoff James, *Variational Semantics in Tibeto-Burman: The 'Organic' Approach to Linguistic Comparison*, Philadelphia: Institute for the Study of Human Issues, 1978.

Matisoff James, Hearts and Minds in South-East Asian Languages and English: An

Essay in the Comparative Lexical Semantics of Phycho-collocations, *Cahers delinguistique Asie Orientale*, 1986, 15(1), pp.5-57.

Matisoff James A, Areal semantics: is there such a thing? in Anju Saxena(ed.), *Himalayan languages, past and present*, Berlin: Mouton De Gruyter, 2004, pp.347-393.

Matisoff James A, The Sino-Tibetan Etymological Dictionary and Thesaurus project, University of California, Berkeley. 2015.

Mayer Thomas & Michael Cysouw, Creating a Massively Parallel Bible Corpus, *Proceedings of the International Conference on Language Resources and Evaluation (LREC)*, Reykjavik, 2014, pp.3158-3163.

Meeussen A E, Possible Linguistic Africanisms, *Language Sciences*, 1975, 35, pp.1-5.

Mihatsch Wiltrud & Boštjan Dvorák, The Concept FACE: Paths of Lexical Change, in Wiltrud Mihatsch & Reinhild Steinberg(eds.), *Lexical Data and Universals of Semantic Change* (Stauffenburg Linguistik 35), Tübingen: Stauffenburg, 2004, pp.231-254.

Moravcsik Edith A, On linguistic categories. *Linguistic Typology*, 2016, 20(2), pp.417-425.

Morgan L H, *Systems of Consanguinity and Affinity of the Human Family*, Washington DC: Smithsonian Contributions to Knowledge, 1871.

Nakagawa H. The Importance of TASTE Verbs in Some Khoe Languages, *Linguistics*, 2012, 50(3), pp.395-420.

Narasimhan Bhuvana & Anetta Kopecka, *Events of 'Putting' and 'Taking': A Crosslinguistic Perspective*, Amsterdam & Philadelphia: John Benjamins, 2012.

Narasimhan B, Cutting, Breaking, and Tearing Verbs in Hindi and Tamil, *Cognitive Linguistics*, 2007, 18(2), pp.195-205.

Neagu M, What is Universal and What is Language specific in The Polysemy of Perception Verbs? *Revue roumaine de linguistique(Romanian linguistic journal)LVIII*, 2013, 3, pp.329-343.

Nerlich Brigitte & David D Clarke, Polysemy and Flexibility: Introduction and Overview, in Zazie Todd, Vimala Herman & David D Clarke(eds.), *Polysemy: Flexible Patterns of Meaning in Mind and Language*, Berlin & New York: Mouton de Gruyter, 2004, pp.3-30.

Nerlove S & Romney A K, Sibling Terminology and Cross-Sex Behavior, *American Anthropologist*, 1967, 69(2), pp.179-187.

Newman John, Eating and Drinking as Sources of Metaphor in English, Cuadernos de Filologia Inglesa(Notebooks of English philology), special issue on *Cognitive Linguistics*, 1997, 6(2), pp.213-231.

Newman John(ed.), *The Linguistics of Giving*, Amsterdam/Philadelphia: John Benjamins, 1998.

Newman John, A Corpus-Based Study of the Figure and Ground in Sitting, Standing, and Lying Constructions, *Studia Anglica Posnaniensia*, 2001, 36, pp.203-216.

Newman John & Sally Rice, English Sit, Stand, and Lie in Small and Large Corpora, *The ICAME Journal*, 2001, 25, pp.109-133.

Newman John, A Cross-Linguistic Overview of the Posture Verbs 'Sit', 'Stand', and 'Lie', in Newman John(ed.), *The Linguistics of Sitting, Standing and Lying*, Amsterdam/ Philadelphia: John Benjamins, 2002a, pp.1-24.

Newman John, *The Linguistics of Sitting, Standing and Lying*, Amsterdam/Philadelphia: John Benjamins, 2002b.

Newman John & Sally Rice, Patterns of Usage for English SIT, STAND, and LIE: A Cognitively Inspired Exploration in Corpus Linguistics, *Cognitive Linguistics*, 2004, 15(3), pp.203-216.

Newman John & Sally Rice, Transitivity Schemes of English EAT and DRINK in the BNC, in Stefan T Gries & Anatol Stefanowitsch(eds), *Corpora in Cognitive Linguistics: Corpus-based Approaches to Syntax and Lexis*, Berlin: Mouton de Gruyter, 2006, pp.225-260.

Newman John(ed.), *The Linguistics of Eating and Drinking*, Amsterdam/ Philadelphia: John Benjamins, 2009.

Newman J, Semantic shift, *The Routledge Handbook of Semantics*, 2015, pp.266-280.

Newmeyer Frederick(ed.), *Linguistics: The Cambridge Survey, Vol.4: Language:The Socio-Cultural Context*, Cambridge University Press, 1989.

Nichols J, The spread of language around the pacific rim, *Evolutionary Anthropology:*

Issues, News, and Reviews, 1994, 3(6),pp. 206-215.

Nichols J,Peterson D A & Barnes J, Transitivizing and Detransitivizing Languages, *Linguistic Typology*, 2004, 8(2), pp.149-211.

O'Connor, 'Chop,Shred,Snap apart': Verbs of Cutting and Breaking in Lowland Chontal, *Cognitive Linguistics*, 2007, 18(2), pp.219-230.

Östling Robert, Studying colexification through massively parallel corpora, in Päivi Juvonen & Maria Koptjevskaja-Tamm(eds.), *The lexical typology of semantic shifts*, Berlin: De Gruyter Mouton, 2016, pp.157-176.

Palancar, Cutting and Breaking Verbs in Otomi: An Example of Lexical Specification, *Cognitive Linguistics*, 2007, 18(2), pp.307-317.

Pardeshi P et al., Toward a Geotypology of EAT-expressions in Languages of Asia: Visualizing Areal Patterns through WALS, *Gengo Kenkū*, (Journal of the Linguistic Society of Japan) , 2006(130). pp.89-108.

Paul H, *Principles of the History of Language*, Swan Sonnenschein, Lowrey, 1888.

Pawlak Nina, Je zyki afrykan skie[African Languages], WUW, Warszawa, 2010.

Pederson Eric, Eve Danziger, David Wilkins, Stephen Levinson, Sotaro Kita, Gunter Senft, Semantic Typology and Spatial Conceptualization, *Language*, 1998, 74 (3), pp.557-589.

Perrin Loïc-Michel, Polysemous Qualities and Universal Networks, Invariance and Diversity, *Linguistic Discovery*, Dartmouth College Library, 2010, 8, pp.1-22.

Perrin Loïc-Michel, Climate, temperature and polysemous patterns in French and Wolof, in Koptjevskaja-Tamm(ed.), *The Linguistics of Temperature*, 2015, pp.151-186.

Pérez R G, A Cross-Cultural Analysis of Heart Metaphors, *Revista Alicantina de Estudios Ingleses(Spanish Journal of English Studies)*, 2008, 21, pp.25-56.

Plank Frans, Review of Sonia Cristofaro & Paolo Ramat, Introduzione alla tipologia linguistica(introduction to linguistic typology), *Linguistic Typology*, 2006, 10, pp.129-133.

Ponsford D, W Hollmann & A Siewierska, Sources of BET, *Functions of Language*, 2013, 20(1), pp.90-124.

Popova Yanna, 'The fool sees with his nose': Metaphorical mappings in the sense of smell in Patrick Süskind's Perfume, *Language and Literature*, 2003, 12, pp.135-151.

Popova Yanna, Image Schemas and Verbal Synaesthesia, in Beate Hampe(ed.), *From Perception to Meaning: Image Schemas in Cognitive Linguistics*, Berlin: Moutonde Gruyter, 2005, pp.1-26.

Pustet Regina, How Arbitrary is Lexical Categorization? Verbs vs. Adjectives, *Linguistic Typology*, 2000, 4(2), pp.175-212.

Rakhilina E V, Glagoly plavanija v russkom jazyke[Aqua-motion verbs in Russian], in Rakhilina & Maisak(eds.), Glagoly dviženija v vode: leksičeskaja tipologija, 2007, pp. 267-285.

Rakhilina E V, Aquamotion Verbs in Slavic and Germanic: A Case Study in Lexical Typology, in V Driagina-Hasko & R Perelmutter(eds.), *New Approaches to Slavic Verbs of Motion*, Amsterdam, Philadelphia: John Benjamins, 2010, pp.315-341.

Rakhilina E V & T I Reznikova, Doing Lexical Typology with Frames and Sematic Maps, Higher School of Economics Research Paper, 2014.

Rakhilina Ekaterina & Tatiana Reznikova, A Frame-based methodology for lexical typology, *The lexical typology of semantic shifts*, De Gruyter Mouton, 2016, pp.95-130.

Rakhilina Ekaterina, Anastasia Vyrenkova & Vladimir Plungian, Looking differently: describing visual direction in Russian and English, 14th International Cognitive Linguistics Conference, Tartu, Estonia, 2017.

Rakhilina E & Parina E, Les sons animaux, in Rakhilina E, Chahine I K & Merle J-M, *Verba Sonandi: Représentation linguistique des cris d'animaux*, Aix-en-Provence: Presses Universitaires de Provence, Aix-Marseille Universite, 2017, pp.13-25.

Radden Günter & Panther Klaus-Uwe, Introduction: Reflections on Motivation, in Radden & Panther(eds.), *Studies in Linguistic Motivation*, Berlin: Mouton de Gruyter, 2004, pp.1-46.

Raffaelli I & Kerovec B, 'Taste' and its conceptual extensions: the example of Croatian root *kus/kuš* and Turkish root *tat*, Proceedings of the Networks Final Conference on Word Knowledge and Word Usage: Representations and Processes in the Mental Lexicon, 2015, pp.158-160.

Reznikova T, Rakhilina E & Bonch-Osmolovskaya A, Towards a typology of pain predicates, *Linguistics*, 2012, 50(3), pp.421-465.

Riemer Nick, *The Semantics of Polysemy*, Berlin: Mouton De Gruyter, 2005.

Riemer Nick, *Introducing Semantics*, Cambridge: Cambridge University Press, 2010.

Rijkhoff Jan, Crosslinguistic categories in morphosyntactic typology: Problems and prospects, *Linguistic Typology*, 2016, 20(2), pp.333-363.

Ringe D, Warnow T & Taylor A, Indo-European and computational cladistics, Transactions of the Philological Society, 2002, 100(1), pp. 59-129.

Rivers William H R, *Kinship and Social Organization*, London: Constable & Co. Ltd., 1914.

Round Erich R & Corbett Greville G, Comparability and measurement in typological science: The bright future for linguistics, *Linguistic Typology*, 2020, 3(24),pp. 489-525.

Ryzhova Daria & Sergei Obiedkov, Formal concept lattices as semantic maps, *Computational linguistics and language science*, 2017, pp.78-87.

Ryzhova Daria & D Paperno, Automatic construction of lexical typological Questionnaires, *Language Documentation and Conservation*, 2019, pp.45-61.

Rzymski C, Tresoldi T & Greenhill S J et al., The Database of Cross-Linguistic Colexifications, reproducible analysis of cross-linguistic polysemies, *Scientific Data*, 2020, 7(1), pp. 1-12.

Saeed John, *Semantics*, Blackwell Publishing, 2003.

Sakhno Sergueï, Typologie des parallèles lexicaux russes-français dans une perspective sémantico-historique, Slovo, 1999, 22/23, pp. 287-313.

Sakhno Sergueï, Dictionnaire russe-français d'étymologie comparée: Correspondances lexicales historiques, Paris: L'Harmattan, 2001.

Sakhno Sergueï & Christine Hénault-Sakhno, Typologie sémantique lexicale: problèmes de systématisation. G. Lazard, C. Moyse-Faure. Linguistique typologique, Septentrion, 2005, pp.71-90.

San Roque L, Kendrick K H & Norcliffe E et al., Vision verbs dominate in conversation across cultures, but the ranking of non-visual verbs varies, *Cognitive linguistics*, 2015, 26(1), pp.31-60.

Sapir Edward, *Language: An Introduction to the Study of Speech*, New York: Harcourt, Brace and company, 1921.

Sasse H, Recent Activity in the Theory of Aspect: Accomplishments, Achievements, or just Non-Progressive State? *Linguistic Typology*, 2002, 6(2), pp.199-271.

Schapper Antoinette, Temperature terms in Kamang and Abui, two Papuan languages of the Timor-Alor-Pantar family, in Maria Koptjevskaja-Tamm(ed.), *The Linguistics of Temperature*, Amsterdam: John Benjamins, 2015, pp.860-887.

Schapper Antoinette, Lila San Roque & Rachel Hendery, Tree, firewood and fire in the languages of Sahul,in Päivi Juvonen & Maria Koptjevskaja-Tamm(eds.), *The lexical typology of semantic shifts*, De Gruyter Mouton, 2016.

Schapper Antoinette & Koptjevskaja-Tamm Maria, Introduction to special issue on areal typology of lexico-semantics, *Linguistic Typology*, 2022.

Schapper Antoinette, Baring the bones: the lexico-semantic association of bone with strength in Melanesia and the study of colexification, *Linguistic Typology*, 2022.

Schladt Mathias, Cognitive Structures of Vocabularies in Kenyan Languages(Kognitive Strukturen von Körperteilvokabularien in kenianischen Sprachen, Afrikanistische Monographien, 8), Cologne: Institute for African Studies(Köln: Institut für Afrikanistik), 1997.

Schladt Mathias, The Typology and Grammaticalization of Reflexives, in Frajzyngier Zygmunt & Curl Traci S(eds.), *Reflexives: Forms and Functions, Typological Studies in Language 40*, John Benjamins, Amsterdam, 2000. pp.103-124.

Schleicher A, Die Darwinsche theorie und die sprachwissenschaft: offenes sendschreiben an herrn Ernst Häckel(The Darwinian theory and linguistics: open letter to Mr.Ernst Häckel), Böhlau, 1873, 2.

Schröpfer J, *Wörterbuch der vergleichenden Bezeichnungslehre*: Onomasiologie (Dictionary of comparative designation: Onomasiology), Heidelberg: Winter, 1979.

Segerer G & Flavier S, RefLex: Reference Lexicon of Africa, 2015, https://reflex.cnrs.fr.

Sharifian F, René Dirven, Ning Yu & Susanne Niemeier(eds.), *Culture, Body and Language*, Berlin & New York: Mouton de Gruyter, 2008.

Sharifian F & Jamarani M, Conceptualizations of damâ, "temperature" in Persian: A

Cultural Linguistic study, *Cognitive Linguistic Studies*, 2015, 2(2), pp.239-256.

Shen Yeshayahu, Cognitive Constraints on Poetic Figures, *Cognitive Linguistics*, 1997, 8(1), pp.33-71.

Siahaan Poppy, HEAD and EYE in German and Indonesian Figurative Uses, in Maalej Zouheir & Ning Yu(eds.), *Embodiment via Body Parts: Studies from Various Languages and Cultures*, John Benjamins, Amsterdam/Philadelphia, 2011, pp.93-113.

Sitchinava D & Perkova N, Bilingual Parallel Corpora Featuring the Circum-Baltic Languages within the Russian National Corpus, DHN, 2019, pp.495-502.

Smith-Stark, Thomas C, Mesoamerican calques, in Carolyn J MacKay & Verónica Vásques(eds.), *Investigaciones lingüísticas en Mesoamérica*, Mexico: Universidad Nacional Autónoma de México, 1994, pp.15-50.

Song J J, What or Where can We Do Better? Some Personal Reflections on(the tenth anniversary of)Linguistic Typology, *Linguistic Typology*, 2007, 11(1), pp.5-22.

Song J J, *Linguistic Typology*, Beijing: Beijing University Press, 2001.

Song J J, *The Oxford Handbook of Linguistic Typology*, Oxford: Oxford University Press, 2011.

Song J J, What (not) to Eat or Drink: Metaphor and Metonymy of Eating and Drinking in Korean, in Newman(ed.), *The Linguistics of Eating and Drinking*, Amsterdam/Philadelphia: John Benjamins, 2009, pp.195-228.

Söderqvist K, Colexification and semantic change in colour terms in Sino-Tibetan and Indo-European languages, Bachelor Thesis, University of Lund, 2017.

Staden M & Majid A, Body Coloring Task, *Language Sciences*, 2006, 28, pp.158-161.

Staden M, The Body and Its Parts in Tidore, a Papuan Language of Eastern Indonesia, *Language Sciences,* 2006, 28, pp.323-343.

Staden M,'Please Open the Fish': Verbs of Separation in Tidore, a Papuan Language of Eastern Indonesia, *Cognitive Linguistics*, 2007, 18(2), pp.297-306.

Starostin G S & Krylov P (eds), The Global Lexicostatistical Database: Compiling, clarifying, connecting basic vocabulary around the world: From free-form to tree-form, 2011, https://starling.rinet.ru/new100/main.htm.

Stassen Leon, *Intransitive Predication*, Oxford: Oxford University Press, 1997.

Steinberg Reinhild, Lexikalische Polygenese im Konzeptbereich KOPF(Lexical polygenesis in concepts range HEAD), Tübingen, 2010.

Streri A, T T Pownall & S T Kingerlee, *Seeing, Reaching, Touching: The Relations between Vision and Touch in Infancy*, The MIT Press, 1993.

Stroch Anne, *A Grammar of Luwo: An Anthropological Approach*, Amsterdam/Phialdelphia: John Benjamins, 2014.

Stokes Dustin, Mohan Matthen & Stephen Biggs(eds.), *Perception and its Modalities*, Oxford University Press, 2015.

Svorou S, *The Grammar of Space* (Typological Studies in Language 25), Amsterdam, Philadelphia: Benjamins, 1994.

Swadesh M, Lexico-statistic dating of prehistoric ethnic contacts: with special reference to North American Indians and Eskimos, *Proceedings of the American philosophical society*, 1952, 96(4), pp. 452-463.

Swadesh M, Towards Greater Accuracy in Lexicostatistic Dating, *International Journal of American Linguistics*, 1955, 2, pp.121-137.

Swadesh M, What is Glottochronology? in Morris Swadesh(ed. by Joel Sherzer), *The Origin and Diversification of Languages*, London: Rouledge & Kegan Paul, 1972, pp.271-284.

Sweetser E, *From Etymology to Pragmatics: The Mind-Body Metaphor in Semantic Structure and Semantic Change*, Cambridge: Cambridge University Press, 1990.

Tagliavini Carlo, "Di alcune denominazioni della 'pupilla' "Annali dell' Instituto Universitario di Napoli(Of Certain Names of the 'Pupil'. Annals of the University of Naples), 1949, 3, pp.341-378.

Talmy L, Figure and Ground in Complex Sentences, in Greenberg et al., *Universals of Human Language*, 1978a, pp.625-649.

Talmy L, Relations between Subordination and Coordination, in Greenberg et al., *Universals of Human Language*, 1978b, pp.487-513.

Talmy L, Lexicalization patterns: Semantic structure in lexical forms. In Shopen, ed., *Language Typology and Syntactic Description*, 1985, pp. 36-149.

Talmy L, Force Dynamics in Language and Thought, *Parasession on Causatives and Agentivity*, 1985.1, pp.293-337.

Talmy L, *Towards a Cognitive Semantics(Vol.1), Concept Structuring Systems*, Cambridge, MA: MIT Press, 2000a.

Talmy L. *Toward a Cognitive Semantics(Vol.2), Typology and Process in Concept Sturcturing*, Cambridge & London: The MIT Press, 2000b.

Taylor John R, Semantic Categories of Cutting and Breaking: Some Final Thoughts, *Cognitive Linguistics*, 2007, 18(2), pp.331-337.

Terrill Angela, Body Part Terms in Lavukaleve, a Papuan Language of the Soloman Islands, *Language Sciences*, 2006, 28, pp.304-322.

Trask R L, *Historical Linguistics*, Beijing: Foreign Language Teaching and Research Press, 2000.

Traugott Elizabeth C & Richard B Dasher, *Regularity in Semantic Change*, Cambridge University Press, 2002.

Travis C, Omoiyari as a Core Japanese Value: Japanese Style Empathy? in A Athanasiadou & E Tabakowska(eds.), *Speaking of Emotions: Conceptualisation and Expression*, Berlin: Mouton de Gruyter, 1998, pp.83-103.

Treis Yvonne, Perception Verbs and Taste Adjectives in Kambaata and Beyond, *Sprache und Geschichte in Afrika* (Language and History in Africa), 2010, 21, pp.313-346.

Trier J, *Der deutsche Wortschatz im Sinnbezirk des Verstandes: Die Geschichte eines sprachlichen Feldes* (The German vocabulary in the sense of the mind: the history of a linguistic field), Heidelberg: Carl Winters Universtätsbuchhandlung, 1931.

Trubačev Oleg N, 'Molčat' i 'tajat': o neobxodimosti semasiologičeskogo slovarja novogo tipa ['Molčat' and 'tajat': on the necessity of a new type of semasiological dictionary], in Problemy indoevropejskogo jazykoznanija[Issues in Indoeuropean Linguistics], Moscow: Nauka. 1964, pp.100-105.

Tucker A N & J Tompo ole Mpaayei, *A Maasai Grammar with Vocabulary* (Publications of the African Institute, Leyden, 2.), London: Longmans, Green, 1955.

Turner T, 'We are Parrots,Twins are Birds': Play of Tropes as Operational Structure,

Beyond Metaphor: The Theory of Tropes in Anthropology, 1991, pp.121-158.

Ullmann Stephen, The Principles of Semantics, 2nd edn(1st edn 1951), Oxford: Blackwell[Glasgow University Publications], 1957.

Ullmann Stephen, *Semantics:An Introduction to the Science of Meaning*, Oxford: Basil Blackwell, 1962.

Ullmann Stephen, Semantic Universals, in Greenberg Joseph H(ed.), *Universals of Language*, 1966, pp.217-262.

Ungerer Fridrich & Hans-Jörg Schmid, *An Introduction to Cognitive Linguistics*, London: Addison Wesley Longman Limited, 1996.

Urban M. 'Sun'='Eye of the Day': A linguistic pattern of Southeast Asia and Oceania, *Oceanic linguistics*, 2010, 49(2), pp.568-579.

Urban M, Asymmetries in overt marking and directionality in semantic change, *Journal of Historical Linguistics*, 2011, 1(1), pp.3-47.

Urban M, Analyzibility and Semantic Associations in Referring Expressions, A study in Comparative Lexicology, PhD diss., Leipzig: Max Planck Institute for Evolutionary Anthropology, 2012.

Urban M, Lexical semantic change and semantic reconstruction, *The Routledge Handbook of Historical Linguistics*, London/New York: Routledge, 2015, pp.374-392.

Urban M, 'Sun' and 'Moon' in the Circum-Pacific Language Area, *Anthropological linguistics*, 2009, 51(3), pp.328-346.

Urban M, Motivation by formally analyzable terms in a typological perspective: An assessment of the variation and steps towards explanation, in Juvonen Päivi & Koptjevskaja-Tamm Maria(eds.), *The lexical typology of semantic shifts*, Berlin and New York: De Gruyter Mouton. 2016, pp.555-576.

Urban M, Red, black, and white hearts: 'heart', 'liver', and 'lungs' in typological and areal perspective, *Linguistic Typology*, 2022.

Vainik Ene. Dynamic Body Parts in Estonian Figurative Descriptions of Emotion, in Zouheir Maalej, Ning Yu(eds.), *Embodiment Via Body Parts: Studies from Various Languages and Cultures*, 2011, pp.41-70.

Van der Auwera Johan, Phrasal Adverbials in the Language of Europe, in Johan van der Auwera(ed.), *Adverbial Constructions in the Language of Europe*, Berlin: Mouton de Gruyter, 1998, pp.25-145.

Van der Auwera Johan & Bultinck B, On the Lexical Typology of Modals, Quantifiers, and Connctives, in István Kenesei & Robert M Harnish(eds.), *Perspectives on Semantics, Pragmatics, and Discourse: A Festschrift for Ferenc Kiefer*, Amsterdam: John Benjamins Publishing Company, 2001, pp.173-186.

Van der Auwera Johan & Vladimir A Plungian, Modality's semantic map, *Linguistic Typology*, 1998, pp.79-124.

Van der Auwera Johan & Andreas Ammann, Overlap between situational and epistemic modal marking, *The World Atlas of Language Structures*, 2005, pp.310-313.

Vanhove M, *From Polysemy to Semantic Change: towards a Typology of Lexical Semantic Associations*, Amsterdam/ Philadelphia: John Benjamins, 2008.

Van Putten Saskia, Perception verbs and the conceptualization of the senses: The case of Avatime, *Linguistics*, 2020, 58(2), pp.1-38.

Vendler Zeno, *Linguistics in Philosophy*, Ithaca: Cornell University Press, 1967.

Veselinova Ljuba, *Suppletion in Verb Paradigms*, Amsterdam: Benjamins, 2006.

Viberg Å, The Verbs of Perception: A Typological Study, *Linguistics*, 1983, 21, pp.123-162.

Viberg Å, The Verbs of Perception, in Martin Haspelmath, Ekkehard König, Wulf Oesterreicher & Wolfgang Raible(eds.), *Language Typology and Language Universals: An International Handbook*, Berlin & New York: Walter De Gruyter, 2001, pp.1294-1309.

Viberg Å, Polysemy and Disambiguation Cues across Languages, in Altenberg B & Sylviane Granger(eds.), *Lexis in Contrast*, Amsterdam/Phliadelphia: John Benjamins, 2002.

Viberg Å, Towards a Lexical Profile of the Swedish Verb Lexicon, *Language Typology and Universals*, 2006, 59(1), pp.103-129.

Viberg Å, Swedish Verbs of Perception from a Typological and Contrastive Perspective, in María de los Ángeles Gómez González, J Lachlan Mackenzie & Elsa M González Álvarez (eds.), *Languages and Cultures in Contrast: New Directions in Contrastive Linguistics*,

Amsterdam/Philadelphia: Benjamins[Pragmatics & Beyond New Series], 2008, pp.123-172.

Viberg Å, Posture Verbs: A Multilingual Contrastive Study, *Languages in Contrast*, 2013, 13(2), pp.139-169.

Wälchli Bernhard, Data reduction typology and the bimodal distribution bias, *Linguistic Typology*, 2009 (13), pp. 77-94.

Wälchli Bernhard & Fernando Zúñiga, Source-Goal Difference and a Typology of Motion Events in the Clause, *Language Typology and Universals*, 2006, 59(3), pp.284-303.

Wälchli B & Cysouw M, Lexical typology through similarity semantics: Toward a semantic map of motion verbs, *Linguistics*, 2012, 50(3), pp.671-710.

Wegener Claudia, Savosavo Body Part Terminology, *Language Sciences*, 2006, 28, pp.344-359.

Whaley L J, *Introduction to Typology: the Unity and Diversity of Language*, California: Sage Publications, Inc., 1997.

Whitt R J, *Evidentiality and Perception Verbs in English and German*, Peter Lang AG, International Academic Publishers, 2010.

Wichmann S, Müller A, Wett A et al., The ASJP Database, Max Planck Institute for Evolutionary Anthropology, Leipzig, Version 16. 2013. https://asjp.clld.org.

Wierzbicka A, *Semantics Primitives*, Athenäum, Frankfurt, 1972.

Wierzbicka A, Why can you have a drink when you can't* have an eat? *Language*, 1982, 58(4), pp.753-799.

Wierzbicka A, Cups and mugs: Lexicography and conceptual analysis, *Australian Journal of Linguistics*, 1984, 4(2), pp.205-255.

Wierzbicka A, *Semantics, Culture and Cognition, Universal Human Concepts in Culture-Specific Configurations*, New York, Oxford: Oxford University Press, 1992.

Wierzbicka A, There are no color universals but there are universals of visual semantics, *Anthropological Linguistics*, 2005, pp.217-244.

Wierzbicka A, Bodies and their Parts: An NSM Approach to Semantic Typology, *Language Sciences*, 2007(29), pp.14-65.

Wierzbicka A, Conceptual Basis for Intercultural Paragmatics and World-wide

Understanding, in Martin Pütz & Joanne Neff-van Aertselaer(eds.), *Developing Contrastive Pragmatics: Interlanguage and Cross-cultural Perspectives*, 2008, pp.3-46.

Wierzbicka A, All People Eat and Drink. Does this Mean that 'Eat' and 'Drink' are Universal Human Concepts? in Newman(ed.), *The Linguistics of Eating and Drinking*, Amsterdam/ Philadelphia: John Benjamins, 2009.

Wilkins D P, Natural Tendencies of Semantic Change and the Search for Cognates, in Malcolm Ross & Mark Durrie(eds.), *The Comparative Method Reviewed*, Oxford: OUP, 1996, pp.264-304.

William J M, Synaesthetic Adjectives: A Possible Law of Semantic Change, *Language*, 1976, 52(2), pp.461-478.

Winter B, Perlman M & Majid A, Vision dominates in perceptual language: English sensory vocabulary is optimized for usage, *Cognition*, 2018, 179, pp.213-220.

Winter B, *The sensory structure of the English lexicon*, University of California, Merced, 2016.

Winter B, Taste and smell words form an affectively loaded and emotionally flexible part of the English lexicon, *Language Cognition and Neuroscience*, 2016, 31(8), pp.975-988.

Witkowski S R & C H Brown, Climate, Clothing, and Body-part Nomenclature, *Ethnology*, 1985(24), pp.197-214.

Witkowski S R , C H Brown & Chase Paul K, Where do Tree Terms Come from? *Man*, 1981, 16, pp.1-14.

Xu Y, Malt B C & Srinivasan M, Evolution of word meanings through metaphorical mapping: Systematicity over the past millennium, *Cognitive psychology*, 2017, 96, pp.41-53.

Youn, L Sutton & E Smith et al., On the universal structure of human lexical semantics, *Proceedings of the National Academy of Sciences*, 2016, 113(7), pp.1766-1771.

Yu Ning, What does Our Face Mean to Us? *Pragmatic& Cognition*, 2001, 9(1), pp.1-36.

Yu Ning, Body and Emotion: Body Parts in Chinese Expression of Emotion, in the special issue on "The Body in Description of Emotion: Cross-linguistic Studies", N J

Enfield & Anna Wierzbicka(eds.), *Pragmatics and Cognition*, 2002, (10), pp.333-358.

Yu Ning, The Chinese Heart as the Central Faculty of Cognition, in Farzad Sharifian, René Dirven, Ning Yu & Susanne Niemeier(eds.), *Culture, Body and Language*, Berlin & New York: Mouton de Gruyter, 2008, pp.131-168.

Zalizniak Anna A, Semantičeskaja derivacija v sinxronii i diaxronii: proekt sozdanija "Kataloga semantičeskix perexodov"[Semantic derivation in synchrony and diachrony: a project of "The catalogue of semantic shifts"], *Voprosy jazykoznanija* (Questions of linguistics), 2001, 2, pp.13-25.

Zalizniak Anna A, *Mnogoznačnost' v jazyke i sposoby ee predstavlenija*[The polysemy in language and ways of their representation], Moscow: Jazyki slavjanskoj kul'tury. 2006.

Zalizniak Anna A, A Catalogue of Semantic Shifts: Towards a Typology of Semantic Derivation, in Martine Vanhove(ed.), *From Polysemy to Semantic Change: Towards a Typology of Lexical Semantic Aassociations*, Amsterdam & Philadelphia: John Benjamins. 2008, pp.217-232.

Zalizniak Anna A, O ponjatii semanticeskogo perexoda[On the notion of semantic shift], In *Computational Linguistics and Intellectual Technologies*, International Conference Dialogue 2007: Proceedings. Moscow: Izdatel'stvo RGGU, 2009, pp.107-112.

Zalizniak Anna A & Dmitrij S Ganenkov, A Catalogue of Semantic Shifts in the Languages of the World: A Contribution to Slavic Cognitive Linguistics, in *Cognitive and Functional Perspectives on Dynamic Tendencies in Languages*, Tartu: University of Tartu, 2008, pp.189-191.

Zalizniak Anna A, Bulakh M, Ganenkov D, Gruntov I, Maisak T, Russo M, The Catalogue of Semantic Shifts as a Database for Lexical Semantic Typology, *Linguistics*, 2012, 50(3), pp.633-669.

Zauner Adolf, Eine onomasiologische Studie(An onomasiological study), *Romanische Forschungen*(Romanesque research), 1903(14), pp.339-530.

Zeshan Ulrike & Palfreyman Nick, Comparability of signed and spoken languages: Absolute and relative modality effects in cross-modal typology, *Linguistic Typology*, 2020, 3(24), pp. 527-562.